本书系中国历史研究院创新工程重大项目
"中国历代国家治理经验研究"(SKYZD201912)子课题
"中国历代吏治得失与国家治理研究"阶段性成果

雍乾时期云南吏治变迁研究
(1726—1799)

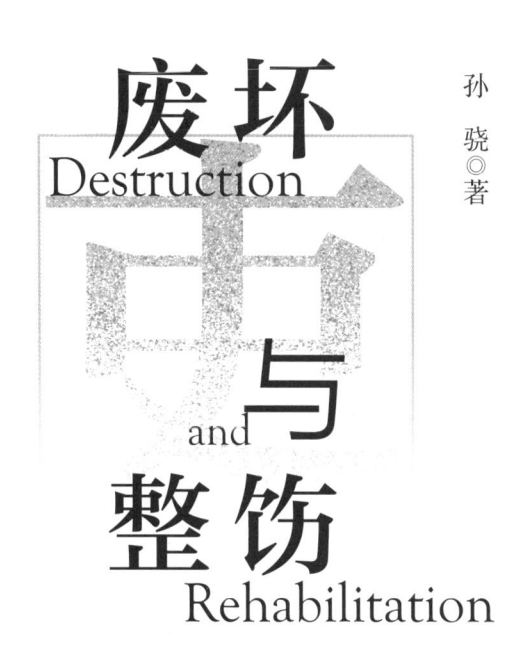

废坏
Destruction
与
and
整饬
Rehabilitation

孙骁◎著

The Changes of
Yunnan **Official Governance**
in Yongqian Period Qing Dynasty
(1726-1799)

社会科学文献出版社
SOCIAL SCIENCES ACADEMIC PRESS (CHINA)

目 录 Contents

导　论 / 001

第一章　镇沅府改土归流与土司叛乱　017

第一节　镇沅府改土归流的缘起 / 020

第二节　镇沅府改制与刘洪度苛政 / 026

第三节　镇沅府暴动后清廷的应对 / 031

第四节　新任流官对镇沅府恩乐县的有效治理 / 035

第五节　云南与内地政治一体化的开端 / 039

第二章　清前期的云南与云南官员　047

第一节　清前期的云南 / 050

第二节　清前期的云南官员 / 058

第三章　雍乾时期君主统治思想及其表现　079

第一节　从"大汗"到"天子" / 083

第二节　世宗的危机与对策 / 087

第三节　高宗的初政与盛世 / 110

第四章 《大清律例》惩贪评述
——以图尔炳阿案为例　　121

第一节　滇省亏空案始末 / 125

第二节　《大清律例》与惩贪有关的条款 / 135

第五章　乾隆朝中前期滇省吏治的弊端
——以恒文案为例　　151

第一节　恒文勒买黄金案始末 / 155

第二节　案件审断结果及影响 / 168

第三节　恒文案中所见滇省官场弊病 / 173

第四节　滇省吏治腐败的端倪 / 177

第六章　乾隆朝中后期滇省吏治的转向
——以钱度案、彰宝案为例　　181

第一节　从清明到腐败 / 185

第二节　钱度案始末 / 187

第三节　彰宝案始末 / 200

第四节　乾隆朝中后期滇省腐败的新特点 / 207

第七章　乾隆朝后期云南吏治的腐朽　　209
——以李侍尧案为例

第一节　李侍尧案发情形 / 212

第二节　案情发展与地方查办 / 216

第三节　案件的审理与结果 / 220

第四节　高宗对李侍尧的宽纵及其影响 / 225

第五节　滇省吏治清明的假象 / 230

结　语 / 235

参考文献 / 245

后　记 / 264

导　论

　　从 20 世纪 40 年代末以来，学界对西南边疆史进行了长期而深入的研究，取得了十分可观的成果。[①]作为西南边疆史研究的重要组成部分，雍乾时期云南边政问题是西南边疆史研究的热点之一。[②]自元

[①]　有关西南边疆史研究的历史，参见方铁《西南边疆史研究 60 年的回顾与展望》，《中国边疆史地研究》2009 年第 3 期，第 39—49 页。文章集中回顾了 1949—2009 年西南边疆史研究的成果。

[②]　方国瑜先生是较早对云南地方史、民族史进行研究的学者，他主编的《云南民族史讲义》（云南人民出版社，2013）中对康雍乾时期的云南社会有简要的概述。该书研究跨度较长，且不是清代云南政治史研究的专著，所以对这一时期相关情况提及较少，但书中对于一些重要事件的分析仍具有参考意义。此外，尤中先生《中国西南边疆变迁史》（云南教育出版社，1990）、方铁与方慧合著《中国西南边疆开发史》（云南人民出版社，1997）、方铁主编《西南通史》（中州古籍出版社，2003）等著作都有对康雍乾时期云南社会情况的分析与描述。上述著作立足于云南，从边疆、民族的角度出发，对于云南地方发展的历史进程已有了较深入的研究。论文方面，马亚辉《康雍乾三朝对云南社会的治理》（博士学位论文，云南大学，2013）一文探讨了康雍乾时期云南边疆治理问题，文章对康雍乾时期对云南地区的开发政策以及治理轨迹做出了详细分析。此外，邹建达《清前期云南的督抚、道制与边疆治理研究》（博士学位论文，云南大学，2011）一文对清代云南督抚以及地方诸道的设置及演变做了概述，并以康雍乾时期云南地区四个重大的历史事件（三藩之乱、改土归流、滇铜京运、正面战争）作为背景，系统探讨了云南的边疆特点和此时期云南地方大吏的治边措施及影响。近年来有关清代西南边疆政策研究的论著层出不穷，一些以个体人物（如各时期云南督抚）或单一政策（如改土归流）作为对象的研究，限于篇幅，恕不一一列举。

代设云南行省以来,云南便被纳入了统一的国家行政管理体系之中。元王朝在云南采取"因俗而治"的治边政策,施行土官土司制度。明代在元朝的基础上继承并发展了这一制度,并根据不同地域的特点,将云南划为两种不同的政治区域:"一种完全照内地行政制度,成立正规的府州县,设官情况与全国正规制度一律,称为'内地区'或'内域区',另一种无府州县之名,另有一套区域名称,设治企图与要求也与内域区不同,称为'西南夷'或'羁縻土司区'。"①明代基本继承并沿用了土司土官制度,尽管统治者在云南部分地区断续进行了改流,但总体来说,这一时期的改流活动较为被动,效果并不显著。清建立后,逐渐打破了"土流并治"的行政模式,自雍正朝以来,在云南地区展开了大规模的改土归流,最终深刻改变了云南地区的行政模式和区域政治地位。雍乾时期,随着云南与内地一体化程度的加深,当地人口大量增长,经济水平提高,地方农业、手工业、商业有了长足进步,文化教育水平提升,民族关系得到加强,边疆地区也进一步稳固,成为清前期经营最为成功的边疆省份之一。②海外学者对这一观点也基本持肯定意见,如美国学者李中清指出,西南地区的社会经济在元明清时期获得了"前所未有的大发展",在1750年前后,"云南突然从一个处于早期发展阶段的边疆社会,一跃而成为一个充满活力的经济区域"。③这一情况的出现,与雍正以来对云南的开发与经营

---

① 江应樑:《明代云南境内的土官与土司》,云南人民出版社,1958。
② 林超民:《汉族移民与云南统一》,《云南民族大学学报》(哲学社会科学版)2005年第3期,第106—113页。
③ 〔美〕李中清:《中国西南边疆的社会经济:1250—1850》,林文勋、秦树才译,人民出版社,2012,第323页。

是分不开的。对清初开发与经营云南的历史进程进行深入的研究与分析,可以观察清初以来云南社会的发展轨迹以及政治体制变迁过程,这对于我们了解清代云南政治史以及西南边疆史具有重要的学术意义和现实价值。

长期以来,学界对于清初开发与经营云南这一课题的研究多侧重于清朝的西南边疆治理政策,[①]例如雍乾时期改土归流的过程与历史意义[②]等方面,对于雍乾时期云南与内地的一体化进程,以及雍乾时

---

① 有关这一问题的研究成果较多。马大正主编的《中国边疆经略史》(中州古籍出版社,2000)一书是最为全面系统介绍历代治边政策的著作。马大正主编的《清代中国边疆治理研究》(中国社会科学出版社,2021)一书,对清代中国边疆治理的重要问题,如陆疆、海疆的演进历程,治边政策,治边思想进行了系统分析。马大正另有《清代的边疆政策》(中国社会科学出版社,1994)一书,对清代的治边政策做了单独阐述。另有大量与清代经营云南政策相关的论文,因研究方向较分散,且数量庞大,不再赘述。详见李和《近二十年来清代经营云南研究述评》,《曲靖师范学院学报》2013年第2期。

② 佘贻泽《中国土司制度》(正中书局,1944)一书是较早研究土司制度的著作,本书认为土司制度是一种封建制度,清代改土归流有效地消灭了土司。龚荫《明清云南土司通纂》(云南民族出版社,1985)一书汇集了大量土司制度史料,并对各土司的族属、承袭关系做了梳理和说明。他的另一著作《中国土司制度》(云南民族出版社,1992)则详细叙述了土司制度的起源、历史脉络、消亡过程等。李世愉《清代土司制度论考》(中国社会科学出版社,1998)介绍了土司制度在清代的发展与变化过程,并论述了土司制度对于清代边疆的作用和影响。成臻铭《清代土司研究》(中国社会科学出版社,2008)是一本系统而深入地研究土司制度的著作,该书以历史人类学的视角,对清代土司制度的各个方面都进行了比较详细的观察,并对土司的列别、机构职能、地方行政系统做出了详尽的论述。

论文方面,由于关于土司的研究成果数量很多,笔者仅选择了其中两篇与本书写作关联较大的做简要概述。李世愉《试论清雍正朝改土归流的原因和目的》[《北京大学学报》(哲学社会科学版)1984年第3期]一文指出,清代改土归流是为了加速西南地区的内地化,实现"大一统",改土归流最终加强了中央政府对西南地区的统治。这一观点在其著作《清代土司制度论考》中亦有所体现。龚荫《关于明清云南土司制度的几个问题》[《西南民族学院学报》(社会科学版)1986年第3期]一文对改土归流的原因做出了解释,认为土司鱼肉乡里,对抗中央,对边疆的发展有着较大的负面作用,因此清政府进行了大规模的改土归流。

期开发与经营西南过程中所出现的吏治废弛、官员腐败等具体政治问题，则研究较少，没有引起足够的关注。这主要是由云南的边疆地位所造成的：云南的地理位置在中国西南边境，是地理意义上的名副其实的边疆；同时，云南地区自古以来便聚居着众多非汉族族群，这些族群在历史上被称为"南蛮""西南夷"等，当地文化与中原文化大相径庭，因此云南也被视作民族以及文化意义上的边疆。此外，晚清以来爆发的西南边疆危机使云南地区的边防问题得到了广泛关注。尽管这一时期的云南逐步走向了"早期现代化"，①但内部政局的动荡以及边疆危机的加深使外围藩属体系走向了崩解。清人郑观应在《盛世危言》中曾说道："我云南一省，五金矿利甲天下，英、法觊觎已非一日。特三国蔽其外，未能径入藩篱。今暹罗虽存，受制英、法。越南已为法占，缅甸复被英吞，是云南一隅绝无屏翰之可恃矣。"②云南自晚清以来事实上成了清朝的西南门户，其边防意义逐渐凸显，这进一步加深了云南在时人心目中的边疆印象。此后，云南作为西南边疆的政治地位得到了确立和稳固，至今未再产生变化。这些因素间接引导现有的研究多指向了历代王朝的西南边疆治理政策。

诚然，云南作为中国西南重要的边省，其政治边疆地位毋庸置疑。但正如上文所提到的那样，自清初平定吴三桂势力以来，清廷在

---

① 早期现代化，或称早期近代化，意指近代以来中国社会逐渐向资本主义化过渡的历史进程。潘先林、张黎波《西南边疆早期现代化的主要现象及其与国家安全之关系》（《思想战线》2011年第2期）是有关云南早期现代化的研究中最为全面系统的成果。文章指出，云南早期现代化的主要表现，一是"边陲"与"中心"之间的关系由松散逐渐变得紧密，二是少数民族的国家认同意识快速发展。

② （清）郑观应：《盛世危言》卷七《兵政·边防三》，华夏出版社，2002，第431页。

云南地区事实上已经逐渐放弃了元明以来的"因俗而治"的治理思路，转而在"用夏变夷"的思想引导下在云南实施了大范围的社会文化、制度改革。以雍正时期大规模的改土归流为起点，雍乾时期的云南在经济、政治、文化等方面高速发展，逐步从一个经济文化较为独立、政治模式陈旧的边疆型省份转变为一个与中原地区高度一体化的内地型省份，从这一角度来看，雍乾时期云南地区作为文化边疆区域的属性实际上已逐步减退。[①]现当代研究者认为，云南地区早期近现代化的基础在清代即被奠定，不是没有道理的。在这一问题的思考上，笔者受到潘先林、张黎波《西南边疆早期现代化的主要现象及其与国家安全之关系》一文的较大启示。文章指出："政治上，自元代设行省以来，云南就开始了与内地的一体化进程……清代以来，由于实行了大规模的'改土归流'，特别是近代以来的自强、新政，云南在政治上已经与内地甚至沿海处于大体相同的水平。"[②]这一观点为云南与内地的政治一体化进程提供了一个时间上限，并充分肯定了清代改土归流在这一历史进程中的重要作用。笔者据此认为，清雍正时期以来，云南除了地理、政治意义上的边疆特质以外，在行政模式、文化体系上事实上已经逐渐具有了内地特质，观察这一时期云南社会的变迁过程，是了解雍乾时期政治发展轨迹的一个窗口。

有鉴于此，笔者认为有必要深化对清代雍正至乾隆这一时期云南

---

① 边疆的文化概念，主要是指"居住着与中原文化不同的异文化族群的区域"。详见娄贵品《民族学界与"边疆"概念中国化——以20世纪三四十年代为考察时段》，《贵州民族研究》2012年第2期。
② 参见潘先林、张黎波《西南边疆早期现代化的主要现象及其与国家安全之关系》，《思想战线》2011年第2期。

与内地政治一体化的认识。这种认识包括两个不同的层面：首先，云南作为一个独立的研究对象，它固有的边疆特质使其在雍乾时期政治发展轨迹具有了特殊的表现；其次，当时的云南社会状况实际上可以看作清代"盛世"的一个缩影，这一时期的云南政治史是清代政治史的重要组成部分。雍乾时期是清代的极盛阶段，随着雍乾时期君主官僚制度的逐步完善，政府职能得以有效发挥，统治阶层内部以及社会主要矛盾因此而得到了有效控制——雍正朝至乾隆朝前期社会经济的安定与繁荣即是最直观的表现。随着雍正大规模改土归流的展开，清廷逐步将内地的行政模式普遍应用于云南除部分沿边土司管理区域以外的大部分地区。这打破了云南自元代以来既有的"土流并治"的独特发展模式，转而随着清朝统治者预期的目标，逐步成为一个与内地一体化程度较高的边省。在这种情况下，一方面云南在社会经济、文化等方面获得了高速发展，发展轨迹事实上已经开始与内地显现出一致性。另一方面，乾隆朝中后期，以君权为核心的整个官僚制度体系逐步显现出了全面性的腐败。[1]而这一情况也波及了位于西南边疆地区的云南，自乾隆中后期以来，云南吏治也日渐废弛腐朽。

雍正朝大规模的改土归流以及乾隆朝中后期频发的疆臣贪腐案件为深入研究清代云南与内地政治一体化这一课题提供了一条途径。不同的视角会产生不同的评价。在18世纪的"盛世"时代，清朝的经济繁荣与政治腐败实际上是并存的，与之相对应的是，云南与内地政治一体化带来的影响是双向度的。改土归流打破了传统的政治格局，

---

[1] 对雍乾时期清朝全面腐败问题的研究，详见郭成康《18世纪后期中国贪污问题研究》，《清史研究》1995年第1期。

为雍乾时期云南社会的发展提供了良好的政治环境，是云南与内地政治一体化的开端。由儒家精英知识分子所担任的流官代替了旧有的土司土官，事实上成为云南早期近代化发展的参与者，清统治者依靠他们对云南进行了长期的开发与经营。尽管在这一过程中存在文化冲突和地区动荡，但是随着儒家文化的传播与内地制度的广泛实施，雍乾时期的云南社会也有了长足的发展，这是政治一体化的正面影响。然而，政治一体化也深刻地影响了云南政治结构和官场文化，致使官场陋规开始逐渐滋生，最终导致全面腐败蔓延到了云南官场的每一个角落。这一情况在乾隆朝中后期表现得十分明显：疆臣腐败自乾隆十五年起就已有端倪，至乾隆四十五年更是达到了顶峰——这一年发生的云贵总督李侍尧勒索婪赃一案，牵涉官员甚众，滇省大小官员赃迹斑斑，阖省上下几乎都牵涉其中。云南的疆臣贪腐案甚至在一定程度上影响到了全国各地的督抚一级官员，而作为乾隆后期全面腐败主要代表人物之一的和珅，也恰恰是通过查办李侍尧一案而完全崛起。因此，云南吏治的废弛与腐朽作为政治一体化所带来的一种负面影响，也是无法被忽视的历史现实。

基于这样的思考，笔者认为要从三个方面来对"雍乾时期云南与内地的政体一体化"这一问题进行探讨。第一，雍正改土归流在云南的实施过程及影响。雍正五年鄂尔泰在镇沅府的改土归流是雍正朝大规模改土归流的开端，也是云南与内地政治一体化的标志性起点。第一章将以这一历史事件作为具体研究对象，分析皇帝、流官、土司、民众等历史事件实际参与者的行为，深入了解并还原这一段历史的细节。第二，雍乾时期云南流官的选任及政治地位。雍乾时期云南流官是作为清廷开发和经营西南的实际行政管理者而存在的特定群体。第二章将回顾明末至雍正初这一时期云南的历史背景，并通过相关史料梳理对雍正时期云南官员背景、选任、身份、待遇、政治立场进行分析和勾勒，以期了解精英阶层在云南与内地的政治一体化进程中发挥的实际作用。第三，雍正、乾隆两朝君主统治思想的回顾。清代是中国传统社会的巅峰时代，君主官僚制度的发展到达了巅峰，君主本人即是权力的中央核心。第三章将对清世宗、清高宗两代皇帝所面对的政治环境，以及他们各自的治国思想进行分析回顾，探讨统治阶层在雍乾时期云南与内地政治一体化进程中具有何种影响，以及这些影响对吏治起到了何种作用。

在对云南地区的政治一体化进行必要的分析之后，我们继而需要对政治一体化引发的吏治问题进行探讨。广义的"吏治"一词，指官员的选用、升黜、奖惩、监察、考核以及吏治思想等诸多方面的内容，延伸理解为对官员的治理。[①]而狭义的吏治一般指官员的治绩与作风。这一词语在实际运用中往往指向官员的行政作风的廉洁与腐败，或官场整体政治风气的清浊。[②]就研究角度而言，有以下几个方面。

[①] 在中国传统文献中所载，吏、治二字各有单独含义。吏，《说文解字》释为"治人者也"。《左传》："王使委于三吏。"此处的三吏指三公。又《古今韵会举要》："府史之属亦曰吏。"据此，吏多有官之意，指旧时代的大小官员。治，本为水名。后引申为以水的特征为法进行的休整、疏通。与乱字相对。《吕氏春秋》："治国无法则乱。"又《史记》："陛下得韩信，又治秦中。"又《三国志》："不效则治臣之罪，以告先帝之灵。"可见治字的引申含义较多，有整理、管辖、惩罚等诸多意义。

[②] 《史记》卷一二二《酷吏列传》："吏治烝烝，不至于奸。"中华书局，1959，第3131页。此处"吏治"指官员的治绩。又《史记》卷六《秦始皇本纪》："繁刑严诛，吏治刻深，赏罚不当，赋敛无度，天下多事，吏弗能纪。"第284页。此处"吏治"指官员的行政作风。

1. 惩贪的问题

在乾隆朝中后期，腐败是一个无法回避的问题，这种腐败既体现在政治制度层面，也体现在官员个体层面。这一点在云南体现得尤为明显，自乾隆十五年至乾隆四十五年，云南吏治日渐腐坏，官场陋规无处不在，最终致使官员贪腐案件频发，云南社会在嘉庆时期日渐衰落。

学界对乾隆朝腐败问题的研究成果颇丰，限于篇幅不做细述。但目前对于乾隆朝云南疆臣这一群体的腐败案件的研究仍十分有限。[①] 本书在第四章将乾隆十五年滇省亏空案（云南巡抚图尔炳阿徇私舞弊案）作为研究对象，分析以《大清律例》为基础的清代司法体系以及惩贪模式，同时对这一时期君主权力对于司法的干预进行探讨。

2. 陋规的问题

腐败与史同寿，是一种社会痼疾，并非一时、一地所特有。清代中后期腐败也并非一日所造就，而是早有端倪。清前期腐败最主要的一种表现便是官场陋规的普遍存在。尽管清世宗、清高宗对于各地陋规采取了限制措施，但并未完全禁止这一不良成例，甚至在一定程度上予以了支持。这就使腐败日渐滋生，难以抑制。

发生于乾隆二十二年的云贵总督恒文勒买黄金案实际上即是一

---

① 对云南疆臣贪腐案件的研究，有马亚辉《略论乾隆朝对云南渎职官吏的惩处》（《云南行政学院学报》2013年第1期），文章对乾隆朝云南各级渎职官吏的惩处办法做过梳理，文章主要集中在探讨渎职案件产生的背景、对渎职官员的惩处办法等方面，对官员贪腐案件的分析梳理并不深入。另有学者对部分个案做过概述。如：江珊《乾隆朝钱度贪污案》（《档案工作》1991年第11期），文章对钱度案案情做了概述。江珊《乾隆朝李侍尧贪污案》（《紫禁城》1992年第3期），文章对李侍尧案的查办过程进行了梳理。

起因陋规而起的腐败案件。本书将在第五章以该案作为研究焦点，分析清代陋规与腐败的关系，同时对"办贡"对吏治造成的影响进行探讨。

3. 云南吏治由清明向腐败的变迁问题

尽管乾隆朝中后期的腐败有目共睹，但这种腐败并非瞬间出现，而是经历了一个渐变的过程。就云南而言，随着当地陋规的发展以及腐败文化的滋生，云南吏治由雍正初年的清明日渐转为腐败。同时，君权的至高无上又限制了司法体系的权力范围和作用，这使惩贪本身并不能抑制腐败的恶性发展。

乾隆三十七年的云南布政使钱度贪污案以及乾隆三十九年的云贵总督彰宝勒索属员案是乾隆朝中后期十分有代表性的腐败案件，呈现出这一时期官场腐败的全新特点。本书将在第六章以这两起案件作为考察对象，探讨云南吏治的变迁过程。

4. 云南疆臣贪腐案对内地的影响等问题

发生在乾隆四十五年的云贵总督李侍尧贪赃案，是乾隆朝后期十分突出的贪腐大案之一。它在时间上与高宗统治思想产生变化的历史节点恰好一致，同时也促使素有"天下巨贪"之称的权臣和珅崛起。而高宗对李侍尧本人最终的处置更是完全颠覆了他一直以来严厉惩贪的态度。由于李侍尧身份的特殊性和敏感性，这起案件事实上对清代吏治走向整体腐败造成了巨大影响。

本书第七章将以李侍尧案作为具体的研究对象。分析李侍尧案对全国吏治的负面影响，讨论自乾隆四十五年以来清朝全面腐败的由来，并对乾隆朝后期云南以及全国各地的吏治状况进行论述。

研究方法的思考

当代史学的写作模式正处于革命性变迁的进程之中。自20世纪70年代以来，法国年鉴学派所提出的"新史学"及其第二代代表人物布罗代尔提出的"长时段"历史研究模式，受到了来自多方的质疑和批评，以"长时段""静止的历史"为对象的研究暴露出越来越多的弊端："单纯强调计量方法和社会史研究、片面夸大'长时段'结构及热衷于所谓'静止的历史'的倾向受到了严重的动摇，甚至出现了'史学危机'之说。"[①] 为应对这种危机，一些新的史学研究范式渐渐兴起。英国史学家劳伦斯·斯通（Lawrence Stone）在《历史叙事的复兴：对一种新的老历史的反省》一文中提出了一种强调历史写作应该以人为中心，在注重分析的同时也需要以叙述为写作方式的研究方式。劳伦斯·斯通对当代历史叙事进行了必要的解释与规范。他指出，当代叙事史并非简单的事件陈述，或者是小说式的文学写作。它具有严格的学术标准，与以往的"结构性叙事"具有显著的区别。当代叙事史与传统叙事最大的区别在于："一是其安排是以'叙述'为主而非'分析'为主；二是其注意的重点在于'人物'而非'环境'。这种历史是处理'特殊'和'具体'，而不是'集体'和'数值'的情况。叙述是一种历史写作的模式，但是这种模式不但影响其内容及方法，而且反过来也受到方法及内容的影响。"斯通明确指出："叙述

---

① 周兵：《新文化史：历史学的"文化转向"》，复旦大学出版社，2012，第198页。

并不是单纯的嗜古癖者或编年史家所写的东西,而是受到'有内涵的原则'所指导下的叙述,其中具有一个主题及一个主要的论证。"①

在年鉴学派之后,西方史学界兴起了以"新文化史"研究为标志的第六次史学转向。② 近年来我国史学界也对此有了更多关注。如复旦大学周兵指出:"在历史学的主流中,新文化史(或社会文化史)基本取代了社会经济史(或社会科学史学)的位置;在一些相对独立的非文化史的史学分支中,如政治史、经济史、科学史、思想史等,也各自出现了向文化史转向的趋势,文化因素的考量成为这些学科研究中的重要内容之一;文化分析、微观研究、符号、象征和仪式的解读、对交流与传播过程的考察,注重表象与实践、关注日常生活和底层群众、强调叙事性和通俗性,这些都是新文化史的重要特征……它既是一种在历史线索和框架下展开的文化研究,又是一种具有文化视野和取向的独立的历史研究。"

现代史学写作的模式已经逐渐走向多元化。新文化史的兴起是对传统写作的一种挑战与反叛。但是,一旦以文化作为主体,脱离历史文本本身一味强调历史叙述方法的运用,是有悖于历史学基本要求的。美国学者罗威廉就这一问题曾明确指出:"叙事型著作和对历史文本的密集阅读是完全必要的,对'微观史'的强调使得对历史人物个

---

① Lawrence Stone, "The Revival of Narrative: Reflections on a new old history", Lawrence Stone, *The Past and the Present Revisited*, London: Routledge & Kegan Paul Ltd., revised, 1987, pp.74-96. 古伟瀛翻译并收录于《历史:理论与批评》,台北,人文书会,2001,第19—46页。
② 周兵:《新文化史:西方史学的第六次转折?》,见《新文化史:历史学的"文化转向"》,第1—8页。

人生活的详细研究获得了一个荣誉地位……我完全相信：对具备好的条件和完备档案记载的人物的研究，可以更多地帮助而不是扭曲我们对人物所处环境的理解。"①

近年来，随着西南边疆史研究日益深入，通行的学术写作模式正处于变化之中。方铁指出："近年来人类学、社会学、政治学、经济学、法学、生态学等学科的学者，积极关注西南边疆历史与现状方面的问题，并取得了令人欣喜的成果，多学科的合作研究迈上新台阶，也为传统的西南边疆史研究注入新鲜血液。"② 此外，西方学者对于西南边疆史尤其是清代西南边疆史也开始日益关注，自20世纪90年代以来，清代西南边疆史逐渐成为西方学界的研究重点之一，涌现了一大批相关著作。③ 可以看出，西南边疆史研究模式的多元化已是大势所趋。

综合上述情况，笔者计划在研究方式上能够有进一步的创新与突破。在过去差不多七年的时间里，笔者始终最为关注的问题即是，西南边疆一体化进程中儒家文化发挥了何种作用。按照以往分析式的研究模式，文化的影响在文本中是隐性的，难以被定义的，甚至是无法被察觉的。但新文化史以及叙事史的研究模式给了笔者一种启示，笔者期望运用"新文化史"以及"叙述史学"的研究方法来对政治史进

---

① 〔美〕罗威廉：《救世：陈宏谋与十八世纪中国的精英意识》，陈乃宜、李兴华等译，中国人民大学出版社，2016，第15—16页。
② 方铁：《西南边疆研究60年的回顾与展望》，《中国边疆史地研究》2009年第3期，第49页。
③ 参见陆韧《现代西方学术视野中的中国西南边疆史研究（代序）》，《现代西方学术视野中的中国西南边疆史》，云南大学出版社，2007，第1—39页。

行另一种方式的讨论,即在文化因素与政治因素之间,讨论个体行为产生的原因及其影响。这既可以拓宽传统政治史研究的视野,又可以还原历史事件实际参与者的文化背景和生活状态,从而在多个方面加深我们对历史人物以及政治事件的理解。

清代云南频发的疆臣贪腐案是一个极其合适的研究对象。一方面,近年来学界对于清代云南督抚的研究已十分广泛,涌现了一批重要的成果;[1]另一方面,档案资料也日臻完备,如中国第一历史档案馆于20世纪90年代整理并出版了一批乾隆朝疆臣贪腐有关的档案,其中包含了数千件与云南疆臣贪腐案相关的档案。结合既有的传统史料,现阶段"对历史文本的密集阅读"已经成为可能,运用叙述史学的办法对传统政治史进行写作也不再遥不可及。

因此,笔者将在深入阅读并考证史料的基础上,采取线性叙事作为主要写作方式,将18世纪云南吏治史依照时间发展顺序进行叙述,

---

[1] 对于云南督抚的专门研究,邹建达《清前期云南的督抚、道制与边疆治理研究》(博士学位论文,云南大学,2011)一文是较为全面的对清代云南督抚以及地方诸道的设置及演变进行研究的成果。文章对康雍乾时期一些重要大吏的治滇思想进行了述说,对当时的吏治情况也有提及。秦树才《蔡毓荣与清初云南治乱》(《云南教育学院学报》1999年第1期)一文对康熙年间云南总督的政绩进行分析,论述了蔡毓荣在平藩斗争中的功绩和作用,论述了蔡毓荣从政治、经济、军事、文化诸方面治滇的情况,并指出了其治滇的局限性。周琼《高其倬治滇吏治思想初探》(《思想战线》2002年第5期)一文以高其倬为研究对象,论述了他任云贵总督时期的具体整饬吏治措施与吏治思想。文章认为高其倬为云南社会的发展作出了很大贡献,对后世的影响也较为深远。王燕飞《清代督抚张允随与云南社会》(博士学位论文,云南大学,2002)一文以雍正时期云贵总督张允随为研究对象,论述了他的治滇治绩、治滇思想以及吏治思想,文章认为张允随的吏治治绩折射出了清代中央集权制下缜密的官僚体系对官员的强大控制力。李小泉《李侍尧研究》(硕士学位论文,湘潭大学,2015)一文以李侍尧为研究对象,其中对李侍尧任云贵总督时期的治绩、贪腐案做了较为细致的研究。

并在叙事过程中探讨特定历史事件中吏治问题的具体表现。写作适当地减少了分析与对比等方法，力图以深挖史料的方式还原清代云南社会的微观细节。在突破"文本"的局限、关注"先于语言的过去"的同时，从整体史、制度史以及微观史等不同视角对云南吏治进行观察，从改土归流、吏治思想、社会道德、官场文化、贪腐案件等方面对清代云南吏治史进行全面深入的叙述与研究，重构康雍乾时期云南吏治史的发展脉络，充实西南边疆史研究中的吏治要素，以对吏治史的探讨为出发点，深入研究清代西南边疆开发的具体政策以及国家行政制度改革历程，补充清代云南吏治史整体研究的空白。

第一章
镇沅府改土归流与土司叛乱

云南省镇沅县，位于云南省西南部，坐落在一片群山之中的平坦高原上，在清代统治者的眼中，这里"四面夷猓，茶山地势狭隘"，[1]是一块"极边瘴疠"的蛮荒地带。[2]这里保留着大片的原始丛林，一些村寨零散地分布在哀牢山和无量山之间，村寨中的居民并不多，但各部族的源流却很复杂，[3]有猓人[4]、古棕人[5]、摆夷人[6]、窝泥人[7]——他们在漫长的时间中始终保持着刀耕火种的生产方式，采集和渔猎也是他们生活中重要的一部分。从15世纪初到18世纪前期，这里的景象几乎没有变化，当地依然保留着古老的边疆族群习俗和生活方式——封闭的地理环境让此地显得遗世独立，如同一片文化孤岛。

---

[1] 《清世宗实录》卷五九，雍正五年七月癸亥，《清实录》，中华书局影印本，1985。
[2] 《清世宗实录》卷六一，雍正五年九月庚辰，载："新改流之镇沅府、恩乐县，俱极边瘴疠。"
[3] 《嘉庆重修大清一统志》卷四九四《镇沅直隶州》，四部丛刊续编本。载："(镇沅直隶州) 在云南省治西南一千二百里，东南距元江州界一百里，西至顺宁府云州界二百四十里，南至普洱府威远界二百三十里，北至景东直隶厅界六十里。"又载："四郡之接壤，人皆猓㹧。"
[4] 猓人、猓猓是中国西南地区彝人的旧称，亦写作倮倮、罗罗、罗落、落落等。因地区方言不同，称呼不同。参见江应樑主编《中国民族史》下册，民族出版社，1990，第295页。
[5] 苦聪人的旧称，拉祜人的一支。江应樑主编《中国民族史》下册，第317页。
[6] 傣人的旧称。江应樑主编《中国民族史》下册，第322页。
[7] 哈尼人的旧称。江应樑主编《中国民族史》下册，第309页。

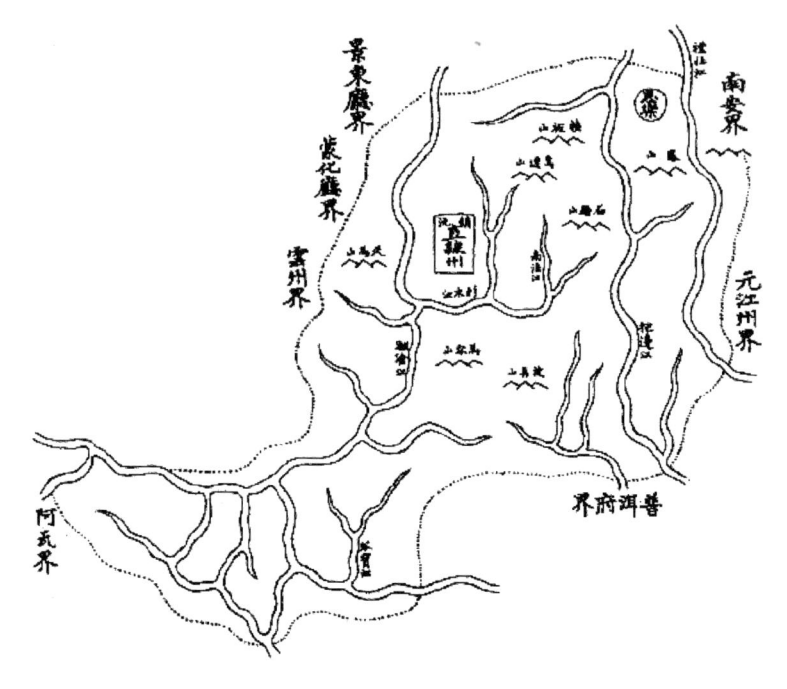

图 1-1　镇沅直隶州图

资料来源：《嘉庆重修大清一统志》卷四九四《镇沅直隶州图》。

第一节　镇沅府改土归流的缘起

在笔者所要叙述的事件开始之前的 300 年间，镇沅地区偏僻而落后的村寨世代为刀氏土司所统治着。和大部分贫困的边民不同，这些代代世袭的土官同时也是当地部族的首领。他们生活在较具规模的大寨中，拥有对周边区域的自治权，并占有大量的财富。

1725 年，亦即清雍正三年，此时的镇沅土知府名叫刀瀚，这是

第一章 镇沅府改土归流与土司叛乱

一名性情暴戾的摆夷土官,自他从前任土官刀长庚手中接过了镇沅府土官的印信,便始终过着富足安逸的生活。[①]和他的先辈一样,他本来很有可能默默无闻地过完他的一生,并将土官的职位传给他的子孙。在过去的数百年间,这一切都顺理成章,若非当年十月,雍正皇帝委派了一名官员担任新的云南巡抚,[②]那么刀瀚的一生或许不会引起重视。这名新抚臣是满洲镶蓝旗人,名叫鄂尔泰,时年47岁。[③]他在1725年的冬季赶往云南地区赴任。彼时,包括刀瀚在内的所有土官长们并不知道接下来会发生什么。直到第二年的春天,各地开始有一些流言传来,他们才意识到,这名刚刚到任的巡抚,或许即将在云南展开一次改土归流。

所谓改土归流,指的是废除世袭的土司土官,改派流官进行治理。这些土司土官十分清楚,他们一旦被革除了世袭的官职,地位和财富也将很快随之消失。所以,大部分土司土官对于山雨欲来的形势感到十分不安。尽管官府还没有展开实际的行动,但谁也说不准接下来会发生什么——土司终归是清廷委任的地方官员,一旦被朝廷找到

---

① (清)王崧:《道光云南志钞》卷八《土司志下·废官》,云南社会科学院文献研究所,1995,第452—453页。该节文献记录了自明代以来镇沅府土司的承袭关系始末,载:"土官刀平……明洪武十五年,与兄那直归顺,授平千夫长……建文四年,置镇沅州,以平为知州……升镇沅为府,以平为知府……传至刀允中,国朝平滇,投诚,仍授世职。允中卒,子长庚袭,传至瀚,雍正五年以贪劣削职。"

② 鄂尔泰虽据巡抚位,实管云贵总督事务。载:"调广西巡抚鄂尔泰,为云南巡抚,管云贵总督事务。"《清世宗实录》卷三七,雍正四年庚寅。

③ 赵尔巽等:《清史稿》卷二八八《列传七十五·鄂尔泰》,中华书局,1977,第10229页。中国传统计算年龄的习惯是出生时即为一岁,本书中凡提及年龄,皆遵从这一习惯。鄂尔泰生于康熙十九年(1680),时年47岁。参见(清)鄂容安《襄勤伯鄂文端公年谱》,《鄂尔泰年谱》,中华书局,1993,第1页。

借口革除职位,任何反抗行为都是徒劳的,这归因于双方力量与地位的不对等。因此,此时土司们除了寄期望于朝廷的目标不是自己之外,更多的是不要留给朝廷改土的借口。

鄂尔泰此次来云南,首要的目的就是进行改土归流。到任数月后,他在省城昆明的官邸中将一份份奏折送往北京——这些奏折里写满了他到达云南后的调查报告以及改土归流的计划,这些信息缜密而完整,促使紫禁城中的世宗皇帝下定了改土的决心。[①]君臣二人在数月间往来的奏折和谕令中商定了具体的办法,君王的权威和官员的执政能力有效地结合在一起,云南地区大规模的改土归流渐次展开。

镇沅府成为鄂尔泰的第一个目标,这或许是因为刀瀚暴戾的性

---

① 鄂尔泰就任云南巡抚后,先后向世宗上数折,奏改土归流之事。按时间顺序依次为:雍正四年二月二十四日,《云南巡抚鄂尔泰遵旨覆议滇省田则增减之法折》,称:"欲靖地方,须先安苗猓;欲安苗猓,须先制土司;欲制土司,须先令贫弱。"雍正四年三月二十日《云南巡抚鄂尔泰奏陈东川事宜折》,称:"圣恩允东川汉滇……先怀以德,继畏以威,然后徐议改流,不二三年间或可一举大定。"雍正四年六月二十日《云南巡抚鄂尔泰奏确勘酌商东川汉滇事宜折》,称:"闻大约乌蒙土官凶恶习惯,可以威制,似难以恩化。不改土归流终非远计。"雍正四年七月初九日《云南巡抚鄂尔泰奏擒制镇沅沾益积恶土司折》,称:"窃以滇黔大患,莫甚于苗猓,苗猓大患,实由于土司。"并对镇沅、沾益等地土司改流之事详作奏报。雍正四年八月初六日《管云贵总督事鄂尔泰奏陈宜重流官职守宜严土司考成以靖边地管见折》,称:"臣窃念,流官固重其职守,土司尤宜严其考成。土司之考成不严,则命盗之案卷日积。"并建议行保甲法。雍正四年九月十九日《云南巡抚鄂尔泰奏遵旨剿办不法苗人折》,奏报进剿苗寨之事:"先之以重兵弹压,即继之以清册稽查,按其户口照汉民以行保甲。清其田亩,借赋役以为羁縻。"同日又上《云南巡抚鄂尔泰奏遵旨商酌安顿东川乌蒙地方等事折》及《云南巡抚鄂尔泰奏报剪除彝官清查田土折》,对改流之后的情况加以汇报。此后又有数折奏报各地改土归流事宜。从鄂尔泰的奏折内容来看,其中涵盖了改土归流的建议和计划、过程与手段、结果及影响等多个方面,而世宗也多有朱批回应。在此将奏折名目列出,意在方便那些可能希望参照原文的读者,并为正文中的叙述作证证。参见中国第一历史档案馆编《雍正朝汉文朱批奏折汇编》第6、7、8册,江苏古籍出版社,1991。

格和骄纵的行事风格令他成了最容易被找出问题的土官。在雍正二年（1724）的六月，世宗诏令镇沅府等数地土盐井归公，增设盐课大使进行管理。①鄂尔泰查明，这些土盐井本属于土官的管辖范畴，归公一事令刀瀚十分不满，尽管他并没有抗拒按板井归公设课，但他随后却暗自派人在盐井附近强占田地，阻挠官方的运作，同时又威胁灶户，还殴打井兵。②这些都是严重的不法行为。于是，一场废除刀瀚土司职位的行动就此展开。

在雍正四年（1726）的五月，刀瀚的命运发生了巨大的转折：时任大理府同知的官员佟世荫，受鄂尔泰之命，前往镇沅兼理按板盐井事务。身为当地的主政官员，刀瀚亲自前往迎接。在佟世荫到达后，当地一名汉人井役忽然从人群中走出，在佟世荫的面前状告刀瀚，说自己因汉人的身份而遭到了刀瀚的刻意责难。这一行为或许是已有他人的授意，又或者是刀瀚平日的暴戾使这名土役不堪用命。总之，他大声地喧嚷，称自己遭受了不公对待，请求佟世荫主持公道。由于事发突然，刀瀚当时很可能并没有任何准备。面对土役的一面之词，佟世荫开始严厉地诘责刀瀚——这原本并不是很严重的问题，如果刀瀚坦诚认错，此事很可能便可草草收场。但这名土官自傲的行事风格给了佟世荫以机会：他并没有承认自己的错误，反而更强硬地表示，对

---

① （清）倪蜕著，李埏校点《滇云历年传》卷一二，载："（二月）开镇沅府按板等井，威远州抱母等井。"又载："其镇沅土府，亦向有按板、恩耕等井共十一区……今与抱母等井一例归公，亦设盐课司大使一员。"云南大学出版社，1992，第576页。
② 《云南巡抚鄂尔泰奏擒制镇沅沾益积恶土司折》载："刀瀚，人本凶诈，性嗜贪淫。自威远盐井归公，长怀不法，强占田地、阻挠柴薪、威吓灶户、擅打井兵，流毒于地方，恐贻后患。"《雍正朝汉文朱批奏折汇编》第7册，第632页。

犯了错的属下进行责罚是自己的职责所在，且并不因汉人或夷人而有分别。但是，他平日对属下的苛刻与残暴在此时展现了后果，并因此将自己推向了不可逆转的终点——在场的汉人并役们开始一起喧闹，纷纷列举着刀瀚曾经犯下的恶行，这使他百口莫辩。① 由此，他故意责难汉人土役的行为便被证实了。

佟世荫很快便将此事上报给了鄂尔泰。鄂尔泰便顺势宣布刀瀚是凶诈贪淫之徒，必须被治罪。他很快便下令将刀瀚革职，并在与临元镇总兵杨天纵秘密商议之后，派遣游击将军杨国华至镇沅府将刀瀚擒拿归案。仅仅过了数日，刀瀚就被押赴临安府，他的土官印信号纸也一概被收缴，世袭职位被彻底革除。②

仅凭土役的状告和刀瀚"凶诈""贪淫"的性情，便革除了刀瀚的世袭职位，这很明显是一个牵强的借口。于是在随后的审讯中，刀瀚被冠以更多的罪名，他私占田地的罪名被坐实，此外，土役们所称的一些罪行也被逐条开列治罪，如抢夺土人妻子为妾、责难汉人等。③ 这些罪责包括渎职、婪赃、犯奸等多个方面。这些罪名最终被判定成

---

① 刀瀚被革职的始末，参见《滇云历年传》卷一二，第586页。载："时，刀瀚先至候迎。适有土役本系汉人，违令受责。乘世荫至，互相喧嚷，谓土官专责汉人。世荫诘瀚，瀚以土知府责本门隶役，不论汉夷，无干理法，未肯过之。"可见，这名汉人土役确实是有"违令"的行为的，刀瀚对他的责罚并无失当之处，佟世荫仅仅通过此事向刀瀚发难。但是考虑到刀瀚的身份，他应该是不甘心为此事而向佟世荫承认自己的错误。因为他平日不行善举，遭到了土役的一致反抗，这是他被革职的直接原因。

② 《云南巡抚鄂尔泰奏擒制镇沅沾益积恶土司折》载："据禀，（刀瀚）于（六月）十九日就擒，并撤取印信号纸，押赴临安转解。"《雍正朝汉文朱批奏折汇编》第7册，第632页。

③ 《清世宗实录》卷六〇，雍正五年八月丁未。载："刑部等衙门议覆，云南巡抚杨名时疏言：镇沅府土知府刁（刀）瀚，奸占民妻、强夺田地。"

立，于是刀瀚的职位被废除就成为必然之事。

最终，鄂尔泰通过法律手段将这次改土行动归为惩治地方渎职官吏。他在云南地区的改土归流成功地迈出了第一步。在写给世宗的奏折中，他说明了镇沅府改土的详细过程，并认为应该对土司土官势力斩草除根，最起码要削弱他们在地方的势力。[①]世宗对这样的结果也十分欣慰，他对鄂尔泰的办事能力大加赞许。[②]

在雍正四年的八月，刑部根据案情，拟判刀瀚绞监候[③]——这是一种暂缓执行绞刑的刑名，案犯暂在狱中监禁，待朝廷秋审后再决定是否行刑。此外，刀瀚的家属也被判令迁往江宁省城。在世宗看来，一旦刀瀚家族离开了原统治区域，在当地的影响就会逐渐消失。这样的举措既可以显示仁慈，又可以彻底瓦解刀瀚家族在此地的势力。[④]

有关刀瀚的记录在世宗发出诏令之后戛然而止。没有文献记载这位摆夷土官此后的命运究竟如何，他本人在改土归流事件中匆匆谢幕，从此再无下落。但镇沅府的事件并未就此完全结束，接下来所发生的事情，依然和他有着千丝万缕的联系。这起改土事件带来的影响，我们将在后文中再次看到。

---

① 《云南巡抚鄂尔泰奏擒制镇沅沾益积恶土司折》，载："上之尽其根株，次亦令其贫弱。"《雍正朝汉文朱批奏折汇编》第7册，第633页。
② 《云南巡抚鄂尔泰奏擒制镇沅沾益积恶土司折》，世宗朱批称："是，当之极。实慰朕怀。"《雍正朝汉文朱批奏折汇编》第7册，第633页。
③ 《清世宗实录》卷六〇，雍正五年八月丁未。载："（刀瀚）凶淫贪劣，应拟绞监候。"
④ 《清世宗实录》卷六〇，雍正五年八月丁未。载："镇沅地方，已经改土为流。应将刁（刀）瀚家口迁住省城，无留土属滋事。应如所请，得旨，疏内所将刁（刀）瀚家口，迁住省城之处。朕思伊之家口，若仍留本省，管束太严，则伊等不得其所。若令疏放，恐又复生事犯法。刁（刀）瀚之家口，著迁往江宁省城。令该督酌量安顿，务令得所。"

随着镇沅府改土的完成,情势日渐明朗,土司土官们开始明白这并不是一次浅尝辄止的试探,而是一场有目的有计划的大范围区域改革。鄂尔泰并不满足于对镇沅一地进行改革,他正在寻找自己的下一个目标。在即将展开的这场大变革中,他们每个人都终将被卷入其中,无论反抗或顺从,他们必须马上做好准备,正面应对即将到来的命运。

第二节 镇沅府改制与刘洪度苛政

对于清政府而言,在新近改土的地区,首先要进行的便是制度的改革,这关乎地方的社会稳定以及政策能否被有效执行。因此,在镇沅府的改土活动完成后,派遣得力的官员对地方政务进行整改就是接下来的首要任务。

对于地方中下级官员的选用,吏部选任和疆臣举荐题补是较为常见的两种方式。[1]前者是指吏部通过对官员的遴选,调遣候补官员至官缺地赴任,这种办法可以有效发挥吏部的职能;后者则是指地方总督与巡抚向朝廷举荐官员,升调署吏,这种办法可以针对具体的地方官缺选取更适合任职的官员。这两种方式各有优劣,就云南广大的

---

[1] 清代官员选任制度,主要包括开列、遴选、月选、留授四种方式。就中下级官员的选任而言,最常见的办法即吏部的月选以及疆臣的举荐题补。这一问题已有学者进行过详细探讨,本书不再展开论述。参见张振国《清代文官选任制度研究》,博士学位论文,南开大学,2010。

第一章　镇沅府改土归流与土司叛乱 ｜ 027

"极边瘴疠"地区而言，后者显得更为妥帖。尤其是在新改土的地区，由地方大员推荐久居当地且熟悉边民习俗和语言的官员任职，更具有管理优势。

在雍正四年九月，鄂尔泰委派时任威远府同知刘洪度去担任镇沅府的首任知府。此人是一名来自湖广地区的汉人官员。官方的档案中并没有他的履历记载，但鄂尔泰对他的评价很高。① 之所以会选择由他来担任镇沅的首任知府，或许是因为他既有为改土出力之功，又熟悉当地民情——他曾在威远担任知州，后又在威远、镇沅等地改土归流时颇有功劳，并担任抚夷理饷同知一职。② 这样的经历令他看起来十分适合镇沅知府的职位。

在改土归流以前，镇沅民众并无实籍，土官享有对他们征税的权力。土官为了增加实际所得，通常会瞒报土地和人口数量。因此，刘洪度上任后首先要做的事情，便是厘定钱粮。这是一项极为繁杂的工作，具体包括清算官仓钱粮、丈量土地面积并计算相应的税银数量——这实际上是对土地税额的重新分派。这一工作如果处理得当，

---

① 据鄂尔泰称："(刘洪度)湖广俊秀，才具深沉果敢，办事不辞劳怨。"参见《管云贵总督事鄂尔泰奏开呈滇黔同知知州知县十人官声操守送部引见折》，《雍正朝汉文朱批奏折汇编》第 7 册，第 848 页。
② 刘洪度任威远同知时，参革土司刀光焕，称他匿藏叛乱土司普有才。刀光焕被革职安置江南，威远得以改流，刘洪度任抚夷理饷同知。载："于时，知州刘洪度、游击杨国华在威经理韦务。土司刀光焕接见……洪度等意光焕必将有才先匿后纵，故知其在缅而且以图功也，因即以知情匿匪罪人具报参革，并籍其家。光焕械至省，过一马神庙，入谒关帝，哭且拜曰：'我无罪蒙冤，死有日矣。愿神明监察，俾陷我之人亦弗良死。'观者皆为叹息，于是裁省威远州，设抚夷理饷同知，以刘洪度为之。后刀光焕奉旨安置江南省，而普有才终不获也。"参见《滇云历年传》卷一二，第 577 页。又《云南总督鄂尔泰奏报遣发官兵擒获彝倮情形折》载："(鄂尔泰)密委杨国华同刘洪度拿解(刀瀚)赴省。"《雍正朝汉文朱批奏折汇编》第 9 册，第 247 页。

既可增加官府的赋税收入，也可以使民众承担的赋役分摊合理，是一件两相得利的事情。但是，刘洪度在此事上处理得过于仓促，他在土地尚未丈量完毕的情况下，以三个月为期限，要求各地百姓照田亩数量缴纳税粮钱款，如果逾期不缴，土地将变卖充公。①

通过土地亩数摊派税款，是康熙五十一年开始制定施行的赋役制度。当时在位的清圣祖爱新觉罗·玄烨在当年的二月二十九日下旨，以康熙五十年（1711）的人丁数作为征收丁税的固定数，以后所生人丁，不再征收钱粮，废除了新生人口的人头税。②至雍正元年（1723），从直隶地区开始，康熙年间固定下来的丁税被平均摊入田赋，征收统一的地税，人头税逐渐被废止——这就是摊丁入亩政策。③也就是说，自雍正元年开始，地税已经成为国家农业税收的主要来源，从这一情况来看，刘洪度的做法是顺应了这一政策的，旨在增加地税收入。这本身并无问题，但是，镇沅府施行土法数百年，传统的风俗习惯并非朝夕之间可以更易，民众对于汉法的接受程度相当有限。刘洪度忽视了这一点，这或许是由于鄂尔泰的要求，或者是他自己希望通过此项工作彰显政绩，总之，他以强硬的手段要求民众按田亩数量上税，招致了民众的不满。

---

① 《滇云历年传》卷一二，载："洪度又方信用颇张，私谓：'丈量虽未遽行，而归流新府，田土宜清。'故山陬水澨，寸寸而粮之。且谕：'三月为期，照亩上价。逾期不上，入官变卖。'"第592页。
② 《清圣祖实录》卷二四九，康熙五十一年正月壬午。载："今海宇承平已久，户口日繁。若按见在人丁，加征钱粮，实有不可。人丁虽增，地亩并未加广。应令直省督抚，将见今钱粮册内，有名丁数，勿增勿减，永为定额。其自后所生人丁，不必征收钱粮。"
③ 《清世宗实录》卷一一，雍正元年九月甲申。载："户部议覆，直隶巡抚李维钧，请将丁银摊入田粮之内，应如所请。于雍正二年为始，将丁银均摊地粮之内，造册征收。"

第一章 镇沅府改土归流与土司叛乱 | 029

除了厘定钱粮的事务,刘洪度还忙于整顿治安——他在此时擒拿了镇沅府的一众不法分子。自刀瀚被革职之后,他的一些亲族和下属失去了经济来源,于是便聚集在山隘之间,以打劫杀人为生。这属于严重的恶性犯罪,为保证地方稳定,刘洪度将杀人者擒拿归案,羁押在镇沅府的监狱中。这一行为当然也无可厚非,但是引起了这些人犯的亲族的仇视。如前所述,这些人是当地的旧贵族,具有一定的势力,但是刘洪度并未给予他们足够的重视。这些都是引起不稳定的因素,但刘洪度并未因此有所警醒。

这些问题还并不足以催生出民变,真正使镇沅府局面改变的因素,乃是刘洪度及其家人在当地作威作福勒索乡民。刘洪度身为镇沅府的最高长官,强令土人在府衙中做苦役,且不加体恤,常有暴虐行为。此外,他的家人也凭借其权势,向镇沅百姓勒索钱粮柴米,有不与者,往往会受到威胁和责罚。① 这些暴行比之土司刀瀚有过之而无不及,令当地民众对官府和刘洪度本人产生了极端的仇视,也给了旧贵族暴动的机会。这些人借机聚集族人,密谋举行暴动。

刀如珍,摆夷人,是原土官刀瀚的族内亲属之一。雍正四年的冬季,他在箐林之中和一众亲友族人宰羊设宴,歃血饮酒订盟,约定一起发动暴乱,劫狱救出之前被刘洪度拿获的人犯。在场的订盟者多是当地的旧贵族及部族首领。② 这些人虽然在改土归流后失去了旧时的

---

① 史载:"洪度又不修廉隅,不饬仆隶,暴虐夷庶。"《滇云历年传》卷一二,第592页。
② 据《云南总督鄂尔泰奏报遣发官兵擒获彝倮情形折》载:"土府刀瀚族舍目……威逼寨民,致奸民图谋不轨,为首者系刀西明、刀匡国、刀璋、刀廷贵、刀廷杰、方老长、陶正纪、陶运武……等纠合猓黑共千余人放火劫杀等语。"《雍正朝汉文朱批奏折汇编》第9册,第244页。

地位，但是在族人中依旧拥有极大的影响力和权势，他们此时联合起来决定举行暴动，令镇沅府的局势一发不可收拾。

暴动的消息封锁得并不严密，有关计划很快被人透露了出去，密告给了刘洪度。但是，这名志得意满的知府并未将这些话当真，他认为告密者不过是个妄想通过诬告来得到奖赏的骗子，责令他马上离开。然而，这名不识趣的告密者始终坚持自己所说的都是事实。最终，刘洪度命令下属将他乱棍赶出。① 此时的刘洪度绝不会想到，他的这一判断竟然会将自己推向绝地——正月中，以刀如珍等为首，一批批猓人、窝泥人、摆夷人开始在按板井和镇沅府城中集结，暴动随即开始。

事情发生在雍正五年正月十七日晚上，时值初春。彼时上元节刚刚过去，刘洪度还未从喜庆的气氛中回过神来，他相约亲友在家中玩叶子戏。② 此时忽然有人叩门，看门者眼看天色已晚，以为来人有杂事要禀告，便打开门扉一角，说道："回话，明日来。"话音未落，门外之人挥刀砍下，看门者顷刻毙命。随后喧哗声大起，有人趁机在门外放火。刘洪度在府中听到喊叫声，又看到火光，慌忙熄灭烛火躲藏。暴动者此时已拥入宅中，他们不分男女长幼，见人就杀，刘府中霎时一片哀号。府衙中唯有一名厨师幸免于难，这是因为他之前总是对服苦役的夷人施以恩惠，因此夷人感恩于心，并未加害。但是其他人就没有这样的待遇——刘洪度的家人以及府衙中的防兵、差役皆被杀死，尸横满地。刘

---

① 史载："有楚人知之，密首。洪度以为妄，逐之。其人复言，予之杖。"《滇云历年传》卷一二，第592页。
② 叶子戏又名叶子、斗虎、红楼叶戏。是一种中国传统的纸牌博戏，被认为是扑克、字牌和麻将的起源之一。明清时期在士大夫中十分流行。

洪度惊慌之中逃到了马厩旁,在一棵梅树下面蹲伏着,期望逃过一死。暴动者爬上屋顶,四下张望,很快发现了刘洪度的身影,于是大喊道:"老刘在矣。"暴动者循声而去,将刘洪度抓住。有人取出一坛酒、一炉火炭、一口大锅以及菜刀案板,放置在暖阁门外,磨刀生火。片刻,刘洪度被推至堂前。他从怀中取出了一颗官印,说道:"汝等不过要印,可取去。"暴动者说:"印也要,命也要。"有一人从刘洪度身后用棍棒大力击打,将他打倒。暴动者蜂拥而上,将刘洪度的衣物剥去,随即开膛取心,在锅中烹煮分食。随后,暴动者又将府衙中的其他死尸堆积在一起,在门前放火焚尸。有人举起刘洪度的尸体,说道:"官也!"随后在后院焚烧。他的尸首后来被找到,仅存一股入棺。[①]直至天明,这起暴动才告一段落。镇沅府衙的大火迟迟未灭,因焚烧造成的破坏和遍地的尸首令镇沅如同人间炼狱。

第三节 镇沅府暴动后清廷的应对

1727年,亦即清雍正五年。在当年一月十八日的上午,地处云南省景东地区的仰里,忽然迎来了数名逃难者。[②]仰里位于镇沅府的东

[①] 《滇云历年传》卷一二,第592—593页。此段文献将暴动时间记作雍正六年正月,据鄂尔泰奏折可知为雍正五年之误。
[②] 据鄂尔泰称:"据报正月十八日巳时,有镇沅府民及按板井吏目王廷相、者乐甸土官刀联斗携带家属至景东仰里汛,报称有猓黑数百于十七日晚到镇沅府、按板井二处将各路口邀截围烧。"《云南总督鄂尔泰等奏报彝猓不法实情相机剿抚折》,《雍正朝汉文朱批奏折汇编》第9册,第64页。

南，平时驻守着六十名汛兵，由于地处偏僻，所以平时并没有太多过路的商客。[1]

此时出现的这几个逃难者神色紧张，显得极为狼狈。他们自称来自北方不远处的镇沅府。逃难者中为首的一人自称是按板井的吏目王廷相，另一人自称是附近者乐甸[2]曾经的土官，名叫刀联斗，昨夜忽然有数百名猓人在镇沅聚众暴动，他们在惊惶之中携带家眷逃出，赶来投奔。随后，更多的逃难者到达此地，这里变得越发嘈杂和混乱。后来的逃难者们带来了更为严重的消息：暴动者将镇沅府的衙门烧毁，驻留署衙的署镇沅知府刘洪度业已被杀，此外，这些凶恶的暴动者放出了当地的囚犯并焚烧了监狱。这让仰里的守军意识到，镇沅府发生的事情乃是一场极为严重的叛乱。

不久后，原本驻扎在镇沅的游击杨国华也逃到此处。[3]这位在擒拿刀瀚的行动中立有军功的武官此时也无力对抗暴动者，唯有逃走一途。当杨国华到达仰里，认为此地的汛防兵少，无法弹压暴动，于是他只有将情况上报。经过数日辗转，镇沅府暴动的消息在一月二十六日送达给了云南巡抚鄂尔泰——这位疆臣此时还收到了来自镇沅地区的多条消息，都与此次暴动有关。他在理清了事件的脉络之后，将暴动的情况知会了云南提督郝玉麟，命令他调动各地的兵

---

[1] 仰里属于景蒙营统辖范围，雍正三年设汛兵额为60人。参见（清）阮元等《（道光）云南通志稿》卷一〇〇《武备志一之二·兵制下》，道光十五年刊本，第37页。
[2] 恩乐旧称。清初继承明制，为者乐甸长官司，改流后称恩乐县。地处今云南镇沅自治州恩乐镇。《嘉庆重修大清一统志》卷四九四，《镇沅直隶州》。
[3] 史载："而井官王廷柏，游击杨国华俱奔景东。"《滇云历年传》卷一二，第593页。

第一章 镇沅府改土归流与土司叛乱

马平乱。① 随着一道道命令的下达,来自元江、嶍峨、景东、蒙化等地的守军,在当地武官的率领下开始渐次向镇沅府靠拢,把守各处关隘。无论镇沅府此刻到底出现了何种情况,清军都已经完全控制住了周边的局势。②

另外,与清军此时的积极活动相反,镇沅府暴乱的范围却并没有继续扩大。在杀死刘洪度并放出囚犯之后,暴动者便停止了进一步的活动——他们此时已聚集了近千人,正在迫切等待招安。③ 这些人甚至向官军明确传达了自己的态度,据他们解释,之所以会烧毁衙门杀死官员,是由于被杀死的知府刘洪度纵容家人在当地勒索百姓:"刘太爷家人踢打人民,苛索银两。今日要草料,明日要柴薪,终朝苦打。每日谢银三五四钱不等,哀求才罢。故此,我们急了,才将衙门烧焚,并无别念。"④

在暴动者的口中,这起事件被形容为一场无奈的官逼民反,有限度的暴力行为就是暴动者所依托的证明。但由于刘洪度已死,这样的解释在鄂尔泰看来只是暴动者的一面之词。他在分析后认为,这场暴

---

① 《云南总督鄂尔泰等奏报彝猓不法实情相机剿抚折》载:"又据附近文武各员报同前事,并称威远猓黑、镇沅人等,与正月十七日午刻先在抱母井地方抄掳,当夜四更时分奔赴府城,烧衙伤官,劫课放囚等情据报前来。"《雍正朝汉文朱批奏折汇编》第9册,第65页。
② 见《云南提督郝玉麟奏报镇沅首恶就擒地方平定彝氏渐次复业折》。时任云南提督郝玉麟在折中向高宗详细奏报了各地派往镇沅平叛的兵力情况和进军过程。《雍正朝汉文朱批奏折汇编》第9册,第322—325页。
③ 《云南总督鄂尔泰等奏报彝猓不法实情相机剿抚折》,《雍正朝汉文朱批奏折汇编》第9册,第65页。
④ 《云南总督鄂尔泰等奏报彝猓不法实情相机剿抚折》,《雍正朝汉文朱批奏折汇编》第9册,第65页。此内容系鄂尔泰转引参将普威营分防把总何遇奇报告内容。

动发生的原因是该地旧土司势力仍心有不甘。他根据刘洪度生前呈递的报告，发现这些失去了特权的旧贵族在过去的一年中以打劫为生，结果被刘洪度擒拿并投入监狱。据此，鄂尔泰认为正是抓捕打劫者的行为最终导致了土司土官残余势力的报复，这场暴动是提前计划并经过了严密准备之后才实施的，最直接的证据就是暴动者杀死了刘洪度并释放了囚犯。所以，必须给予暴动者以严惩。这位干练的疆臣在给世宗的奏折中明确地表明了自己的态度。世宗经过分析，认为尽管刘洪度在此事中一定负有不可推卸的责任，但事关改土归流大局，必须严厉惩处叛乱者。很快，鄂尔泰就得到了来自世宗的亲笔批复："朕前者已有旨，著严苗猓黎夷之处分。"[1]

当这一批复到达云南，一场针对暴动者的军事行动便迅速展开了，副将张应宗统领清军向着镇沅府进发。他们在路上遇到了刀瀚之子刀辅宸，此人拿着官印在路旁迎接清军——很显然，暴动者将这一象征着镇沅府统治权力的信物送给了他，而刀瀚的母亲此时命令刀辅宸将这枚官印交给清军以示忠心和无辜。随后张应宗率兵对暴动者进行猛烈清剿。这些人中大部分四处逃散——可以看出，这起暴动的参与者实际上不过是一些乌合之众，在官军的进攻之下根本不堪一击。而刀如珍等更是放弃了反抗，称自己仇愤已泄，情愿投降受死。[2] 这一行为让他们之前对暴动行为的解释看起来似乎更加真实可信，但这

---

[1] 《云南总督鄂尔泰等奏报彝猓不法实情相机剿抚折》，《雍正朝汉文朱批奏折汇编》第9册，第65页。此内容系世宗朱批原文。

[2] 史载："兵至镇沅，贼首刀如珍等皆说仇愤已泄，情愿受缚就诛。"《滇云历年传》卷一二，第593页。

并未影响接下来的事件走向——他们随即被逮捕，并被送到官府进行更进一步的审查。几个主要的首领受到了极为严厉的刑讯，他们最终供认，因不满改土归流，所以聚众叛乱。无论这是不是真实的原因，他们都被认定为暴动的"首恶"，以谋叛罪论处，并最终在当年的四月二十六日押赴市曹处斩，首级被悬挂在镇沅府的城门上以儆效尤。[①]这些反对改革者的名字和改土归流的历史进程一起被记录于史册中，但鲜有人问津。

而被暴动者杀死的官员刘洪度，则被清廷公布为因公殉难者，于雍正六年被施以公祭。[②]他纵容家人勒索乡民的事情是否属实？或者这仅仅是暴动者编造出的一个借口？这都已经不再重要了。清廷没有选择将刘洪度作为渎职官吏进行处理，这是因为政府需要通过对死难者的牺牲意义进行肯定，换得民众与其他官员对国家的忠心以及合法性的认可。对于统治者而言，这起叛乱只不过是改土归流的历史进程中出现的微小反复，并不足以影响大局。

第四节　新任流官对镇沅府恩乐县的有效治理

恩乐县，旧名者乐甸长官司，位于镇沅地区北部。明建文四年

---

① 被处斩的暴动者包括刀如珍、刀廷贵、陶波公、刀西明、刀西侯、陶国贵六人。参见《云南总督鄂尔泰奏报审办镇沅地方叛逆首恶缘由折》，《雍正朝汉文朱批奏折汇编》第9册，第775页。

② 《清世宗实录》卷七〇，雍正六年六月辛巳。

（1402），明政府在镇沅地区置镇沅州。永乐四年（1406），又升为镇沅府。① 下设者乐甸长官司，世代由刀姓土司统领——上文所提到的刀联斗，便是者乐甸的最后一任土司。在刀瀚被革除土司后不久，鄂尔泰将者乐甸定为下一个改土的目标，他借口刀联斗乖戾，命游击杨国华领兵对他展开了进攻。② 这名者乐甸末代土司自知不敌，主动向鄂尔泰献出了土长官的印信。自此，者乐甸便改为了恩乐县——和刀瀚不同，由于刀联斗主动请求改流，因此他被授以职衔冠带终生，在家闲居。③ 在雍正五年的暴动中，刀如珍曾期望获得他的支持，一起举行暴动，但他予以拒绝。④ 在随后的暴动中，他携带家眷出逃——此事在上文已有交代。从他的出逃行为可以看出，恩乐县亦遭兵燹之厄，此时亟待新的官员去当地展开重建工作。

山东举人宫尔劝正是在这样一种棘手的境况下被题补为恩乐知县的。此人出身于一个中级官宦家庭，时年三十九岁。⑤ 这名年近不

---

① 《道光云南志钞》卷八《土司志下·废官》，第452—453页。
② 《云南巡抚鄂尔泰奏报剪除彝官清查田土折》载："刀联斗昏庸乖戾，受汉奸把目主使，为害地方……即委杨国华同刘洪度止带兵一百名，径至者乐甸质审案拟，相机行事。"《雍正朝汉文朱批奏折汇编》第8册，第115页。
③ 同上注。鄂尔泰认为刀联斗"此情状犹有可原"，故请世宗授予刀联斗九品职衔冠带，世宗从之。第115—116页。
④ 《云南总督鄂尔泰奏审办镇沅地方叛逆首恶缘由折》载："据刀如珍等各供，造意谋叛，劫骆杀官并汉民衙役人等，原欲勾连威远、者乐甸诸酋重为土官，不听设流辖制。因者乐甸旧土官刀联斗、威远大头目等不肯从逆，各经拒绝。"《雍正朝汉文朱批奏折汇编》第9册，第775页。
⑤ 宫尔劝生平见于《国朝耆献类征初编》及《碑传集》。《清代碑传全集》上册《碑传集》卷八四《宫怡云方伯暨元配李夫人合葬墓志铭》，上海古籍出版社，1987，第425页。（清）李桓辑《国朝耆献类征初编》卷一八一《疆臣三十三》，台北，明文书局，1984，第431页。

第一章 镇沅府改土归流与土司叛乱

惑的中年人,自二十四岁中举,便一直在等待出仕的机会,至今已经过去了十余年。① 在这段漫长的等待时间中他由山东辗转至滇南,在镇南州担任知州的从属官员,这一经历使他得到了长时间的锻炼与磨砺,从而具备了成为一名能吏的基本条件,同时也为他积攒了良好的官场人脉。这都是他在随后的仕宦生涯中得以一展才华的原始资本。

时为雍正五年的四月,亦即叛乱结束两个月之后。宫尔劝得到了正式的任命,他赶往恩乐县,开始担任当地的首任知县。② 在这里,他看到了一片荒芜破败的景象——正如上文所说,这种颓败之景皆由不久前的战乱所致。刚刚结束的镇压行动更是使当地民众对官府存有强烈的敌视感。想打破这种僵局并不是一件容易的事情。除了展开重建工作以外,他还要努力修补官与民、汉与夷的破碎关系。

和镇沅府改流之初一样,恩乐县此时首先需要处理的工作仍然是厘定钱粮。宫尔劝在这件事情上很好地表现出了身为一名能吏应具有的职业素养,他采取了和刘洪度完全不同的方式和态度。随着战乱的结束,官府针对恩乐县改土归流后制定了善后的土地赋税章程,但是

---

① 档案记载此时宫尔劝年四十九岁。详见秦国经主编《清代官员履历档案全编》第1册,华东师范大学出版社,1997,第525页。另据县志记载,宫尔劝为康熙辛卯举人。参见《高密县志》卷一四《人物》,成文出版社,民国24年铅本,第64页。又《宫怡云方伯暨元配李夫人合葬墓志铭》载,宫尔劝中举时为二十四岁。综上可知,宫尔劝生于康熙二十七年,雍正五年为三十九岁。履历档案所记四十九岁或为三十九岁之误,亦有可能为官员虚报年龄。另,清代举人最长需要候补三十年的时间,史载:"举人拣选知县,每逾三十年不克及时试用。"《清世宗实录》卷一四,雍正元年十二月壬子。据王志明统计,清代举人的出仕率约为25%,参见王志明《清代职官人事研究——基于引见官员履历档案的考证分析》,上海书店出版社,2016,第17页。

② 《宫怡云方伯暨元配李夫人合葬墓志铭》载:"君下车恩乐时,县旧隶土司,君为第一流官。"《清代碑传全集》上册,第425页。

在经过详细的丈量和清算之后，宫尔劝认为这一章程并不合理，土地税额明显过高，应该削减一半乃至更多。[①]他向上司力请，最终使恩乐县的土地税额减少了五六成。这一举动安抚了民众在叛乱后所产生的敌对情绪，令他们对于官府的敌意大大减少。

仅从这一举措便可以看出，宫尔劝很清楚此时应当如何收拾恩乐县的残破局面，同时也十分了解自己所做的工作会对恩乐县以及自身产生何种影响。在随后的时间里，他又在当地营造城郭和官衙——上文说过，在改土归流之前，恩乐县的百姓生活在山林间的原始村寨之中。城郭的建造修补了战乱所造成的破坏，并使恩乐县开始逐渐成为一个内地式的县城。随后，他又兴建了义学和义馆：学校教化百姓，是文化传播的重要渠道；义馆收容穷苦之人，有效地稳定了当地局势，并聚拢了人心。[②]他在恩乐县任职期间广施仁政，又大兴土木，并努力推广汉文化，这些行为使当地百姓得以安居乐业，许多人视他为父母官，尽管这些人中有很大一部分很可能并未见过他本人。

经过宫尔劝的治理，当地的改风易俗实际上已经完成了，他在任职期间的各项作为皆被视作良好的政绩。雍正七年，这名人品官声享誉一时的县令被委任开化府同知。在他去职之时，恩乐县的百姓因对他感恩戴德，自发为他建立生祠作为纪念——这是官员在民间能够得

---

① 史载："(宫尔劝)厘定钱粮，较初办善后章程减十之五六。"(清)李桓辑《国朝耆献类征初编》卷一八一《疆臣三十三·宫尔劝》，第431页。

② 史载："(义学)一在城内梓潼阁，清雍正五年知县宫尔劝、署县梅子抟先后设。"龙云修，周钟岳等纂，李春龙等点校《新纂云南通志》卷一三六《学制六》，云南人民出版社，2007，第590页。另《(道光)云南通志稿》卷一三二《秩官志六之二·循吏下》载："恩乐县设流，宫尔劝知县事，创建城郭官廨，分田均赋，立学校，置义馆，一洗前陋，与民更始。"第27页。

到的最高礼遇之一。可见，他受到了来自官方和民间的双重肯定。①
相比刘洪度弃印被杀的结局，可谓是天壤之别。

第五节　云南与内地政治一体化的开端

一　改土归流与"用夏变夷"

当改土归流在中国西南大范围展开之时，清朝已经建立了近百年。17世纪满人以征服者的身份入主中原，成为中国实际的统治者。随着国家的统一，清代中国社会迎来了良好的发展契机，历经顺治、康熙两朝的治理，治世的局面已经逐渐展开。那么，世宗为什么要在此时进行大规模的改土归流？这一问题的原因是多方面的，应该说，世宗的直接目的是通过这一系列地方政策树立他个人的权威，有关这一点将在第三章做进一步的阐述。另外，改土归流政策的根本原因则是清统治者受到了传统治边观的影响。在传统的中国治边观中，有一种思想叫作"用夏变夷"，即通过在边疆地区传播中原文化及其典章制度，来改变边疆族群的价值观念、风俗习惯，最终使他们融入中原文化体系。这一思想在先秦时期就已萌发，为历代王朝统治者所推崇。元代以来，土司制度便在边疆地区广泛施行，这是一种中央对于边疆藩属

---

① 史载："（宫尔劝）去之日，邑人为立生祠以祝。"（清）李桓辑《国朝耆献类征初编》卷一八一《疆臣三十三·宫尔劝》，第432页。另参见《（道光）云南通志稿》卷一三二《秩官志六之二·循吏下》，载："百姓怀德不忘，后擢粮储道、晋布政使。"第27页。

的羁縻制度：王朝的统治者对边疆族群的首领进行册封，给予他们充分的自治权力，以此维护边疆地区的安稳；而这些边民首领则以朝觐和进贡的形式向朝廷表示效忠，以此换取割据一方的许可。但是，和它的字面意义相同，羁縻政策对于皇帝或者朝廷而言，不过是为一匹烈马套上了一副马笼头——这些野马被套上笼头以后看起来已经被驯服，然而一旦笼头松动，脱缰的野马并不好围捕。土司们和朝廷之间总是相互心存警惕，他们都很清楚，这仅仅是一种彼此妥协的权宜之计。双方的平衡支撑了数个世纪之久。而这种平衡一旦被打破，随之产生的影响往往超乎想象。

改土归流就是在这一情况下应运而生的，世宗在位时施行这一政策的本意就在于加快边疆地区与内地的一体化进程。在鄂尔泰的大力倡导下，世宗最终对中南、西南地区进行了大规模的改土归流。这是清代治边政策的重要组成部分，其目的在于稳定边疆，巩固国家统治。从结果而言，对上述地区造成的影响是极其深远的。这一历史进程并不是简单地变更执政人员的过程，在由土官世代统治的地区换以流官进行统治，在这一转换过程中，边疆文化与中原文化不断交流并自然凝聚（这种凝聚是一种双向度的同一过程，而非单向度的文化更替），边疆地区的社会结构也逐渐与内地趋于一体化，换言之，这即是中国古代疆域形成的一种基本形式。

二 改土归流过程中地方暴动频发的原因

可以看到，在清代改土归流的过程中往往伴随激烈的反抗。由

第一章 镇沅府改土归流与土司叛乱

于地区间存在差异,所以地方暴动的直接原因并不相同。以往研究改土归流的学者大多认为,雍正年间云南地方叛乱的领导力量是土司势力,目的在于维护自身的自治权力,因而有意与清廷对抗。最终,清廷在西南进行了大规模的改土归流。[①] 而镇沅府的个例则说明,这样的认识并非全部的原因。毕竟,无论是否有土司势力的参与,民众都是实际的反抗者,引发暴动的社会因素是多样的,反对苛政就是诱因之一。

这也是我们在本章所关注的问题:这起暴动之所以会发生,都是因为主政官员行事苛刻、不修廉隅。我们由此看出,地方官员的为官操守、办事能力以及秉持的道德标准实际上会直接影响地方是否能够长治久安。如果回顾一下镇沅府暴动的过程,我们会发现,刘洪度在整个暴动事件中起到了推波助澜的作用,正是由于他求功心切,才大大改变了镇沅府的命运。改土归流带来的剧变招致了民众的不满,而执政者的贪纵导致了暴乱(此处特指可能存在的刘洪度家人勒索钱粮之事)。通过上述多重文献的对比分析,我们可以看出此事存在两种认识。第一种观点来自清政府的官方档案,这一观点认为,土司势力无法接受被改土归流的命运,以刘洪度纵容家人婪私为借口,发起了这次叛乱;第二种则是暴动者的观点,他们认为刘洪度为祸地方,他们无奈之下选择了反抗。这两种观点完全相反,是观察者站在自身的角度得到的认识。然而无论真相如何,刘洪度都负有不可推卸的责任,他没有维系和修补好镇沅府在改土归流之初脆弱的官民关系,并

---

① 参见龚荫《关于明清云南土司制度的几个问题》,《西南民族学院学报》(社会科学版)1986年第3期。

被民众视为施暴者。就这一点而言，上述双方的认识是一致的。

实际上，类似的暴乱事件在改土归流过程中并不罕见。雍正八年，大关厅爆发叛乱，起因是总兵刘起元平日贪暴残忍，另有通判刘镇宝暴虐百姓，苛刻丈量土地。暴动者攻破衙署，将刘镇宝擒获："掌其颊，与之杖，夷其足，加之械，曰：'田地皆吾世业，汝何见而丈量之？折罚之？诸刑皆汝之惯施于百姓者，故令遍尝之。'忽一年少挥刃断其头于械上，曰：'此人凶恶，疾死为宜耳。'"而刘起元则在逃亡中被暴动者追上，"追而杀之，割其首而去"。① 从暴动者对刘洪度、刘镇宝、刘起元三人的残忍的举动中，不难看出当地百姓对官府以及酷吏的极度仇视。他们焚烧署衙，杀死官吏，将清廷建立起的基层行政体系破坏殆尽。

据《清史稿》记载，在雍正年间改土归流活动中因暴乱战争而死的官员多达213人。② 当然没有人乐意看到这样的结果，但它究竟是因何而发生的？在考虑这一问题的同时，首先要分析一个问题，即：官员是否拥有对民众施以暴政的权力？应该说，在大多数情况下，法律会对这样的行为坚决禁止。尽管如此，地方暴政是很难被清廷及时发现并制止的——这自然要归咎于传统社会监察体制的不完善。因此，各地的暴政事实上始终客观存在。无论在何种情况下，被施以暴政的民众势必会对施暴者心怀怨恨。刘洪度"信用颇张""寸寸而粮之"，

---

① 《滇云历年传》卷一二，第610页。
② 《清史稿》卷四八七《列传二百七十四·忠义一》，载："雍正朝……外则滇、黔、蜀、桂土司苗乱与夫台湾土番等役，为刘洪度等二百十三人。"第13452页。

第一章 镇沅府改土归流与土司叛乱

又"不修廉隅,不饬仆隶,暴虐夷庶";① 刘起元"素贪暴残忍",② 刘镇宝"丈量土地,苛刻为能"。③ 这一系列的暴政都令当地民众苦不堪言。民众缺乏合法有效的对策,便会选择用暴力手段来进行反抗,这就是暴动产生的直接原因。孟子《告子上》所称的"舍生取义",④ 与韩非《五蠹》所称的"侠以武犯禁",⑤ 便是对此类现象的两种不同总结。⑥

我们直观地感受到了官员在一系列暴乱事件中发挥的负面作用。官员的暴虐与贪婪引发了地方民众的强烈仇视。尽管身处不同地域,族群构成不尽相同,但民众对待贪官污吏的态度却几乎是一致的。但是,传统社会下的平民与官员的社会地位差异极大,他们看待事物的眼光也是完全不同的。在具体的行政事务中,官员只是政令的执行者,严酷或者宽容都仅仅是相对的——他们既要严格遵守来自皇帝和上级的命令,同时也要承受来自民众方面的压力和期许。从这一角度来看,官员实际上仅仅是君与民之间联系的纽带。而云南地区与中原

---

① 《滇云历年传》卷一二,第592页。
② 《滇云历年传》卷一二,第609页。
③ 《滇云历年传》卷一二,第609页。
④ 孟子认为,在生命和正义二者不能够兼得时,应选择正义放弃生命。即:"二者不可得兼,舍生而取义者也。"这是一种重道义而轻生死的思想。(清)焦循:《孟子正义》,中华书局,1987,第783页。
⑤ 韩非认为,儒生利用文献扰乱法纪,而游侠则用暴力触犯法令,统治者如果对这些行为加以礼待,那么社会就会产生动乱。即:"儒以文乱法,侠以武犯禁,而人主兼礼之,此所以乱也。"这是一种规劝统治者重视法治的思想。(清)王先慎:《韩非子集解》,中华书局,1998,第449页。
⑥ 应该说,儒家和法家看待这一问题的视角并不相同。当所处的立场不同时,儒家思想中所称的"义"的概念也是不同的。但"舍生"与"犯禁"反映的都是同样的事实,那就是民众会以暴力来对抗社会不公,但两者在推崇的应对方式上却截然不同。

地区遥远的距离和文化上的巨大差异,使官员在执行政令时步履维艰,频发的冲突更是令三者之间的关系更加复杂和难以捉摸。

我们并不能将一切暴乱行为的原因都归咎于官员的道德素质低下,同时也有国家政策与文化冲突等方面的因素在起作用。土司制度之所以可以长时间存在,其最大的合理性便在于顺应了当地的风俗进行治理。尽管土司在地方拥有极大的自治权,但地方势力的结构实际上是相对稳固的。改土归流改变了权力结构,将权力重新进行分配,这损害了土司势力集团的既有利益,势必会激起他们的强烈反抗。从这一点来说,暴动产生的根源因素是政治层面的,而非具体的个人。只是,官员作为政令的直接执行者,往往会成为暴动者直接针对的对象。相比为官清廉者而言,贪官与酷吏在民众眼中更适合成为反抗的具体目标。

流官在统治中首先要遵循来自皇帝以及上级官员的命令,这是他们的职责所在。如果违背了命令,他们将面临严厉的惩处,很可能被革职下狱,甚至处以极刑。因此,他们在实际活动中往往缺乏变通的空间。但是,这并不意味着官员的行为就一定要与民众的诉求针锋相对。宫尔劝的行为方式就是一个正面的范例:他在恩乐县广施仁政,恰好符合了"用夏变夷"这一治边理念的要求,他并不盲从上级的指示,反而多次请求上司改变在他看来并不合理的命令。到头来,遵循规章制度办事的官员身死名裂,而敢于为民请命的官员却得到了赞许并得到了升迁。当然,这样的结局符合国家宣扬的道德标准,但在现实情况中却未必完全符合政令的需要和统治者的心意,这一问题我们在后文中还会再次展开讨论。

第一章 镇沅府改土归流与土司叛乱

因此,委任合适的人选担任地方官员,是维持地方稳定的一个重要条件。在世宗看来,若想令改土归流的顺利实施得到保障,务必要委派得力的流官。他在给鄂尔泰的朱批中写道:"改土归流固系美事,然必委用得人,不令野愚小民有避溺投火之想,方保永安长治。"① 但是,"委用得人"与否,并不能在事发之前被预见,所以世宗这一批示也仅仅是他根据官员以往的表现作出的估判。只要一名官员得到了上级官员以及同僚的认可,他就可以被视作流官的合格人选——只要没有失职行为,谁又能说他不是呢?虽然说,当地方多次发生群体暴乱时,这些官员的低劣表现确实会令世宗皱起眉头,但这并不能令他改变初衷。无能的官员可以革职了事,候补者又岂止数万。至于暴动本身,最终也可以凭借武力来进行弹压,这些事并不能动摇他的决心,改土归流政策也终将继续被执行下去。

然而,云南地区在雍正年间爆发的叛乱,依然显现出西南地区存在着巨大的不稳定因素。在各地的叛乱中,暴动者攻击官府和署衙,残忍地杀死官员,但并没有提出明确的政治诉求,暴动也并不以推翻清朝统治为目的,因此很难形成规模,极易被镇压。既然如此,为什么类似这样的叛乱还会多次发生?这与引发叛乱的直接原因一样,是一个值得我们关注的问题。实际上这个问题的答案并不像看起来那么复杂,地方暴动仅仅是雍乾时期改土归流过程中出现的不可避免的地区动荡。云南地区政治体制逐步与内地一体化的历史进程并不会因此而停止。事实上,自清初以来,清统治者逐步通过改土归流等改革改

---

① 《云南总督鄂尔泰等奏报彝猓不法实情相机剿抚折》,《雍正朝汉文朱批奏折汇编》第9册,第65页。此内容为原折中世宗朱批原文。

变了云南固有的"因俗而治"的政治模式，这动摇了当地原有土司土官势力的实际利益，致使这部分势力试图进行反扑。同时，由于清廷在改土归流中用人失当，地方民众对部分如刘洪度一般"不修廉隅"的流官怀有强烈的仇恨情绪，继而对官府也产生了极度的不信任，最终，这种敌视情绪在部分地区引发了以反对酷吏为目的的暴动。换言之，土司势力对改革的抗拒以及民众对苛政的反抗共同导致了雍正初年改土归流过程中地方叛乱的频发。

在改土归流政策的稳步推进之下，云南与内地逐渐趋于一体化。虽然在这个过程中势必会产生文化冲突与地区动荡，但不可否认，唯有经历了这一过程，边疆地区最终才得以凝聚成为大一统国家的重要组成部分，这才是改土归流的真正意义。在清朝统治者的眼中，改土归流是当时最适宜治边的措施，这一政策可以有效地加快边疆地区的发展，并且能够长远地巩固国家的统一。

第二章

清前期的云南与云南官员

应该说，自中原王朝将云南视为西南边疆以来，云南地区的历史就是西南文化与中原文化逐渐融合的过程。在元代以前，尽管云南地区始终与中原王朝保持着密切联系，但并未完全成为中原王朝的稳固政治边疆，而是以藩属或敌国的身份游离在中原王朝之外。这一情况随着元朝伐灭大理国而发生了彻底的改变，云南被设为行省，成为中原王朝领土的一部分。正是从这一时期开始，文化的融合进程开始逐渐加速——18世纪俨然是这一过程的高峰阶段：永历政权的覆灭、三藩之乱的平定巩固了国家的统一，汉文化的广泛传播、大规模的改土归流的完成则加快了云南与中原的一体化进程。

如果从既有的历史文献来看，我们会察觉到，传统史家在书写云南的历史时始终将中原王朝置于主导地位。换言之，中原王朝致力于开发云南地区，而云南地区则被动接受开发。正因为如此，在观察18世纪云南改土归流这一历史进程时，往往就是在观察中原地区的文化和制度向云南地区的传播。但是，中原王朝与云南的关系实际上是一种双向度的互动——中原对于云南施加着各种影响，而云南也将自身之影响施加于中原，两者之间的影响是对等的。在中原对云南进行经营和开发的同时，云南也在这一过程中做出了正面回应。正因为如此，我们不应该将清前期对云南的经营简单地看作云南的内地化，而应该将其看作边疆与中原一体化的历史进程。

第一节 清前期的云南

一 雍正以前动荡的地区历史

清早期的云南地区,在较长时间内处于战乱与分裂的境况之中。自元代设立行省以来,云南地区就成为中原王朝重要的统治区域。由于族群成分复杂,统治者选择了"因俗而治"的统治政策,在云南地区广泛施行土司制度,明代在元代的基础上又加以继承并发展——土司虽然名义上是受到中央管辖的朝廷命官,但是实际上却拥有较大的自治权力,这导致明末清初云南部分区域存在着分裂倾向。

满人入关之后,明朝宗室的残余力量在淮河以南建立起若干政权与之对抗,这些政权一般被统称为南明。在这一时期,云南地区由清朝的敌对政权控制,先是大西政权残余势力的领袖李定国盘踞此地,到顺治九年,李定国归顺南明永历政权,以云南为主要根据地,辅佐永历帝朱由榔长期进行反清抗争,并得到了部分土司的支持。终顺治一朝,这一局面始终没有发生改变。[①]明降臣洪承畴与吴三桂在对云南的征服活动中起到了至关重要的作用。顺治十六年,吴三桂领军攻入云南,并开藩设府,成为云南的实际统治者。康熙元年(1662),永历政权最终为清军所击败,永历帝在昆明被吴三桂用弓弦勒死。[②]至此,云南地区的反清活动暂告一段落。

---

① 《清史稿》卷二二四《列传十一·李定国》,第9168—9173页。
② 《清史稿》卷四七四《列传二百六十一·吴三桂》,第12841页。

第二章 清前期的云南与云南官员

但是，云南地区的战乱并未就此终止。吴三桂因擒杀永历帝之功受封亲王，总理地方军政，实际上使云南成为半割据地区，这为日后的三藩之乱埋下了祸根。康熙十二年，吴三桂因不满清廷的削藩政策，发动了声势浩大的叛乱，不久后他自立为帝，建立吴周政权。云南再度成为反清政权的统辖区域，开始与清政府进行武装对抗。这场战争一直持续到康熙二十年（1681），吴三桂之孙吴世璠最终败死，国家再度恢复统一。①

云南虽然地处西南一隅，却在明末清初的抗清活动中发挥了极大的作用。清建国初期的数十年中，云南地区成为最重要的反清势力据点。因此，即使是在吴周政权被消灭后，清朝统治者仍然对当地的局势保持着相当程度的警惕——在 17 世纪末，部署在云南的绿营兵超过 4 万人，这一数字超过了直隶地区，在全国范围亦位于前列。②或许正是出于对地方稳定的考虑，康熙、雍正两朝都十分重视云南地区的边防与改土归流。很显然，这一行为的目的在于加强对于云南地区的控制与改造——唯有使地方行政制度与中央趋于一致，才能够保证地方政局稳定与边疆长治久安。

雍正年间，有近五分之一的土司土官统治区被清政府用各种方式进行改土归流。③这使云南地区与内地的政治一体化程度加深，地

---

① 《清史稿》卷四七四《列传二百六十一·吴三桂》，第 12851 页。
② 清代云南地区绿营兵具体数目并非恒定不变，除顺治朝兵数不可考外，自康熙二十五年以来，已达 4 万人以上，之后历朝又有增减。对此，已有学者做过详细研究，在此不做展开。详见秦树才《清代云南绿营兵研究》，博士学位论文，云南大学，2002。另参见罗尔纲《绿营兵志》，中华书局，1984，第 62 页；〔美〕李中清《中国西南边疆的社会经济：1250—1850》，第 52 页。
③ 方国瑜主编《云南史料丛刊》第八卷《西南夷改土归流记》，云南大学出版社，2001，第 486 页。

方统治也日益稳固。正因为如此,历史学家在讨论雍正年间的改土归流时,大多对世宗与鄂尔泰为开发西南所作出的贡献持肯定态度。在清朝逐步走向盛世的18世纪初期,冲突与动荡依然是云南地区的主题,制度改革与清廷镇压反抗势力战争令云南遭受了较为严重的破坏。文化的差异在此时构成了一切冲突的深层次根源,并将这些冲突引向了政治层面:当清政府试图以文化传播者和统治者的身份进入云南地区的时候,他们往往会遭遇到旧势力的强烈抵抗。但随着制度改革的加深以及区域文化的进一步整合,事实上云南地区的离心力大大减小,各地民众的国家认同在逐步加深,经济也回到了正常发展的轨道。至乾隆年间,清廷对云南的开发与经营已初显成效,云南逐渐成为一个在政治、经济、文化上与内地趋同的边省。

二 雍正以来云南政治地位的变化

明末以来的长期战乱使云南地区饱受战火摧残,社会经济发展缓慢。相较中原地区而言,这一时期云南经济的落后状况表现得十分明显。在1700年前后,云南地区包括地税、盐课、矿课、商税等在内的赋税收入总额尚不满100万两,不足以支付军队以及官府的各项开支——仅驻扎在云南的绿营军每年就需要消耗80万两白银和15万石粮食。这无疑给云南的经济带来了沉重的负担。

战乱还导致了人口的锐减。尽管在战后有一定的恢复,但直至1741年,云南地区在册的人口数也仅有90余万,仅占当时全国总人口的0.035%左右,几乎可以忽略不计。[①]我们不难从上述数字中看出,清初的云南地区正处于一种整体性的贫困与落后的境遇之中。

相较于中国内地的其他省份,云南还远未达到"盛世"的标准。同时,巨大的文化差异以及长期的抗清活动令云南地区与中原王朝的关系显得疏远而敌对,民众缺乏国家认同感,而土司的存在使这一情况变得更加严重。

清朝在云南地区的统治实际上是自康熙二十年(1681)开始的,至雍正四年(1726)开始大规模改土归流之时,也不过经历了短短数十年的时间,在中原统治者的眼中,云南地区是一个人口稀少,经济、文化落后,环境恶劣的偏远省份——与中原地区其他省份相比,云南的落后是显而易见的。因此,统治者认为云南亟须进行文化与制度的改造,成为稳定的边省。有清一代,这样的看法似乎是具有主流色彩。这一点可以从清朝在云南实施的具体政策中找到线索——康熙年间在云南地区增设兵额,布防军队;雍正年间则有鄂尔泰施行改土归流。这些政策虽然各有不同,但目的却是相似的:旨在维护地方稳定的同时,加强对云南地区的制度改革与经济开发。因此,相较前代而言,清初的西南边疆政策是直接的,这使统治者与民众的矛盾逐渐升级,并逐渐演变为汉人族群与非汉人族群的矛盾。这样的情况使清朝对云南地区的控制变得更为涣散,继而使云南地区的行政地位始终处于边缘化的位置上。不独云南一省,应该说,雍正朝以前,这种边缘化的政治地位在整个西南地区都有所反

[①] 《(道光)云南通志》卷五五,第13页。

映。而随着雍乾时期改土归流的推进，云南地区很快摆脱了这种边缘化的政治地位，经济、人口快速增长，成为一个"充满活力的经济区域"。①

从长时段的历史进程着眼，经营和改造西南地区，对清朝的整体发展似乎是具有积极意义的。以云南地区的铜矿为例，蕴藏丰富，自雍正年间开始少量供给各省办铜京用，乾隆年间开始直接大量运往京城，被称为"滇铜京运"，②在近二百年的时间中几乎满足了大半个清朝的铜矿需求。而随着"滇铜京运"的兴盛，滇省的水利、道路等基础设施也得到了充分的建设，落后的面貌得到了一定的改观。再如，自明代以来云南地区各府州县中均修建文庙，清代延续了这一政策，在明代的基础上加强了文庙的祭祀、教学功能，并将文庙的地方祭祀进行了全面制度化和普遍化，这事实上是"用夏变夷"思想的一种重要体现。当中原文化传播至边疆地区，文庙的大量修建，使儒学在当地得到极大推广，这本身也是边疆文化与中原文化凝聚的历史进程。

---

① 〔美〕李中清：《中国西南边疆的社会经济：1250—1850》，第 323 页。
② 《清世宗实录》卷五八，雍正五年六月戊申。载："查各省承办铜厅，除广东、福建从无迟误，浙江现在开洋，毋庸另购外，其湖南湖北，以采买维艰，每逾定限，而江苏则办新不足，旧欠滋多。应如该督所请，将滇省鼓铸余铜二百数十余万，动用盐务盈余银六万两收买，即委滇员运至镇江汉口。"这是清代有关滇铜北运的最早记载。严中平认为，雍正二年滇铜运往汉口是为"滇铜供给京运之始"。参见《清代云南铜政考》，中华书局，1948，第 11 页。李中清也对这一问题做过类似结论，参见《中国西南边疆的社会经济：1250—1850》，第 267 页。严格意义上的"滇铜京运"始于乾隆五年，邹建达对此已有详细论述。参见邹建达《清前期云南的督抚、道制与边疆治理研究》，博士学位论文，云南大学，2011，第 182—187 页。

三 云南与中原的族群凝聚与文化融合

雍乾时期云南与内地的一体化，还在文化层面有所反映。应该说，"文化"的内涵是极为复杂和丰富的，包含了众多的元素，比较有代表性的如语言构成、生活习惯、生产方式等。云南地区的非汉人族群文化与中原地区的汉人族群文化是截然不同的。在18世纪初期，虽然总体人口数量稀少，但云南地区的族群分布十分复杂，这里同时存在着众多不同的族群，以非汉人族系为主，包括汉藏族类下的汉、百越、氐羌、苗瑶等四个族系，孟—高棉族类下的佤族系，以及阿尔泰族类下的蒙古族系。这六个族系下包括族属共计33个。[1]语言、信仰、习俗、制度等多方面的差异，使云南地区的文化结构也异常复杂。大量的非汉人族系居民生活在山地或丛林环境的村寨之中，生活和生产方式十分原始。即便是开发程度较高的城镇，非汉人族系人口也占有相当大的比重，这一点直到21世纪仍未发生改变：2010年，全国人口普查显示，云南省人口共4596万余人，其中非汉人人口数量为1533万余人，约占总人口数的1/3。[2]在18世纪以前，这一比例显然更高，这直观反映出了云南地区族群的多样性与文化的复杂性。

自元代建立行省，大量内地人口开始通过各种途径不断涌入云南地区。这一过程自13世纪后期开始一直持续到近代。长达数个世纪的移民活动，对整个西南地区造成无法估量的影响，其中最为明显的

---

[1] 杨庭硕、罗康隆:《西南与中原》，云南教育出版社，1992，第68—75页。
[2] 国务院人口普查办公室编《中国2010年人口普查资料》第一卷《各地区户数、人口数和性别比》，中国统计出版社，2010，第1页。

表现便是人口结构的变化,在17—18世纪,这一情况表现得最为明显:清政府为了鼓励移民,招募民众至西南开垦荒地,原则上在耕种三年后可以获得土地的所有权,这掀起了移民西南的热潮。① 在百余年的时间里,数百万汉人移民至云南地区,深刻地改变了云南地区的人口结构。大量涌入的汉人加快了区域一体化的进程,除部分沿边土司地区保持着旧有的文化传统和生活生产方式以外,② 云南大部分地区民众的生活方式已基本趋同于中原。

除人口结构变化以外,儒学也在云南有了更为广泛的传播,一个具体的表现便是云南地区文庙的兴盛。在明清时期,文庙与学宫是"二位一体",同为一组建筑,不仅是祭祀先圣孔子的场所,也是官学教育的场所,发挥着致祭和教育的双重职能。称其为"文庙",是偏重于宗教意义上的功能;而称其为"学宫",则是突出其教育上的职能,二者名曰虽异,实则体统不殊。宋元以来,乡贤、名宦、孝义的祠祀逐渐转入文庙学宫中,至清代,云南"通省府属各州、县,皆与府同"。③ 规制完整的文庙学宫,基本都要建有泮池、棂星门、大成门、大成殿、崇圣祠、尊经阁、明伦堂、名宦祠、乡贤祠、忠孝节义

---

① 《清圣祖实录》卷一,顺治十八年二月乙未。载:"滇、黔田土荒芜,当亟开垦。将有主荒田,令本主开垦;无主荒田,招民垦种。俱三年起科,该州县给以印票,永为己业……从之。"
② 以佤族为例。1956年,云南少数民族社会调查组曾对滇西南的部分佤族聚居区进行过详细的民族调查。调查报告中称,当地的佤族居民依然保持着刀耕火种的生产方式,处于部落联盟社会阶段。在18世纪的西南开发活动中,这一地区依然受土司统治,受到汉文化的影响较小。详见徐志远《佤山行》,云南大学出版社,2009,第73、88—90页。
③ 《新纂云南通志》卷一〇九《祠祀考一·典祀一》,第6页。

祠、两庑等。至清末民初，云南地区仍保有较为完整的文庙建筑83座，其中建水文庙更是全国范围内少有的大型文庙，规模仅次于山东曲阜。地方文庙的兴盛，是云南接受和认同中原文化的一种具体表现。清代文庙在教化百姓的同时，事实上也发挥着文化传播与思想引导的功能。

制度与文化的高度统一、人口数量的大幅度上升、荒地的大面积开垦、城镇的快速发展以及土司统治区域的缩减都是云南逐步与内地一体化最好的证明。云南与中原王朝的互动，实际上体现了不同文化间的持续融合以及不同族群的自然凝聚。一方面，当清朝的势力深入云南，世居于此的部分非汉人居民逐步改变了旧有的生产生活方式，地方经济文化有了发展；另一方面，随着西南地区的逐渐开发，中原地区也从中受到了极大的惠泽，人口压力有所减轻，物资供应也获得了良好的保障。

正如上文所说，自18世纪初以来，中国经济的恢复和进步、人口的持续增长已经开始在社会的各个方面产生影响，清廷改变了"因俗而治"的边疆治理模式后，作为西南边疆重要组成部分的云南，正在逐渐成为一个内地化程度较高的重要边省。在清政府的大力开发下，这一区域事实上已经结束了作为"他者"的文化区域独立发展的历史，开始与中原历史凝为一体。至乾隆中期，云南逐步成为稳定的"大一统"格局下的国家边疆。

清代云南社会的发展历程十分特别，它没有继续遵循元代以来土流并治的社会发展轨迹逐步前进，而是按照中原王朝所预期的那样，在经过一段时期的开发之后顺理成章地成为内地化程度较高的边省。

随着18世纪以来清政府对于西南开发的力度日益增加,云南社会也开始逐渐走向繁盛,社会经济也随着汉文化的传入有了进一步的提高。与此同时,官员的腐败问题也开始在云南凸显,这似乎是一个文化变革的副产品,但它本身与云南社会的高速发展一样,都是云南与内地一体化的重要组成部分。

第二节 清前期的云南官员

事实上,我们当然也可以清晰地看到,无论将18世纪的云南置于何种视角之下来观察,它与清朝的命运始终是不可分割的。我们所认识到的云南区域历史,往往是与清王朝的政治行为密不可分的。这是因为,传统史家在记录历史的时候,注意力往往集中在以帝王将相为代表的精英阶层的政治活动上。这是无可奈何的现实——在中国传统社会,个人的生活和行为往往是被忽略的,一切历史进程在史家和文人的笔下都是以政治史的形式呈现的。具体的个人引起记录者的注意,往往是因为他与重要的政治事件有所联系。正因为如此,在现代社会史的研究目标试图转向微观的个体时,研究者所寻觅到的材料也往往与整个精英阶层的具体活动有关。这种局限使我们有必要重新审视官员在历史进程中的地位和作用——应该说,"云南官员"是作为一个群体存在的,即使我们透过个体的角度去看待某个官员,文献所能显现的政治意义也远远超过日常生活的意义。尽管这些官员来自不同的省份,有着不同的家世背景和性格爱好,仕途经历也各有不同,但是他们共同构成了所谓"云南官场",在这一历史背景下,他们的境遇和选择往往是相似的。

进一步来说,我们实际上应该更多地从政治角度来看待清代云南官员的行为。也就是说,一方面,他们是作为整体存在的云南精英阶级;而另一方面,他们的特殊性却并不体现在个人或者地域因素上——无论他们任职的地域是不是云南,他们作为精英阶级的身份不会发生改变。因此,我们应该将清代云南官员这一群体看作整个上层精英阶级以及他们在云南地区的行为总和。从这样的角度出发,考虑官员的出身与身份、收入与境遇、思想背景与政治立场,有助于我们理解官员在云南历史进程中究竟处于何种地位,发挥了什么样的作用,并进一步理解这一时期云南官场的发展脉络与演进历程。

一 出身、身份与官员的地位

我们首先需要理解官僚群体的构成。有清一代,想要成为官员,有八种途径:第一种途径是通过科举,取得功名后由吏部选授官职(亦有皇帝直接授官);第二种是各地生员升入国子监或官学,取得贡生或监生的身份,肄业后由吏部授官;第三种是藉父庇荫得官,是为荫生;第四种途径是纳捐,即缴纳一定数量的钱粮而得官;第五种途径为荐举,即由大员举荐地方才干;第六种为议叙,特指将官职作为一种奖励授予有功者或考核称职者;第七种为吏员考核,指地方吏员役满后,考试录取授官;第八种为世袭,指有世袭爵位者由皇帝直接授予官职。①

其中,科举是清代最基本的选官办法,通过科举考试成为官员的人数量也是最多的,国子监肄业的岁贡生以及捐纳出身的例监生次之。以雍正年间云南官员为例,据《爵秩新本·中枢备览(雍正四年夏)》一书记载,当时云南各地的知县及以上级别官员大多是这三类人员。②(见表2-1)

表2-1 雍正四年云南部分在任官员一览

姓名	官职	籍贯	出身	任职地
杨名时	云贵总督	江南江阴	进士	云南府
蔡嵩	提督学政	江南上海	进士	云南府
常德寿	布政使	满洲镶红旗	例监	云南府
江苎	按察使	湖广汉阳	进士	云南府
张允随	粮储道、按察副使	奉天广宁	岁贡	云南府
刘业长	盐法道、按察副使	山西洪洞	岁贡	云南府
韩钟	知府	山西蒲州	例监	云南府
张任	知县	山东蓬莱	岁贡	昆明县
巴正	知县	江南江都	例监	富民县
邢恭先	知县	奉天承德	举人①	宜良县
佟世萌	知州	奉天正蓝旗	例监	嵩明州
朱源淳	知州	福建莆田	荫生	晋宁州
朱若功	知县	浙江武义	进士	呈贡县
吕国祚	知州	顺天大兴	例监	安宁州
夏龙霖	知县	贵州广顺	举人	罗次县

① 参见张振国《清代文官选任制度研究》,博士学位论文,南开大学,2010,第30—37页。
② 《清代缙绅录集成》第1册《爵秩新本·中枢备览(雍正四年夏)》,大象出版社,2008,第43—49页。

第二章 清前期的云南与云南官员 | 061

续表

姓名	官职	籍贯	出身	任职地
安鼎和	知县	湖广江夏	例监	禄丰县
臧珊	知州	山东诸城	例监	昆阳州
丁人龙	知县	河南河内	岁贡	易门县
宋谔	知府	江南长洲	荫生	曲靖府
唐如柏	知县	浙江桐乡	举人	南宁县
张榮	知州	直隶正定	岁贡	沾益州
徐树闳	知州	江南昆山	岁贡	陆凉州
张遂	知州	江南丹徒	岁贡	罗平州
黄士杰	知州	福建长泰	岁贡	马龙州
崔乃铺	知州	陕西同官	进士	寻甸州
王植	知县	直隶深泽	进士	平彝县
吴文炎	知府	顺天大兴	进士	武定府
黄霂	知州	奉天正黄旗	荫生	和曲州
许廷佐	知县	陕西凉州	岁贡	元谋县
贾秉臣	知州	山西阳泉	岁贡	禄劝州
粟尔璋	知府	陕西宁夏	进士	临安府
魏鸿𰈂②	知州	顺天大兴	例监	建水州
聂有吾	知州	奉天镶黄旗	例监	石屏州
毛振翮	知州	四川成都	进士	阿迷州
姚应鹤	知州	奉天镶红旗	举人	宁州
顾济美	知县	江南长洲	岁贡	通海县
姚淮	知县	江南桐城	例监	河西县
于奋鳞	知县	山西孟县	进士	嶍峨县
李藻	知县	四川中江	进士	蒙自县
王开铨	知县	湖广江夏	举人	新平县
迟维玺	知府	奉天正白旗	岁贡	元江府
柳正芳	知府	河南太康	岁贡	澂江府
李成锦	知县	奉天海城	岁贡	河阳县
汤洙	知县	福建安溪	进士	江川县

续表

姓名	官职	籍贯	出身	任职地
吴士鲲③	知州	江南徐州	不详	新兴州
李玉铉④	知府	顺天通州	进士	楚雄府
冯云会⑤	知县	山东济宁	不详	楚雄县
孙尔振	知县	河南叶县	例监	定远县
郭伦	知县	直隶滦州	进士	广通县
向允中	知县	贵州平远	拔贡	定边县
张名标	知州	奉天正白旗	监生	南安州
王臣	知州	奉天正白旗	例监	镇南州
杨辉祖	知府	奉天正黄旗	进士	姚安府
徐修仁	知县	江南长洲	议叙	大姚县
钱恒	知州	江南武进	岁贡	姚州
罗得彦	掌印同知	直隶万全	岁贡	蒙化府
王铎	掌印同知	江南上元	监生	景东府
白兑	知府	奉天镶白旗	监生	鹤庆府
施震	知州	奉天镶红旗	例监	剑川州
元展成⑥	知府	直隶静海	岁贡	丽江府
王广益	知府	江南金坛	岁贡	永北府
潘允敏	知府	江南溧阳	进士	广南府
周埰	知府	奉天镶蓝旗	岁贡	广西府
刘宏度⑦	知州	湖广广济	岁贡	师宗州
吴纲昌	知州	广西全州	进士	弥勒州
陈克復	知府	浙江海宁	例监	大理府
龙为霖	知县	四川巴县	进士	太和县
汪邦彦	知州	江南休宁	岁贡	赵州
张汉	知县	四川潼川	副榜	云南县
李毓元	知州	奉天正红旗	岁贡	邓川州
张坦	知县	河南磁州	进士	浪穹县
周钱	知州	江南长洲	岁贡	宾川州
陈希芳	知州	奉天镶黄旗	岁贡	云龙州

续表

姓名	官职	籍贯	出身	任职地
佚名	知府	直隶静海	岁贡	顺宁府
吴元鉴	知州	浙江钱塘	例监	云州

注：①据底本记载，邢恭先为甲午科（康熙五十三年，1714年）进士；《新纂云南通志》卷一八二《名宦传五》载，邢恭先为举人。《钦定盛京通志》卷四八《选举二》载，邢恭先为甲午科举人。今据《钦定盛京通志》改。

②底本原文缺，据《新纂云南通志》补。《新纂云南通志》卷一三《历代职官表二》，第191页。

③底本原文缺，据《新纂云南通志》补。《新纂云南通志》卷一三《历代职官表二》，第211页。

④底本原文缺，据《新纂云南通志》补。《新纂云南通志》卷一三《历代职官表二》，第196页。

⑤底本原文缺，据《新纂云南通志》补。《新纂云南通志》卷一三《历代职官表二》，第201页。

⑥底本作"铉展诚"，据《新纂云南通志》改。《新纂云南通志》卷一三《历代职官表二》，第225页。

⑦底本原文缺，据《新纂云南通志》补。《新纂云南通志》卷一三《历代职官表二》，第251页。

清代官员的出身结构整体上是趋同的，这一点云南与内地省份并无差别。有研究者做过统计，在雍正年间世宗引见的5743名文官中，这三类出身者占比达到了90%以上。① 所以，事实上绝大部分的官员都是通过了各级科考的知识分子精英。尽管科举对应试者身份的要求自明代以来逐渐放宽，但实际上依旧并非人人都可以通过科举获得做官的资格——每科约有200万的童生参加乡试，最终获得生员身份的大约有3万人，这3万人中又有大约1500人可以成为举人，最终成

---

① 王志明：《雍正朝官僚制度研究》，上海古籍出版社，2007，第356—357页。

为进士者仅仅 300 余人。可以绝对保证有做官资格的，也仅有这 300 人而已。

因此，通过科举的途径取得功名并最终得到官职是一个极为漫长的过程，需要长期的教育投入和科考投入，并非一朝一夕就可以得到回报。即使某人立志科考，且在各级考试中始终有较好的表现，他也起码需要近二十年的时间：自开始读书算起，起码要经过近十年的时间才能通过童生试，获得生员的身份；再经过二三年的时间通过乡试，取得举人的身份；想要取得进士的身份则需要再加上数年。而就现实情况来看，大部分应试者实际上很难通过乡试成为举人。即便是通过乡试者，往往也经过了多次尝试，随后又往往需要耐心地候补官缺，这一过程极为漫长，动辄需要十年以上，上文提到的宫尔劝，自中举到正式上任，便经历了十五年的时间。这并非最长的记录，事实上有许多人可能终其一生都没有等到出仕的机会。

在不断参加科考和候补为官的阶段，很多人的经济收入都极为有限，只有依托于家庭供养或宗族资助。正因为如此，一般的务农家庭是很难承担这种经济压力的。尽管也有例外，但在通常情况下，如果没有良好的经济来源保障，这一途径几乎完全走不通。换言之，虽然并不绝对，但能够最终由科举一途取得官位者，大多具备足够的经济实力。

当然，还有相当一部分官员是通过捐纳的途径获得生员身份以及官位的。[①] 应该把捐纳看作一种以经济手段换取政治身份的行为，是

[①] 有关捐纳制度的研究，参见许大龄《清代捐纳制度》，《明清史论集》，北京大学出版社，2000。

清代选官制度的重要补充。有研究者统计,在世宗朝引见官员中,有近四成人员有过捐纳行为。[1] 学历则从生员到进士都有,甚至还有一些人已经获得了功名和官职。就云南地区的官员而言,如雍正四年任姚州知州的钱恒,出身本是贡生,但他先是在康熙六十年在陕西捐赈事例,得授州同职位,后又加倍捐纳正印即用,雍正二年即题为姚州知州。[2] 再比如曾担任云南布政使的名臣李卫,亦是通过捐纳走上仕途的。[3] 大部分此类官员相较于科举出身者更为富裕,他们中有相当一部分是各地的商贾以及乡绅。

所以我们可以认为,大部分官员出身于社会中上层的士绅阶层,这一阶层的构成相对比较宽泛,它包含士人、乡绅、商贾等各色群体。通过科举、捐纳等诸多途径,他们将功名和财富转化为政治地位,完成了由民至官的身份转换,由此成为社会上层的士大夫精英阶级。

二 收入、支出与官员的腐败

我们不妨把清代的官员看作一种门槛极高的职业。为谋求这一职业身份,绝大多数人都需要进行不懈的努力以及长期而大量的经济投入。而一旦取得了功名并成为正式的官员,这些读书人就会如同鱼跃龙门一般跻身于精英阶层,这足以令民众对科举考试趋之若鹜。

---

[1] 王志明:《雍正朝官僚制度研究》,第314页。
[2] 秦国经主编《清代官员履历档案全编》第15册,第236页。
[3] 《清史稿》卷二九四《列传八十一·李卫》,第10333页。

但这并不是说官员得到的俸禄有多么丰厚。事实上，清代官员的正俸十分微薄。例如，作为云南地区最高一级长官的云贵总督，年俸为白银180两（从一品），身为四品官员的知府为105两，而身为七品官员的知县则仅有35两。[①] 自康熙八年起此标准成为定制，一直延续到清末。这一俸禄数额标准极低，而且官员常常领不到全额——这是由于，统治者往往通过罚俸的手段对官员进行惩处。随着18世纪以来社会经济的发展以及物价的逐渐上涨，正俸已不足以支撑官员的日常开销。

18世纪中国社会的经济处于上升状态，全国范围内呈现出一种快速发展的态势，人民的生活水平普遍有所提高。在这样的外部环境下，官员微薄的俸禄事实上和社会经济发展程度产生了巨大的反差。而当科考者经过层层筛选终于成为官员时，他们大多会期望通过官员这一职业身份获得更多的回报——在自身生活水平提高的同时，为官者往往还要给予宗族回报。但是通过合理途径获得的俸禄实在有限，他们的俸禄往往是入不敷出的，这并不符合他们的心理预期和实际需要。仅从生活开销的角度考虑，以云南为例，在17、18世纪期间稻米价格大幅增长，其他物资的价格增长也基本处在这一水平线上。[②] 这一变化产生的原因是多方面的，战乱、人口增长、物资需求增加、货币供应量增加造成的长期通货膨胀等因素都在发挥作用，而官员的正俸却始终停留在同一水平线上没有变化。这势必会造成官员生活的拮据，甚至入不敷出。并且这一情况会随着时间的推移而愈加严峻。顺

---

① 《钦定大清会典》卷一八《俸饷》，第310页。
② 〔美〕李中清：《中国西南边疆的社会经济：1250—1850》，第235—259页。

治年间，文人任源祥针对这一现象曾经做过相关的评述，他在文中写道："今正一品岁禄一千四十四石，是三公之俸，已不及汉太守实食之数矣。内本色俸三，折色俸二，除支米一十二石外，支银二百一十五两零。是三公实食之俸，不及汉三公属僚实食之数也。等而下之，至从九品，除支米一十二石外，岁该银一十九两零，计八口之家，谓足以代其耕否乎？"[1]事实上官员的实际开销并不止生活物资这一部分，频繁的社交应酬，给亲友、同僚、上级的赠礼，置办车马、官服的费用，以及部分文化娱乐消费都是官员实际生活中无法回避的支出。由于俸禄过少，持续的通货膨胀令官员面临的经济困境日益加剧，但他们并没有其他途径可以获取合法的收入。据《大清律例》规定，官员因任何原因收受他人钱财，皆属于受赃的范畴。[2]因此，清初低薪环境下官员的处境不外乎两种情况：或者清贫度日，或者为改变这种生活困境而选择贪赃或者受贿。

但是，这种贫困只是相对的。经济拮据也并非婪赃的借口，仅能看作腐败行为的一种诱因，这两者之间不存在必然的联系。那么，现实中官员有何种手段可以提高自己的收入且不被追责？事实上方法是多样的。官员的身份要远远高于一般民众以及士绅，他们是国家行政体系中的管理者和统治者，拥有较高的社会地位和政治特权。可以说，官员的身份实际上是一种隐性的财富来源保证，它背后隐藏的巨

---

[1] （清）任源祥：《制禄议》，见《魏源全集》第14册《皇朝经世文编》卷一八，岳麓书社，2004，第129页。

[2] （清）沈之奇撰，怀效锋、李俊点校《大清律集解附例》卷二三《刑律·受赃》，法律出版社，2000，第849页。

大利益远远超出了一般性的想象。他们往往会凭借自身所掌握的权力换取大量不法收益——这类情况当然属于贪腐行为，我们将在后文中经常提到。明清时期最常见的一种官员揽财手段便是加征"火耗"：官府以将散碎银两熔炼成银锭时有损耗为由，向纳税者额外加征一部分税银。这部分银两既不算入正税税额，也不上缴国库，而是由官员自行处置，实际上便成了官员的额外收入。这是一种普遍施加于民众身上的附加税，并不在正税之列，亦无律例可循，在雍正二年以前，是完全非法的。尽管如此，地方官员加征火耗却并不会被追究责任，就连皇帝也对此持默许态度。康熙二十七年，圣祖曾对刚刚升任江西巡抚的王骘说道：

> 身为大臣，寻常日用岂能一无所费，若必分毫取给于家中，势亦有所不能，但操守廉洁，念念爱民，便为良吏。①

康熙四十八年，圣祖又在写给河南巡抚鹿佑的上谕中称：

> 所谓廉吏者，亦非一文不取之谓，若纤毫无所资给，则居官日用及家人胥役何以为生？如州县官止取一分火耗，此外不取，便称好官。②

从圣祖的上谕中可以看出，他很明确地了解火耗的存在且予以允许。

---
① 《清圣祖实录》卷一三三，康熙二十七年正月丁酉。
② 《清圣祖实录》卷二三九，康熙四十八年九月乙未。

第二章 清前期的云南与云南官员

因此，尽管征收火耗不合律法，但皇帝的放任还是令这一弊政在全国范围内普遍实施。同时，由于没有明确的法律进行限制，因此征收火耗的数目也并不固定，部分地区甚至一两税银要加征五六钱的火耗，民众的负担极为沉重。[①] 这一陋规并没有随着时间的推移而消失。相反，雍正二年，世宗将火耗划为正税范畴进行征收，各省所收耗银收入国库，留二十万用于弥补亏空，兼用于官吏养廉，使火耗成为一项合法的税费——这就是养廉银制度的产生。尽管这一制度的实施并未彻底免除民众的负担，但由于征收比率的固定，实际上在一定程度上避免了狂征暴敛的乱象。

那么，云南地区的官员所获得的养廉银有多少？根据《清会典》的相关记载，我们可以做一个完整的统计，如表2-2。

表2-2 云南地区官员养廉银数量

官职	品级①	俸禄②	养廉③	备注
云贵总督	从一品	180两	2万两	兼管盐政
云南巡抚	从二品	155两	1万两	兼管盐政
布政使	从二品	155两	8000两	
按察使	正三品	130两	5000两	
学政	原衔品级		4000两	以侍郎、京堂、翰、詹、科、道、部属官进士出身人员内简用
道员	正四品	105两	3500两	云南粮储道5900两
知府	初制正四品，乾隆十八年改从四品	105两	1200两至2000两	云南府2000两；曲靖等九府1600两；临安等三府1400两；澄江府1200两

---

① 《清世祖实录》卷八五，顺治十一年七月壬子。载："天下火耗之重，每银一两，有加耗至五钱者。"

续表

官职	品级	俸禄	养廉	备注
知州	初制从五品，乾隆三十五年改直隶州知州正五品	80两	900两至2000两	云龙州2000两；安宁州1152两4钱7分；鹤庆等八州1000两；余各900两
知县	正七品	45两	800两至1200两	昆明1200两；禄丰等十县各900两；南宁等九县各1000两；余各800两
布、按两司经历	正八品	40两	80两	
布政司库大使	正八品	40两	80两	
按察司司狱	从九品	31两5钱2分	80两	
同知	正五品	80两	400两至1600两	镇沅厅1600两；景东等四厅各1200两；永昌府、普洱府威远厅各1000两；普洱府思茅厅、昭通府大关厅各900两；丽江府600两；余各400两
通判	正六品	60两	600两至900两	顺宁、昭通两府各900两；余各600两
州同	从六品	60两	300两	彝良州
州判	从七品	45两	300两	镇雄州之威信、姚州之普淜、南安州之碍嘉
府、厅经历	正八品	40两	80两至200两	普洱、广南、昭通、东川四府各200两，余各80两
府、厅知事	正九品	33两1钱1分	80两至200两	昭通府、威远厅各200两，余各80两
府司狱	从九品	31两5钱2分	60两	
县丞	正八品	40两	80两至240两	永善县240两，昆明县80两
吏目	从九品	31两5钱2分	48两至200两	镇雄州200两，宣威州100两，安宁州48两，余各60两

续表

官职	品级	俸禄	养廉	备注
巡检	从九品	31两5钱2分	60两至200两	昭通府盐井渡、鲁甸、母亭、顺宁府猛缅、会泽县、宣威州可渡、镇沅厅新抚、普洱府思茅、永昌府各200两,景东厅猛统160两,余各60两
典史	未入流	31两5钱2分	60两至200两	宁洱、宝宁、永善、恩安、会泽五县各200两,文山县100两,余各60两
教授	正七品	45两	100两	
学正	正八品	40两	100两	
教谕	正八品	40两	100两	
训导	从八品	40两	40两至120两	黑盐井120两,白盐井60两,琅盐井40两,余各100两
总督衙门笔帖式	未入流至正五品	不等	250两	
总督衙门文巡捕官	不详	不详	300两	总督随从官,以本省佐杂官充任
巡抚衙门文巡捕官	不详	不详	240两	巡抚随从官,以本省佐杂官充任
盐法道	正四品	105两	3500两	
盐提举	从五品	80两	840两8钱至2568两	黑盐井2568两;白盐井兼安丰井3760两,琅盐井844两8钱
盐井大使	从八品	40两	240两至366两	黑盐井240两,白盐井336两,安丰井240两,丽江兼老姆井320两,阿陋井兼只草井297两,按板井240两
盐库大使	从九品	31两5钱2分	204两	
云南省店收发盐厅委官	不详	不详	300两	

注:①据《清史稿》卷一一六《职官志三·外官》,第3336—3360页。

②据《钦定户部则例》卷七三,同治十三年刊本,第22—23页。

③据(清)崑冈等:(光绪)《钦定大清会典事例》卷二六一《户部一百一十·外官养廉》,光绪二十五年石印本。

从表 2-2 可以看出，在养廉银制度建立之后，官员的实际收入早已超出了俸禄数倍乃至数十倍。但是，从实际情况来看，地方腐败并未因官员收入的增加而减少。经济问题只不过是在某些情况下腐败的诱因，官员收入的多少与吏治的清浊也没有必然关系。实际上，尽管统治者十分了解低薪带来的负面影响，也专门为此而建立了养廉银制度，期望通过提高官员收入这种方式，来整顿官场中的不良风气，但从实际情况来看，腐败与苛政并不会因为官员收入的提高而彻底消失，在部分地区反而会有所加重。乾隆年间，云南接连爆发数起二品以上疆臣贪腐案，便是最好的证明——收入的增加并不一定会起到"养廉"的作用，毕竟这一问题在不同的官员身上反映出的情况并不相同。腐败产生的原因是多元的。对于有心贪腐的官员来说，入不敷出只不过是他们选择婪赃时的一种自我暗示与借口。

其实，通常所认为的清代普遍性吏治腐败，恰好是随着养廉银制度的出现而显出端倪——尽管这并非决定性的因素，但养廉银的出现确实造成了一些不可忽视的负面影响。首先，高薪刺激了部分官员的私心和贪欲，也导致了官员生活的腐化。他们不再满足于微薄的收入，转而寻求更高的收益来维持自身奢靡的生活，这一点在乾隆时期的体现愈加明显，我们将在后文进一步讨论。

其次，尽管养廉银制度事实上提高了官员的收入待遇，统治者也禁止了官员向群众私自收取附加税，但事实上这并不能杜绝官员私自苛索百姓的行为。当原本作为灰色收入的"耗羡"成为正式收入的"养廉"，事实上限制了官员获取灰色收入的渠道，甚至在某种程度上来说，"耗羡归公"令部分官员的实际收入有所下降——"耗羡"银除去官员的养廉银，尚有部分银两作为藩库收入和户部收入。这样的情形下，官员得到的养廉银收入是公开化、固定化的，极有可能较他们之前通过私自加征火耗得到的灰色收入要少。从这一角度来看，正是在利益的刺激之下，一些官员的行为才会愈加暴戾和腐败。他们当中的一部分会因为期望获得更多的收入而苛索百姓，令部分民众本就贫困的生活变得更加困难，同时也破坏了他们对政府以及官员的信任感，并最终激起了他们的强烈反抗。

雍乾时期，清王朝对云南进行大力开发，在文化、经济、政治等方面投入了大量的人力和物力。但在改土归流初期，云南地区官与民矛盾依旧较为尖锐，冲突时有发生。最直接的反映便是各地接连发生的地方暴乱。这些冲突之所以会产生，一定程度上是因为制度改革存在行政失误，但部分冲突确实是官员自身的腐败所造成的。刘洪度、刘镇宝等便是最好的例证：一些官员为了自身私欲，勒索下属和民众，施行暴政，最终引发了地方暴动。面对这一情况，清廷也只能凭借武力去解决。在统治者的眼中，地方上的民众叛乱远比官员的腐败危险，维护统治秩序稳定的首要任务是制止反叛，而非在暴动发生时再去整饬吏治。因此，发生于雍正年间的一系列云南地方叛乱，不过是清政府刚刚开始为官员的腐坏行为付出代价。

三 思想、道德与官员的立场

官员作为政务的管理者，其身份首先与国家权力以及集体行为密切相关。但是，正如上文述说的那样，绝大多数官员是通过科举考试一途而取得官职的，所以官员实际上还具有另一个身份：传统儒家思想影响下的精英知识分子。他们的道德观念势必与儒家思想的要求是相统一的。

在中国古代社会，儒家思想是传统文化的主流，其影响深入社会的方方面面。应该说，儒家思想与宗法制的社会结构具有内在的契合性，一方面，儒家思想对于等级制度的推崇符合专制主义统治体系的要求；另一方面，以家庭、情感为基础的道德标准也顺应了民众所期盼的道德伦理思想要求。这使儒家思想获得了广泛的社会认同，同时也为其成为统治思想奠定了牢固的政治基础。从国家层面来看，儒家思想的核心事实上是一种围绕着先秦以来儒家主要代表人物的学说而构建起的一整套治国理念及道德标准，它强调君权的统治地位，主张以国家君主为中心，建立起一个文化、制度、政治、法律整齐划一的"大一统"国家——"用夏变夷"政策事实上就是这一理念的具体表现。同时，儒家思想又十分重视伦理道德对个人行为的指导作用，要求个人秉持仁、义、礼、智、信、恕、忠、孝、悌等德行，以此作为个人日常行为的道德标准。

由于统治阶级对儒家思想的推崇，传统知识分子事实上受到了极为深刻的儒家思想的影响。儒家典籍中的"士""君子"等称谓，都不是指普通的平民，而是指已经为官或即将为官的人。因此，可以说儒家思想实际上也是一套指导官员为政的道德标准和行为准则。孔子的天道观念认为人能够通过道德的践行达到"天人合一"的理想境界。孟子、荀子在此基础上将道德延伸为政治活动的依归。顺应天理、合乎道德即成为评判官吏行为的至高标准。官员想要得到良好的

第二章　清前期的云南与云南官员

社会评价，就需要注重修身。《大学》称："古之欲明明德于天下者，先治其国。欲治其国者，先齐其家。欲齐其家者，先修其身。欲修其身者，先正其心。欲正其心者，先诚其意。欲诚其意者，先致其知，致知在格物。"[①]也就是说，官员若想在仕途上有一番作为，必先修炼自身的德行——这不仅是传统社会意识形态的要求，同时也是官员考核的重要标准。儒家推崇"仁政"，要求官员对于民众怀有一颗仁爱之心，要爱民如子，强调官员唯有爱民、保民，才可以保证政治秩序的稳定与社会的和谐运转。

但是，由于云南与中原存在着文化差异，官员实际上在云南无法始终秉持固有的儒家道德传统，官员代表的是中原王朝的政治利益，在云南当地推行中原王朝的政令是分内职责，推广儒家思想文化也是其应有之义务。在这一过程中，一旦出现文化冲突，官员势必会站在汉文化的立场上进行处理，这就违背了儒家思想所要求的"仁"的精神。所以，尽管儒家传统思想对官员提出了"仁政爱民"的道德标准，但这一标准与官员的政治身份并不总是一致的。当边疆地区民众的愿望与王朝政令之间产生分歧的时候，官员作为统治阶级的一员，其"仁"的德行标准就会让位给"忠君"的行为标准。因此，从本质上讲，"官员"只是一个身份符号，当政治身份与道德身份发生冲突的时候，官员身为儒家知识分子的一面就会让位给身为国家行政权力代表的一面。个人道德会因国家利益而被摒弃，从这一点来说，清代云南官员的政治立场，与儒家所尊奉的具有"正统"身份的中原王朝

[①] 李学勤主编《十三经注疏》第6册《礼记正义》卷六〇《大学第四十二》，北京大学出版社，1999，第1592页。

是始终保持一致的。

　　这并非官员立场的全部体现。从个体角度而言，官员的立场还具有普适性。儒家思想要求积极入世，《论语》中所称的"学而优则仕"便是这一思想最直接的表达，因此，参与世俗政治、实现自我的政治价值，是儒家思想对官员的最基本要求。儒家思想还强调入世的目的在于贯彻儒家的正义原则，《论语》所说的"君子之仕也，行其义也"便是此意。所以儒家思想同时还要求官员理应自觉承担社会责任，行为应该符合"正义"。但是，官员不仅仅是"社会的人"，不会一味遵从社会道德的要求，他们同时也是作为"经济的人"而存在的，因此也势必会在道德标准和自身利益之间进行比较和选择。从前文所提及的雍正年间云南镇沅府的改土归流进程来看，事实上在18世纪早期的西南边疆开发进程中，确实有部分官员选择了滥用职权谋取私利，这当然与儒家道德标准是完全相悖的。

　　由此可以说明，官员的道德立场事实上是一分为二的：他们既承担着开发和建设西南边疆的政治任务，同时也在不断地通过牺牲地方民众的利益来牟利；他们作为儒家精英知识分子的同时，也作为一个剥削阶层而存在着；他们在追求实现自我价值的同时，也在积极寻求获取自我利益的途径。

　　虽然上述信息给予我们许多启发，但我们并不能因此对18世纪初期的云南社会以及云南的官场情况作出全面的判断。在第一章中我们提到，在史家笔下的"康乾盛世"即将来临的历史节点，带着"用夏变夷"使命来到云南的官员们，本应恪守儒家精英的道德准则，却在对云南进行政治文化改革的过程中因个人的贪婪引发了当地一系列的社会动乱。由此可以看出，文化因素在云南官员的腐败行为中发挥着重要的作用：一方面，这些儒家精英知识分子遵守着儒家以"天下"为己任的高尚理想，将中原的文化带到边疆地区，对云南进行了长期而深入的改革，这为云南带来良好的发展契机，在雍乾时期逐步与内地的发展模式趋于一致。而另一方面，作为"外来者"的官员，在带来汉文化的同时也带来了汉人上层分子固有的腐化和堕落，儒家思想中对伦理、人情的重视同时也为腐败的滋生提供了适宜的土壤，这恰恰是云南吏治走向腐败的根源。社会动乱仅仅是腐败所导致的恶性后果之一，随着腐化的加剧，乾隆朝后期社会矛盾的全面激化也随之而出现了。

第三章
雍乾时期君主统治思想及其表现

近代以来的史家普遍认为，18世纪是东方开始全面落后于西方的重要时间节点，文化的差异令两者走上了完全不同的发展道路。17世纪以来爆发的市场贸易危机使西欧地区经济衰退持续加剧，王权专制体制的弊端也由此暴露无遗，以封建农奴庄园为经济基础、以天主教君权神授思想为权力依托的欧洲封建王权统治，已经不能令人民持续增长的物质需求和精神需求得到满足。而资产阶级所秉持的殖民主义和自由贸易主义令西欧社会看到了改变现状的可能。启蒙运动为资本主义提供了必要的思想准备，这场持续近一个世纪的文化变革开始在欧洲蓬勃发展，伴随自由、民主和科学等思想观念的传播，此时的欧洲社会逐渐产生了剧烈的变革：旧有的文化体系逐渐被打破，社会结构开始重组，一些传统的王权国家，如英国、法国等，开始向近代资本主义国家过渡。最终，在经过一个多世纪的资产阶级革命活动之后，西欧部分地区进入了资本主义时代——正是文化的变革与快速发展带动了新兴资本主义国家综合实力的进步。

而反观位于东方的清朝，尽管这一阶段的统治者圣祖、世宗、高宗三人在位期间励精图治，坚定不移地维护传统儒家思想的主流地位，并将儒家思想作为统治工具来维护王权统治，最终开辟了后代史家所称的"康乾盛世"的治世局面，但清朝却依旧逐渐走向衰落。造成这一局面的原因是多样的，或许是由于以儒家文化为核心的中国对传统文化过于自信,所以当时的统治者很难意识到思想变革的重要性;或许是由于农业经济的稳定性和长期的地区和平使国家失去了思想革命的内外动因——总之,由于东方文化的滞后发展,社会实质上也停滞不前,西方世界逐渐超过了东方世界。

一旦王权不再作为国家权力的根本核心,国家行政权力就归于各级政府(如代议制民主共和制度下的法国、意大利等国),或者归于以君主名义召开的议会(如英国、日本)——无论是哪一种,国家权力的来源是民众而非君主,官员则作为民众的代表施政。而王权国家则恰恰相反,由于君权的逐步加强,国家行政权力会日益向中央集中。作为统治权力的根本来源,皇帝所拥有的权力是至高无上的,他的个人行为往往会直接影响到国家权力的分配方式与行政政令的实施效率。因此,尽管官员是实际的施政者,但他并非民意的代表,而是皇帝的行政工具。如何管理、驾驭官员,是皇帝必须认真对待和思考的事情,唯有如此,皇帝的统治才可以稳固,国家的政令才可以在各地得到有效实施。

在传统中国,这种对官员的管理策略被视作帝王权术,尽管不是绝对,但皇帝对于权术运用的好坏,往往会对官僚群体行政效率产生巨大影响。由于君权的至高无上,因此在诸多的政治表象背后,往往是君权在起决定作用。正因为这样,对皇帝本人思想的了解,事实上有助于我们理解具体的官员行为。在浩如烟海的各类文献中,帝王本人留下的亲笔资料是最能够反映他思想的,通过对这些资料的阅读,我们可以直观地看到皇帝本人的吏治思想对于地方官吏产生的影响,继而了解皇帝对于官员的腐败问题持何种态度。在整个

18世纪，尽管皇帝通过谕令一再重申从严治吏的重要性，但是其本人的态度实际上却是游移不定的。随着18世纪中后期以来腐败问题的加深，我们将会在一系列吏治问题的背后看到皇帝的根本意图，他们对于官员的态度往往与自身利益有着密切关系。想要理解这一点，我们必须对18世纪清朝皇帝所处的政治环境以及他们的统治思想进行探讨。

第一节 从"大汗"到"天子"

尽管统治中原的大一统王朝多为汉人所建立，其治下的民众也多为汉人，但是"中国"这一概念从来都不是指某个单一的由汉人所构成的国家。[1]在13世纪后期，蒙古人成功结束了唐末以来的割据局面，建立了元王朝。这是一个以蒙古人为主体建立的大一统王朝，它的建立为统一多民族国家的构建增加了新的元素：非汉人族群开始成为大一统王朝的构建者和统治者。

蒙古人在入主中原后，统治地位的合法性始终受到怀疑和挑战。在中国传统的族群观念中，往往将汉文化影响下的族群视作华夏，而将非汉文化族群视作蛮夷——这一观念被称为"夷夏有别"。[2]这一发端于先秦时期的族群观念事实上成为非汉人族群统治中原的社会思

---

[1] 参见李大龙《自然凝聚：多民族中国形成轨迹的理论解读》，《西北师大学报》2017年第3期，第68—74页。

[2] 参见李大龙《汉唐藩属体制研究》，中国社会科学出版社，2006，第12—13页。

想阻碍。应该说，蒙古族群的文化特质与华夏族群的文化特质存在巨大的差异，因此，他们被视作"中国"外部的未开化族群，其征服行为被视作入侵，征服者也被看作"非我族类"的外来篡权者，不具有儒家文化所推崇的大一统王朝的"王"的合法继承资格。有元一代，尽管统治者对文化持开放、多元化态度，但因为文化异质性的客观存在，"夷夏有别"观念始终对其统治施加着负面的政治影响。元末义军主要领袖之一朱元璋，曾明确地提出"驱除胡虏，恢复中华"的政治口号来反对元王朝的统治，并因此得到了来自汉人民众的广泛支持。① 最终，在以汉人为主体的各路义军势力联合打击下，元王朝的统治被推翻，明王朝就此建立。尽管朱元璋所建立的明王朝并不认同蒙古具有"华夏"的身份，但事实上确认了它作为正统王朝的政治地位。②

边疆族群作为"中国"统治者的合法地位得到了认可，这在中国历史上是具有深远意义的，事实上这为后来清朝的统治找到了合法依据。在开国之初，清朝统治者所面临的政治环境同样是布满危机的。清世祖爱新觉罗·福临在位时期，统治尚不稳固，在南方存在着诸多与之相对抗的明朝残余势力和地方汉人武装。尽管相较于这些势力而言，清朝的实力更胜一筹，但统治者的非汉人身份却令他们始终无法得到汉人的绝对支持。为了彰显自身的统治地位和军事权威，统治者施行了一系列带有文化征服性质的政治活动，如以

---

① 《明太祖实录》卷二六，吴元年十月丙寅，《明实录》，中华书局，2016。
② 《明太祖实录》卷二八，吴元年十二月甲子，载："惟我中国人民之君，自宋运告终，帝命真人于沙漠入中国为天下主，其君父子及孙百有余年，今运亦终。"

第三章 雍乾时期君主统治思想及其表现

农奴制代替租佃制的圈地改革、要求汉人改变传统衣冠发饰的剃发令等,然而这些行为非但未能使清朝的统治稳固,反而招致了更激烈的反抗,从而延缓了国家统一的进程。于是清朝早期的统治者意识到,军事征服的胜利既不能消除文化冲突,也不能取得臣民对其正统身份的认可。想要在中原地区建立稳固统治,最有效的手段就是利用传统儒家思想来解释自身统治地位的合理性,也就是说,唯有接受以儒家思想为核心的汉文化,改变自身的"蛮夷"身份,才可以成为"华夏"的合法统治者。换言之,满人统治者接受汉化的目的,就是维护满人上层精英在"中国"区域的统治,这是其统治合法性得到承认的一个必要前提。唯有这一前提成立,清朝的统治才可以长治久安。尽管满人上层精英在接受汉化上仍有保留,但不可忽视的是,在维持传统与维护统治这两件事情上,统治者终究是更重视后者。随着他们的统治经验日益积累,便同时越发深刻地了解到了接受汉化的重要性。

清世祖在位18年,他笃信佛教,因此儒家思想对他产生的影响是较为有限的。在他去世后,一部分满人上层精英试图恢复满洲旧制,排挤汉人官吏,开始继续施行针对汉人的文化高压政策,满汉文化冲突由此开始骤然加剧。[①] 圣祖继位后不久,针对这一情况做出了一系列的政策调整:他一方面力求拉近满汉之间的文化距离,另一方

---

① 《清圣祖实录》卷二,顺治十八年三月丁酉。载:"世祖章皇帝遗诏内云:纪纲法度,用人行政,不能仰法太祖太宗谟烈,渐习汉俗。于淳朴旧制,日有更张。朕兹于一切政务,思欲率循祖制、咸复旧章,以副先帝遗命。"此内容为圣祖上谕,彼时圣祖尚未亲政,故应为辅政大臣以圣祖名义颁发。

面则开始逐渐接受以儒家思想作为正统统治思想。[①] 满人的上层精英在此时开始正式接受儒家文化的改造,于是君主获得世俗权力开始在名义上被视为顺应了"天命",统治者的身份不再是满人的"大汗",而是"中国"的"天子",也就是大一统思想所推崇的"天下共主"。皇帝的统治身份终于得到了民众的普遍承认。圣祖事实上成为将接受汉人儒家文化付诸现实的第一位清朝皇帝。虽然他仍强调应该维持满人的固有传统,[②] 但这一时期满人文化在政治生活中起到的影响已经开始逐渐减弱。

上层统治精英将儒家思想作为统治工具,这固然是因为儒家思想具有广泛的群众基础,当然更为重要的是,儒家推崇的"皇权天授"以及"三纲五常"思想恰好满足了他们的要求。这些思想使统治阶层在确立自身统治合法性的基础上,得到了来自民众的普遍服从和认可,清王朝也得以成为受到"天命"庇佑的正统王朝。此外,受到儒家思想影响的大清皇帝本人,也不可避免地将儒家学说作为了自己的基本价值观,满人传统的群体道德意识正在逐渐被儒家价值观所取代。圣祖将儒家文化作为统治文化的选择仅仅是为清朝后世的文治拉开了序幕,而自世宗统治时期开始,以儒家思想作为统治工具已经成为君主的不二之选,而儒家文化也开始对历朝皇帝的统治思想产生重要而深远的影响。

---

① 圣祖对儒家思想的看法较为复杂,接受过程也经历了较长时间,高翔就此问题已有详细论述。详见高翔《康雍乾三帝统治思想研究》,中国人民大学出版社,1995,第22—34页。
② 中国第一历史档案馆整理《康熙朝起居注》,"康熙二十六年六月初七日癸丑"条,中华书局,1984,第1639页。

第二节　世宗的危机与对策

在清朝的列位皇帝当中，清世宗胤禛无疑是最为特殊的一位。在后世史家的笔下，胤禛始终以勤政的姿态出现。他在位的 13 年之中，励精图治，夙夜在公，将全部的精力都置于处理国家政务之中。由此，清朝的国力越发强盛，甚至出现了"国帑丰盈，人民富庶"的局面，但是，世宗的功绩却极少得到史家的称颂，民众也往往对其政绩不以为意。究其原因，是由于世宗始终受到各方对其统治身份合法性的怀疑，自他继位以来，有关他矫诏篡位的谣言四处风传，旷日持久，直到多年后仍有人会不时提起；如乾隆年间的江都学者萧奭就曾在其著作中提及了相关的传闻，并暗示世宗继位的过程充满了不可告人的内幕。[①] 这样的传闻使世宗在继位之初遭遇了极大的阻力，并陷入了严重的统治危机之中。这对于一个刚刚掌握国家最高权力的统治者而言，是一件极为难堪而棘手的事情——世俗的权力并不能消除思想层面隐含的威胁。

儒家思想对于合法性的根本要求，基本可以理解为"名正言顺"。[②] 而"正名"的具体内容则直接体现为"君君臣臣，父父子子"的社会关系，[③] 君、臣、父、子是具体的社会身份，儒家要求每个人都严格遵守自己的身份秩序，不可违背伦理纲常。明代以来，理学的兴

---

① （清）萧奭：《永宪录》卷一，中华书局，1997，第49页。
② 《十三经注疏》第10册《论语注疏》卷一三《子路第十三》，第171页。
③ 《十三经注疏》第10册《论语注疏》卷一二《颜渊第十二》，第163页。

起使这一观念愈加深入人心。因此,有关世宗矫诏篡位的传言,实质上是宣称世宗违背了为人臣子的伦理道德,既然如此,他就不应该拥有成为君主的资格。换言之,这是从儒家传统观念上否定了世宗的皇帝身份,将他视作乱臣贼子。这样的质疑对世宗来说是非常危险的,只要他拿不出证明自己继位合法的证据,那么这一危机就无法从根本上得到解决。在清朝建制初期,满汉之间的关系极为微妙,满人成为皇帝的根本前提是其接受了儒家思想的主流统治地位,而一旦皇帝本人被视为不遵守儒家伦理的悖逆者,其满人的身份便会随之受到指责,认为他是"非我族类"的异族,不具有统治的资格,这继而会使满汉之间的对峙变得更为尖锐。因此,能否为自身的统治提供合理的依据,事实上对于世宗乃至清朝的统治都是至关重要的。

但是对于世宗而言,这样的证据或许并不存在。圣祖生前废除了皇二子胤礽的太子身份,令太子之位空悬,导致诸皇子对皇位虎视眈眈,都期望能够继承大统,于是,相互之间的竞争极为激烈,日趋白热化。一直到圣祖去世,他始终未另立太子,或通过其他形式明确指定自己的继承人。因此,实际上任何皇子都不具有合法的继承身份。而世宗虽然成功继承了皇位,却并没有合理的证据证明自身的继位过程是合法的,他的竞争者们所散播的传言则令这一问题越发复杂,并最终造成了世宗的统治合法性危机——在这一时期,皇族的反对、臣僚的悖逆、臣民的质疑交织在一起,他们大多对世宗的统治表示反感,并往往抱着不合作的态度,给世宗的统治造成了极大的阻碍和困扰。

正像史家所记录的那样,终世宗一朝,这种情况影响着世宗的心态和施政模式。他为了改变这一危局做了多方面的努力，例如将年号定为雍正（"雍"字或许来自他早年受封的和硕雍亲王这一爵位，而"正"字的用意，则似乎包含了自己继位是"名正言顺"，以及统治的"正大光明"的意思），又在继位后公布了圣祖遗诏（尽管遗诏中称圣祖遗令胤禛继承皇帝位，但这份遗诏并非由圣祖亲笔书写，而是在世宗继位后被重新写成的），以此来证明他是圣祖所嘱意的继承人。我们透过世宗所留下的一系列上谕、朱批以及其他文献，看到了这位皇帝始终面临的统治危机。事实上，世宗从一开始就明白，拥有王权并不能帮助自己赢得人心。因此，如何处理好自己与皇族、臣子以及百姓的关系，成为世宗最主要的难题。为了解决好这一问题，世宗在两个方面始终保持着不懈的努力，那就是对统治合法性的解释和臣僚控制的加强。

一　曾静投书与《大义觉迷录》

时届雍正六年九月二十六日，已是深秋时候。在陕西省的西安城中，时年四十二岁的川陕总督岳钟琪刚刚结束晨间的事务，在随从的簇拥下乘轿赶回署衙。当他的官轿来到署衙前的西大街时，人群中忽然有一名男子分开左右的行人，冲到队伍的前面将总督一行人拦下，用力挥舞着手中的一封信件。由于事发突然，岳钟琪的侍从迅速喝止了这名陌生人，不容他有接近的机会。①

---

① 《川陕总督岳钟琪奏密报张倬投书策反情由折》，《雍正朝汉文朱批奏折汇编》第13册，第555页。

岳钟琪此时并不知道来者的意图，他打量着这名男子的衣着，发现他看起来并不像是送信差役。尽管有些迟疑，但他仍然命人将男子手中的信件接下来。当这封信被递到他手中时，他看到了信封上写着"天吏元帅"①四个字，这让他立刻感到惊讶和不安。而随后看到的信件内容更是令他既惊又怒，正如他后来在奏折中所说：

> 其中皆诋毁天朝言，极悖乱，且谓臣系宋武穆王岳飞后裔，今握重兵、居要地，当乘时反叛，为宋明复雠等语。②

很明显，这是一封策动岳钟琪谋反的信件，信中文字充满了强烈的反清意味。来信者自称夏靓，他认为，岳钟琪身为岳飞后裔，理应起兵反清，至于原因，他则在信中写道："明君失德，中原陆沉，夷狄乘虚入我中国，窃据神器。"又道："夷狄异类，譬如禽兽。"③此外，夏靓认为世宗有"谋父""逼母""弑兄""屠弟""贪财""好杀""酗酒""淫色""怀疑诛忠""好谀任佞"共十条罪名。④据此，夏靓认为满人统治导致了"八十余年，天运衰微，天震地怒，鬼哭神号"，⑤由

---

① 《十三经注疏》第11册《孟子注疏》卷三《公孙丑章句上》，第91页。载："无敌于天下者，天吏也。"赵岐注："天吏者，天使之也。为政当为天所使，诛伐无道，故谓之天吏也。"可以看出，"天吏元帅"一词，当是曾静期望岳钟琪能替天诛伐无道，故此称之。

② 故宫博物院编《清代历史资料丛刊·清代文字狱档》第9辑《陕西总督岳钟琪奏折》，上海书店，1986，第865页。

③ 《大义觉迷录》卷一，第39页。此系世宗上谕中所引曾静书信内容。

④ 《大义觉迷录》卷一，第14—53页。此系世宗上谕中对曾静所指罪名的自辩内容。

⑤ 《大义觉迷录》卷一，第56页。此系世宗对曾静提出的一项质问内容。

第三章 雍乾时期君主统治思想及其表现 | 091

此甚至引发了诸多灾祸异象,比如"山崩川竭、地暗天昏"。①

在岳钟琪的眼中,这些内容无疑是谋大逆的言论,令他感到异常不安与慌乱。岳钟琪很清醒地明白,自己显赫的身份和权势都来自皇帝的恩赐,一旦这一点受到了皇帝的怀疑,那么这一切都会顷刻化为乌有——正如他的前任,深受皇帝宠信的重臣年羹尧在几年前所经历的那样。有鉴于此,他多年来始终努力向世宗展现着自己的恭顺和忠诚。可以想象,他既没有意愿也绝不可能接受书信的策反。与来信者的期望完全相反,岳钟琪此时所想,是尽快查清寄信之人的身份并擒拿归案,借此证明自己的忠贞。

但是,这名自称张倬的信使却始终不肯透露寄信者的信息,哪怕是在重刑之下也依旧咬紧牙关不肯开口。岳钟琪在此事上展现出了他的精明之处:他转变了强硬的态度,一面与投书者虚与委蛇,假意接受策反;一面却又将此事的经过写在密折之中,令驿者快马加鞭送往北京,奏请皇帝定夺。他的这一策略十分成功,世宗在回复中认可并赞许了他的忠心,让他想办法查明情由;而很快信使张倬也相信了他的许诺,说自己实际叫张熙,并将来信者的身份供出:这名自称夏靓的策反者,实际上是他的师父,一名叫曾静的乡间儒生。

儒生曾静,湖南永兴县人。他受明末江南学者吕留良学说影响,素有反清意识。此时随着岳钟琪将他告发,他很快就在湖南被拿获。②同时,湖南巡抚王国栋在张熙家中查抄出曾静所作《知新录》《知几

---

① 《大义觉迷录》卷一,第72页。此系世宗引用曾静书信内容。
② 《湖广总督迈柱奏报湖南拿获曾静等犯折》,《雍正朝汉文朱批奏折汇编》第14册,第132页。

录》二书,① 其中《知新录》一书对满人统治中国的合法性提出了明确质疑,其内容与投书中的说法极为相似:

> 中原陆沉,夷狄乘虚窃据神器,乾坤反覆。②

又称:

> 华夷之分,大于君臣之伦,华之与夷,乃人与物之分界。③

从上述内容中可以看出,曾静认为,非汉人族群不具备统治中国的资格,因此清朝的统治根本不具有合理性。他的观点所反映的,正是明末以来持反清思想者所一贯秉持的族群观念——"夷夏有别"。

世宗在看到曾静写给岳钟琪的书信后,自称:

> 朕览逆书,惊讶堕泪。览之,梦中也未料天下有人如此论朕也,亦未料其逆情如此之大也。④

---

① 《清代历史资料丛刊·清代文字狱档》第9辑《曾静遣徒张倬投书案·副都统海兰等奏折》,第888—889页。载:"臣等又细检各犯家中,搜到书籍字札,于张新华(笔者案:系张熙之父)家搜出逆书二册,并上总督岳钟琪。"又载:"据曾静供:'这书上的话俱是我做就,把与张熙的,我岂负赖。'等语。"据《大义觉迷录》可知曾静所作之书为《知新录》与《知几录》。参见《大义觉迷录》卷二,雍正七年刻本,第3页。
② 《大义觉迷录》卷一,第57页。此系世宗引用曾静书信内容。
③ 《大义觉迷录》卷二,第12页。此系曾静《知新录》一书内容。
④ 《川陕总督岳钟琪奏报张倬供吐伙党情由折》,《雍正朝汉文朱批奏折汇编》第13册,第571页。此系世宗朱批内容。

第三章 雍乾时期君主统治思想及其表现

由此可见世宗所受打击之大。世宗此时清醒地意识到,面对各方对于自身的质疑,必须展开正面的回应。他于此事上下定决心,既要为自己继位的合法性做出解释,也要为满人统治的合理性做出解释。他的意图十分明显:与其放任传言滋生和传播,不如由自己将传言公布天下,然后将其逐一击破。于是他一面围绕曾静的投书以及《知新录》中的反清思想做出反驳,一面严厉追究这一案件中反清思想的根源,集合全国之力发起了查禁吕留良著书案。

雍正七年九月,世宗颁布了一道上谕,就满人统治是否合理做出说明。他在这道上谕中引经据典,俨然一位儒家智者。首先他指出:君王的统治是否合理,决定因素是看他是否具有德行,而不是看他出生于何处。他引用《尚书》中"皇天无亲,惟德是辅"的句子,以此来强调:

> 盖生民之道,惟有德者可为天下君。[1]

然后他又指出,即便是古代的明君如帝舜、周文王,同样也是蛮夷身份。

> 不知本朝之为满洲,犹中国之有籍贯。舜为东夷之人,文王为西夷之人,曾何损于圣德乎?[2]

---

[1] 《大义觉迷录》卷一,第1页。
[2] 《大义觉迷录》卷一,第2页。

世宗并不否认自己的非汉人身份，而是将这一身份解释为"犹中国之有籍贯"。之后他又指出，恰恰是满人入主中原，才使中国的疆土大大增加，这是中国的大幸。因为蛮夷的身份而对满人的功绩视而不见，这是"怀挟私心"的"卑鄙之人"做出的故意"贬抑"。由此可见"夷夏之防"是一种落后的偏见，是吕留良之辈"借圣人之言，以巧为诋毁"的恶劣行为，是被肆意传播的"邪说"。因此，应该用天经地义、伦理纲常的大道理来教化百姓，使他们理解"君为臣纲"的"大义"，而不至于"为邪说陷溺"。①

按照世宗的要求，这道上谕被颁行天下各府州县，甚至达于远乡僻壤，以便各地的读书士子和乡曲小民都能够看到。②这道上谕所起到的作用究竟如何我们无法得知，但可得见的是，此时作为中国最高统治者的清世宗胤禛，正试图利用儒家的思想学说来解决非汉身份的统治危机，这无疑是一种明确的汉化表现。

随后，对于曾静在书信中所称世宗的十条罪名，后者也一一做出了驳斥，并将自己处理政务的奏折及与岳钟琪往来的信件让曾静看，以此显示自己的仁德与勤政以及他作为君主对于臣僚的绝对信任。据此，他对曾静所提到的诸多事件加以质问，要求他给出正面回答。此时曾静或许是受到世宗所称"大义"的感化，又或者是为了保住性命，总之，他改变了原有的态度，转而以一种谦卑兼懊悔的语气写下了自己的悔过历程，最终由反清者变为一名媚清者。这起轰动一时的案件以一种出奇的方式处理结案：世宗将自己对曾静、吕留良反清言

---

① 《大义觉迷录》卷一，第2—14页。
② 《大义觉迷录》卷一，第12页。

论的驳斥集结成书,编成《大义觉迷录》一书颁行天下;叛逆的根源被归于吕留良,他被指犯大逆谋反罪,开棺戮尸枭首,其著作也被毁禁;①而曾静则被免去一死,他被发回湖南,以反面教材的形象在各地向人们宣讲"夷夏之防"的错谬以及令自己懊悔不已的往日经历。②

可是,尽管吕留良被戮尸枭首,曾静认罪悔悟,"华夷之辨"的观念就从此消失了吗?尽管世宗把对于他矫诏篡立的传闻公开进行了澄清,世间对于他的质疑便就此停止了吗?世宗在此案中所做的一切努力,都是为了让自己的统治合理性能够得到承认,继而使自己的王权统治得到巩固。但满汉文化的异质性并不会在短时间内完全消失;秉持大汉族主义的汉人也不会因为皇帝接受了儒家文化就承认他的统治者身份是合理的;满人入主中原时的血腥征服行动以及后来施行的文化高压政策,在满汉之间造成了深重的仇恨,这是绝难在短时间内轻易消除的——曾静案只不过是这一情况的终极社会反映之一。

而世宗继位的合理性问题更没有得到实际的解决。实际上,世宗在《大义觉迷录》中的自我辩护和往事重提令那些对他不利的传言进一步扩散了。对大部分民众而言,无论世宗所说的是不是事实,有关他矫诏篡立的故事仍然是茶余饭后的消遣和谈资,那些充满宫廷阴谋的情节对他们具有极强的吸引力,他们并不在意真假——很显然这一点并不能为世宗所预见。乾隆年间,高宗对《大义觉迷录》的禁毁或

---

① 《清世宗实录》卷八一,雍正七年五月乙丑。
② 《谕将曾静张熙免罪释放并将其逆书口供等刊刻颁布》,雍正七年十月初六日,中国第一历史档案馆编《雍正朝汉文谕旨汇编》第2册,广西师范大学出版社,1999,第39—42页。

许正是出于防止流言传播的考虑，但是这一行为使民众对此事更为关注。艺术是对于可能之物的表现，而历史则是对现实之物的表现，这两者尽管经常具有相同的形式，内涵却绝不相同。但是，艺术的广泛传播实际上往往令民众混淆了这两者的区别，继而将艺术等同于历史，而忽略了历史本身。与世宗所预想的不同，那些传言和质疑，始终没有消除，直到20世纪初期，有关他得位不正的传闻仍很流行，并有人将之编为评书在各地表演。[1]

二 来自云南的祥瑞

与岳钟琪向世宗上奏曾静投书一事同时，鄂尔泰正忙于平定贵州省的苗疆叛乱。在雍正六年底，随着清军渐次荡平大丹江、小丹江、有鸡沟等苗人村寨，当地的苗人反叛至此被彻底平定。[2] 十二月初八日，鄂尔泰将进剿经过详细写入奏折，并派遣送信的差役送往北京。此次呈送世宗的奏折共有六份，[3] 其中三份与平叛事宜相关；另有谢恩折一份，意在感激世宗委任他担任滇黔桂三省总督，并对三省近期事务做出汇报；又有一折汇报云贵两省官员人事变动。而最后一折，则

---

[1] 参见冯尔康《雍正传》，人民出版社，1985，第561页。
[2] 《云贵总督鄂尔泰奏报张广泗带兵克取小丹江情形折》，《雍正朝汉文朱批奏折汇编》第14册，第158页。
[3] 这六份奏折分别为：《云贵总督鄂尔泰奏谢恩命总督滇黔桂三省事务并陈料理地方事宜缘由折》《云贵总督鄂尔泰奏恭逢圣诞庆睹祥云折》《云贵总督鄂尔泰奏报分兵进剿阿驴等处情形折》《云贵总督鄂尔泰奏报官兵克取橄榄坝情形折》《云贵总督鄂尔泰奏报张广泗带兵克取小丹江情形折》《云贵总督鄂尔泰奏陈吏部单发十五人才守暨补缘由谨请采择折》，《雍正朝汉文朱批奏折汇编》第14册，第147—164页。

向世宗汇报了一次出现在云南地区的祥瑞：

> 十月二十九日，恭逢万寿令节，臣率在省文武官员人等在五华山朝贺毕，坐班至辰刻，共观五色卿云光灿捧日，经辰、巳、午三时。至十一月朔，绚烂倍常，凡呈见两日。臣尚以为省城所见其他郡邑未必同……随据布政使张允随详称："楚雄府之楚雄、广通两县，姚安府之姚州及大姚、定边两县，又顺宁府知府傅逵等，先后呈报皆同。"诚属从来未有之嘉瑞。①

这道奏折到达京城，很快便得到了世宗的批复。他说，遇到这样的祥瑞自然是值得欣喜之事，但心中并不敢因此而感到庆幸，反而加深了对上天的敬畏之心。何况出现这样的祥瑞是因为鄂尔泰忠诚勤恳，得到了上天的感应。所谓："实系卿忠诚所感，而献于朕寿日者，正表卿爱戴之心也。"②

尽管世宗极力掩饰喜悦，表示自己"实丝毫不敢庆幸"，③但有关云南出现五色卿云的消息还是不胫而走。三日后，诸王、大臣纷纷上表，对此事表示奏贺，并请"宣付史馆"。随后世宗颁布了一道上谕：

> 朕治天下，以实心实政为务，不言祥瑞，屡颁谕旨甚明。今

---

① 《云南总督鄂尔泰奏恭逢圣诞庆睹祥云折》，《雍正朝汉文朱批奏折汇编》第14册，第218页。
② 《云南总督鄂尔泰奏恭逢圣诞庆睹祥云折》，《雍正朝汉文朱批奏折汇编》第14册，第218页。
③ 《清世宗实录》卷七七，雍正七年正月辛亥。

据云贵广西总督鄂尔泰奏折，恭逢万寿令节，云南四府三县卿云呈现。又引《孝经援神契》之语曰："天子孝则卿云见。"朕之事亲，不敢言孝。但自藩邸以至于今四十余年，诚敬之心有如一日，只此一念，可以自信。朕每承天眷，昭示嘉祥，感激庆幸之中，益加儆惕。兹逢卿云之瑞，实愈增朕心之敬畏。鄂尔泰公忠体国，实为不世出之名臣。数年来节制滇、黔等省，化导所属官吏，人人奉公尽职，怀忠君亲上之心。是以仰邀天贶，卿云见于滇省，正所以表著该省官吏敬恭协和之忱悃也。此则朕心深为嘉悦者。今诸王、大臣等奏请宣付史馆，朕之允行者，非欲夸示于众也。盖以天人感召之理，捷于影响。该督正己率属，有忠爱之丹诚，则该省受福迎祥，有光昭之瑞应。朕愿内外大小臣工均以鄂尔泰为法；且愿远近各省官民等闻风慕义，兴孝劝忠，人人共受上天之福佑，乃朕心之所谓上祥大瑞也。①

在这道上谕中，世宗含蓄地表达了自己具有孝的品德，因此得到上天的眷顾。此外，他认为鄂尔泰治下的云南、贵州地区官员奉公尽职，有忠君亲上之心，因而得到了上天赏赐。正是因为这两个原因，祥云才会在云南出现。世宗因此要求大小官员以鄂尔泰为榜样，"闻风慕义，兴孝劝忠，人人共受上天之福佑"。世宗通过对鄂尔泰的表彰，事实上也完成了一次成功的自我标榜——正是由于皇帝的英明以及大臣的奉公尽职，才会有祥瑞出现。

---

① 《清世宗实录》卷七七，雍正七年正月甲寅。

第三章 雍乾时期君主统治思想及其表现 | 099

　　所谓的"五色卿云"在当时是否真的出现过？或许并没有。据袁枚以及陈康祺等称，在雍正六年这次祥瑞发生时，虽然云南各地官员纷纷庆贺，但有一刘姓官员称自己眼睛不好，并没有看到任何祥云。鄂尔泰听到后沉默不语，心中却暗自赞许此人的坦率，并因此举荐了他。①如果事情果真如此，那么鄂尔泰等所称的祥瑞便可能只是为了迎合世宗的实际需要而编造出来的罢了。

　　这场真伪难辨的祥瑞被记入史书之中，又随着时间的推移而逐渐被人遗忘，但是滇黔两省的祥瑞却自此如井喷一般出现：雍正七年七月十八日，鄂尔泰奏报"滇省日丽中天，庆云告瑞"；②同年八月二十一日，鄂尔泰又奏贵州一些地方"自七月初八日至闰七月十一日，有五彩祥云，光华灿烂，叠秀争华，历时经久，一月之内，七见嘉征"；③同年十二月二十一日，云南巡抚沈廷正奏报云南新平营"祥云捧日"。④短短一年之内，云南地方大员多次奏报出现祥瑞，这无疑是一种官员逢迎上意的行为——既然这样的做法可以令世宗感到欣慰和满足，同时也可以使自己得到肯定和褒奖，何乐而不为呢？

　　这样的情况在雍正七年底画上休止符，在沈廷正奏报的祥瑞事件被宣付史馆之后，随后的五年时间中再无类似的祥瑞见于记载。究其原因，或许正如世宗在上谕中自称的那样："天下之人勿误以朕为夸

---

① 袁枚：《鄂尔泰行略》，原文参见（清）钱仪吉纂《碑传集》卷二二，江苏书局，光绪十九年刊本，第19页。另见（清）陈康祺《郎潜纪闻三笔》卷一二，中华书局，1984，第864页。
② 《清世宗实录》卷八三，雍正七年七月庚申。
③ 《清世宗实录》卷八五，雍正七年八月癸亥。
④ 《清世宗实录》卷八九，雍正七年十二月辛酉。

张祥瑞，而忘自修之道也。"① 频繁出现的所谓祥瑞可能已经引起了廷臣与社会舆论的不满，世宗也察觉到了这一点。直到雍正十二年，类似的祥瑞才再次在史书中重现。时任云贵总督尹继善，奏称这一年的十月二十九日，云南楚雄、大理等地"日丽重华，卿云献瑞，五色绚烂，万里缤纷，历辰、巳、午、未四时之久，官民公同瞻仰"。② 这与六年之前鄂尔泰奏折的内容如出一辙，连在奏折所述的祥瑞出现的时间选择都完全一样——十月二十九日，正是世宗生辰的前一天。世宗看到奏折后，依旧不无谦卑地表示：这一切都是得自上天慈佑。③

三 公诚、大义与私心

当世宗年近五十，按照中国传统的说法，即将到"知天命"的年龄，对于世宗来说，无疑是自继位以来最为重要的阶段，因为这一阶段世宗所发起的诸多行动，彻底改变了康熙末年以来的政治格局。这一过程主要包括以下三起政治行动。

第一起行动是对年羹尧集团的处置。雍正三年，世宗以年羹尧擅权僭越、营私结党为由，将其削职夺爵，随后押送北京，交议政大臣、三法司、九卿会审。最终列定年羹尧有大逆、欺罔、僭越、狂悖、专擅、忌刻、残忍、贪婪、侵蚀等罪名92款，赐令其自尽，年

---

① 《清世宗实录》卷八九，雍正七年十二月辛酉。
② 《清世宗实录》卷一五〇，雍正十二年十二月庚申。
③ 《清世宗实录》卷一五一，雍正十三年正月己卯。

羹尧集团由此覆灭。①

第二起行动是对隆科多集团的打击。隆科多和年羹尧的境遇十分相似，雍正四年十月，世宗以他私藏玉牒为由，严加惩治查办，最终列定隆科多犯有大罪41条，下令将其永远圈禁。雍正六年，隆科多死于禁所。②

第三起行动是对八阿哥集团的清缴。作为世宗最主要的政敌和对手，八阿哥允禩始终是世宗最为忌惮的人物之一。雍正四年正月，世宗宣布了八阿哥允禩的多项罪状，③二月，将允禩降为民王并圈禁，④三月，将其改名为阿其那，五月，向廷臣颁布允禩、允禟的各项罪状，将九阿哥允禟改名为塞思黑并圈禁，当年八月，允禟死于禁所。⑤九月，允禩亦死于禁所。⑥至此，康熙末年参与皇位争夺的八阿哥集团最终瓦解。

这似乎成为世宗统治的一个转折点。在经过四年的对抗与博弈之后，世宗终于彻底将反对他的政治势力清缴殆尽，同时也将他继位之初所凭借的"藩邸旧臣"尽数摒弃，独自高踞于权力的顶点。这时的世宗，心境是十分复杂的。如果说八阿哥集团的覆灭是康熙末年以来政治斗争的延续，那么年羹尧、隆科多的遭遇看起来则更像是鸟尽弓藏之祸。事实上，这两起行动却并不像表面上那么容易被理解。年羹

---

① 《清世宗实录》卷三九，雍正三年十二月甲戌。
② 《清史稿》卷二九五《列传八十二·隆科多》，第10355页。
③ 《清世宗实录》卷三九，雍正四年正月丁卯。
④ 《清世宗实录》卷四一，雍正四年二月己巳。
⑤ 《清世宗实录》卷四七，雍正四年八月丁亥。
⑥ 《清世宗实录》卷四八，雍正四年九月己亥。

尧、隆科多二人之所以会有如此结局，最根本的原因，是他们结党营私，没有做到皇帝对臣子的最基本要求——忠诚。

尽管清代国家官僚体系极其庞大，但事实上由君主直接且经常联络指挥的官员仅仅是很小的一部分，且大多是有多年从政经验的中老年官僚，如三殿三阁大学士、中央各部院尚书、各省督抚、布政使、驻藏办事大臣等——是否具有密折具奏的权力，在某种程度上可以视作是否处于这一核心圈的一种证明。① 而这一部分官员之中，又只有寥寥数人可以被视作皇帝的心腹，年羹尧与隆科多在世宗继位之初便是这一类官员的代表。这些"心腹"既是备受皇帝恩宠的近臣，同时又是大权在握的廷中重臣或者封疆大吏，掌握着重要的行政权力。因此，一旦这些人不再全心全意忠于皇帝，世宗的愤怒是可想而知的。

世宗继位后的前几年，他的处境是危险的。正如前文所提到的那样，在这一时期，世宗面临的诸多挑战直接威胁到了政权的稳定，而世宗本人更是直接成为被针对的目标。世宗为解决这一系列问题付出了大量努力，无论是《大义觉迷录》的全国颁行，还是刻意宣扬甚至伪造各类祥瑞，其目的都只有一个，那便是为自己统治的合法性制造舆论。但是，这些努力并没有起到理想效果，反而在一定程度上引起了臣僚们更强烈的反感。面对这样的险恶政治环境，世宗唯有选择通过世俗的权力来稳固他的统治，所以他大力封赏亲信，委以重任，以此来与政敌以及反对者相抗衡。应该说世宗的目的从一开始就是明确

---

① 详见冯尔康《雍正传》，第250—271页。

的，那就是巩固自己的统治地位。当他的政敌被彻底击败，他得以施展自己的政治抱负之时，也势必绝不容许有人成为新的阻碍，与自己离心离德。年羹尧与隆科多的结局，正是这一情况的真实反映。向自己的亲信开刀，则更能展示世宗的大公无私之心，同时也是一种对臣僚的严厉警示。

为了令臣僚完全对自己心悦诚服，世宗更是进一步要求官员有公诚之心，要真诚不虚，居官奉公。在世宗看来，这一理念是解决官员群体事君不忠，在行政事务中徇私废公的重要思想。如雍正六年八月，他在一道上谕中称：

> 尔诸王大臣，须存同朝共事之公心，不可略有分别畛域之私见。每遇一事，惟秉公持正，齐心并力，据理以办之。勿稍存一满汉形迹于胸中，以致事有参差。盖同朝之人，虽地分不同，其所办之事，皆朝廷之事也，何有于满洲、汉人、汉军、蒙古而生彼此之见哉？国家须满汉协心、文武共济，而后能致治。夫文武不可偏重，而满汉顾可以偏向乎？心无偏向则公，公则未有不和，既公且和，是以百官得其序，万事得其宜，而天下莫不治平矣。人有自患其孤立者，此谬说也。古之所谓孤臣者，其上谗谄蔽明，举朝皆以邪曲害公义，而其人孤忠莫白，故谓之孤。今之人，纵矫然自异，岂得谓举朝无一同志？况朕以公正无私之心，临莅于上。为臣者，果能忠诚自矢，而于上一心一德，虽举朝无同声附和之人，其为不孤也孰大焉。从来上下交而其志同，其要总在一诚。诚之为道，有感必通。尔等以诚来，朕即以诚应，设或尔等

不诚，而以诈伪来，亦必不能逃朕之洞鉴也。勉之慎之！①

很显然，世宗要使自己的统治得到认同，最后的凭借同样也是儒家思想。君主的统治基础并非全部依靠强大的世俗权力，更多是依靠儒家思想在道德与思想上对民众的要求，因为在传统中国社会，这一要求是为民众所普遍接受的。世宗的统治合法性不可被证实，也同样不可被证伪，也就是说，只要没有出现他得位不正的确凿证据，他身为君主这一既成事实是不会改变的。所以，秉持儒家思想道德的士大夫们无论抱有多少怀疑，都不可能直接违抗身为君主的世宗的命令，否则就会被视为谋反——这是一个原则性的政治问题，没有人愿意站在君权与社会道德的双重对立面。因此，世宗所提出的公诚论实际上是一种平衡君臣关系的杠杆：以公诚之心对待皇帝者，即便是"孤臣"，也一定会得到来自皇帝的公诚回应；反之，则一定不能逃脱皇帝的惩治。作为统治者，世宗一方面要求官员要有"公心"，另一方面又要求他们要"忠诚自矢"，可以看出，世宗在这道上谕中所运用的辞令，既有他身为"天下共主"对臣僚提出的严厉要求，也有他身为"被怀疑者"的自我辩驳。他试图从儒家道德标准出发，提醒官员应与君王建立起彼此信任的从属关系，继而明确双方的政治责任与义务，最终达到有效控制官僚群体的目的。

作为皇帝，世宗绝不会容忍自己的臣僚怀有不忠之心，因此，所谓"公心"实际上并不是允许臣僚可以因一心为公而抛开对皇帝的忠

---

① 《清世宗实录》卷七二，雍正六年八月丁亥。

心，而"朕即以诚应"也仅仅是用来笼络臣僚的一种手段。他通过对忠于自己的心腹臣僚（如鄂尔泰）展示自己的诚意，来激励起其他臣僚的忠君意识。

但是，如果臣僚并不是对世宗心悦诚服的忠实追随者，即便确实是秉持"公心"的官员，其处境同样是危险的。雍正初年云南总督杨名时的遭遇便是最好的例子。这位历仕康雍乾三朝的名臣为官清廉，躬身勤政，且学问精深，在知识分子中颇有影响力，被视作官僚士人的领袖。然而世宗却对他心存不满，指责他是科甲朋党领袖，是"只知有身而不知有君之人"，又称他为"假道学""名教罪人"。[1] 为了使杨名时身败名裂，雍正五年，世宗命朱纲任云南巡抚，全权查办杨名时。朱纲按照世宗的安排，大肆罗织罪名，称杨名时收受盐规银数万两，将他下狱，并判处绞刑。[2] 但是，世宗对于具有相同情节的其他官员却一味回护，如收受盐规一案中涉及的心腹李卫，世宗不仅不进行查办，还下令朱纲等替李卫隐瞒。[3] 尽管世宗最终并没有处死杨名时，而是让他赔偿部分规费，但终世宗一朝，杨名时并没有获得赦免，始终以有罪之身待在云南，直到高宗继位后这起冤案才得以翻案平反。[4]

---

[1] 《云贵总督鄂尔泰奏覆为杨名时所愚缘由并抒愚悃折》，《雍正朝汉文朱批奏折汇编》第11册，第860页。

[2] 《刑部左侍郎黄炳等奏报遵旨会审杨名时徇情营私一案情形折》，《雍正朝汉文朱批奏折汇编》第11册，第65页。

[3] 《刑部左侍郎黄炳等奏报遵旨会审杨名时徇情营私一案情形折》，《雍正朝汉文朱批奏折汇编》第11册，第65页。

[4] 《谕总理事务大臣著行文宣召原任尚书杨名时来京陛见》，《雍正朝汉文朱批谕旨汇编》第2册，第272页。

世宗的这一做法，现在看来无疑是一种处心积虑的治吏手段，旨在整治如杨名时一样，用为公、为民当借口而对皇帝"不知感畏"的官员。① 由此可以明显看出，世宗一再宣扬"公诚论"，实际上是一种披上了儒家思想外衣的君主辞令，他最根本的目的，是让臣僚心甘情愿地成为他的仆从，从而在所有世宗期望展现自身威望与治绩的时候有所助力，并在一切对世宗不利的问题中保持绝对的忠诚，唯有这样的臣僚，才可以获得世宗的青睐与信任。世宗所信任的心腹，如怡亲王允祥、鄂尔泰、田文镜、李卫、张廷玉等，都是符合这一标准的。观察到了这一点，我们也就不难看出世宗在吏治问题上究竟是持何种态度了。

四　世宗治滇的目的及治吏思想

当满人以征服者的身份跨过长城，马刀与火炮便是统治权力最有效的凭借。而 18 世纪以来，随着清朝实现了统一，国家发展迫切需要稳定的政治环境，以武力统御臣民的方式显然已经不再那么有效了，汉化与文治是统治者的必然选择。而汉化所带来的一个重要影响就是：一旦统治者不遵从儒家意识的要求，他就有可能失去统治天下的资格。世宗的困境在于，他在统治合法性的问题上受到了来自传统儒家道德的质疑，而他却又要坚定不移地维护儒家思想的主流地位来巩固自己的统治。因此，对于世宗而言，证明自身统治的合理合法成为头

---

① 《云贵总督鄂尔泰奏覆为杨名时所愬缘由并抒愚悃折》，载："杨名时五年来，朕以至诚格之，奈伊狼子野性，毫不知感畏。"《雍正朝汉文朱批奏折汇编》第 11 册，第 860 页。

第三章 雍乾时期君主统治思想及其表现 | 107

等大事，围绕着这一点，他的政治行为便都有了合理的解释：终雍正之世，世宗始终致力于强化君权统治，他大力改土归流、整饬吏治、谕令耗羡归公，又创立密折制度、秘密立储制度，此外，他还大搞祥瑞，强调君臣大义、宣扬公诚论，实质上都是为了树立自身权势。

虽然康熙末年那场残酷的帝位之争已告一段落，但兄弟的绝情与悖逆、臣僚的抵触与背叛、民众的非议与质疑，还是令世宗的统治陷于极为不利的处境当中。在这种处境之下，世宗清醒地认识到，仅仅宣扬大义与公诚是完全不够的，还需要采取其他的治吏手段，以此强化自身的地位和统治的稳定。作为一种"上承天命"的表现，西南地区特别是云南接连出现的祥瑞成为他证明自身统治合法性的一种手段，而之所以会选择云南，与鄂尔泰在当地成功的改土归流是息息相关的。

所谓祥瑞，只不过是一些较为罕见（有些甚至是常见）的自然现象，但在中国传统社会，却被视作"天"对于统治者的一种肯定和表彰。对于世宗而言，更是一种借天意而理人事的手段，用祥瑞来证明自己得统之正。也就是说，既然上天用祥瑞来赏赐世宗，他继位自然是合法的。当象征着国家受到上天福佑的祥瑞在云南出现，如曾静所称的"天运衰微、天震地怒""山崩川竭、地暗天昏"之类的谣言也就不攻自破了，这是对那些反对世宗之人的最好回击。

但是，祥瑞仅仅是一种象征，它也不能从根本上解决世宗的合法性危机。在祥瑞频现这一历史事件中，世宗与鄂尔泰君臣二人的表现十分值得玩味。事实上，世宗对鄂尔泰的倚重是显而易见的。其中固然有君臣二人相互信任、彼此帮扶的因素在起作用，但最本质的原因则在于，世宗期望通过完成某种伟大的政绩来塑造自己英明帝王的形象，并建立起个人的威望。因此自继位以来，他便对西南地区的改土归流寄以厚望。鄂尔泰在群臣之中脱颖而出，有力地领导并执行了清朝对西南地区的改土归流计划，这样的政绩是无可替代的，世宗本人的英明形象也因此被树立起来。

雍正朝除了改土归流以外，另一项重要的政治活动就是对吏治的整饬。世宗对官员的惩处范围极广，人数极多，在湖南地区甚至一度出现官员多半被参劾的情况。[①]这些官员因各种原因被训斥、警告、革退乃至抄家。其中有如苏州织造李煦、原山西巡抚诺岷等与八阿哥集团有直接或间接关系的政敌属员，还有诸如原河道总督赵世显、原山西巡抚苏克济等因婪赃勒索、亏空钱粮而被查办的贪官污吏。更有甚者则被直接处死：终世宗一朝，二品以上不法官员被判处死刑的共有十一人之多，[②]被处死者既有像年羹尧这样的心腹之臣，也有如阿尔松阿这样的政敌下属，还有查嗣庭这样因文字狱而获死罪者，以及刘世明这样因贪婪索贿而被诛杀的贪官——世宗对贪官的惩治是最为严厉的，一律从重处罚，这理应是出于澄清吏治的考量。自康熙末年以来，官僚群体急剧走向腐败：一方面，清圣祖晚年"保泰图安"[③]的执政理念直接导致了全国上下的亏空之风，另一方面，官员的低俸也使

---

① 中国第一历史档案馆编《雍正朝起居注册》第1册，三年四月二十一日，中华书局影印版，1993，第485—486页。

② （清）朱彭寿：《旧典备征》卷五《大臣罹法》，中华书局，1982，第123页。此处所指被处死的十一名二品以上官员分别是：年羹尧、鄂伦岱、阿尔松阿、查嗣庭、陈泰、马尔赛、李秋、阿三、纪成斌、曹勤、刘世明。

③ 《清圣祖实录》卷二九九，康熙六十一年九月戊寅。

第三章 雍乾时期君主统治思想及其表现 | 109

得官场中的陋规、私派、贿赂等弊政有所抬头。世宗继位后,通过建立养廉银制度提高了官员的收入,同时也加重了对贪官的惩处力度,动辄见杀,雍正年间先后有十五名贪官被正典刑,[①] 世宗惩处官员的严厉程度可见一斑。这仅仅是被处刑的贪官数目,而未直接处刑但仍死于狱中的官员也不在少数,原河道总督赵世显便是一例。[②]

如果仅仅把世宗整饬吏治的行为看作反对贪腐,是不够全面的。世宗严厉惩处不法官员,固然有肃清吏治的用意,但最根本的目的仍然是清除官僚队伍中的不合作者,继而强化君权,巩固统治。应该说,他在整饬吏治上的坚决掺杂了许多政治私心。对于对自己不忠或者不以为然的官员,世宗选择以整饬吏治为借口,对他们进行严厉的惩处。杨名时即是最直观的例子,类似者还有李绂。从这类官员的遭遇我们可以看出,隆科多、年羹尧、曾静等案件发生以来,世宗对臣僚和百姓抱有极大的不信任感,一旦有类如杨名时这样牵涉"朋党"或"不知感畏"的官员,势必会受到世宗的严惩。

对臣僚的严猛管制在一定程度上缓解了世宗的统治压力,令臣僚对他唯命是从。同时,从整饬官风的成效来看,世宗的行为也在一定程度上澄清了吏治,缓解了腐败。但是,严猛治吏的方式事实上也造成了臣僚们普遍的惶恐不安,君臣关系紧张,官员的频繁更换也加深了百姓对于官员的质疑和不信任。世宗严猛为政的手段事实上与儒家思想所推崇的"宽仁"为政思想是相悖的,这也是后世史家对于世宗的功绩始终不以为然的重要原因。

---

① 《清高宗实录》卷二九九,乾隆十二年九月庚戌。
② (清)萧奭:《永宪录》卷二,第150页。

终世宗一朝，这种严猛的施政态度始终没有发生改变。通过这一系列的行为，世宗极大强化了君权，严格了对臣僚的政治控制，最终将君主独裁推到了历史上前所未有的高度。在随之而来的乾隆时代，尽管高宗改变了世宗朝以来的施政方式，但君主专制体制却沿着世宗刻画的轨迹走向了不可逆转的极端——当君主的独裁专制达到它的顶峰，君权社会下的"盛世"也就随之到来了。

第三节　高宗的初政与盛世

经过世宗十余年的治理，国家在文化、政治、经济、军事等方面均有极大发展。时代的力量即将把清朝推向传统时代的顶峰。但是，世宗并没有机会目睹这一切，在雍正十三年的八月，这位勤政的皇帝毫无征兆地崩逝，将全部的成就都留给了自己的继承者。彼时仅有二十四岁的皇四子弘历，也就是曾经的宝亲王，在世宗驾崩之后继位，成为清朝的新皇帝，他便是清高宗。次年，高宗改元乾隆，清朝步入了恢宏而强盛的乾隆时代。

与他的父亲不同，高宗的继位可谓是顺理成章。这首先得益于圣祖对他的重视与偏爱，[1]其次则是凭借了世宗创设的秘密立储制度。

---

[1] （清）昭梿：《啸亭杂录》卷一《圣祖识纯皇》，中华书局，1997，第13页。载："纯皇少时，天资凝重，六龄即能诵《爱莲说》。圣祖初见于藩邸牡丹台，喜曰：'此子福过于余。'乃命育诸禁庭，朝夕训迪，过于诸皇孙。尝扈从之木兰，圣祖枪中熊仆，命纯皇往射，欲围即获熊之名旦。纯皇甫上马，熊复立起，圣祖复发枪殪之。归谕诸妃嫔曰：'此子诚为有福，使伊至熊前而熊立起，更成何事体？'由是益加宠爱，而燕翼之贻谋因之而定也。"

第三章 雍乾时期君主统治思想及其表现

世宗终其一生都陷于帝位合法性危机中,为了避免这一情况在他的继承者身上再次上演,他对于立储做出了重要改革,秘密设立储君并将他的名字藏在"正大光明"牌匾后的锦盒内,这就是秘密立储制。由于这一制度的出现,皇子争位的行为从根本上得以避免。这为高宗的继位扫除了障碍,也为他继位后的初政提供了良好的政治环境。

高宗本人在年少时受到过最好也是最严格的教育,其中包括儒家思想、行政技能、军事技能以及文学和书法等一系列训练。与生俱来的聪颖与这些严格的后天教育为高宗日后成为一位有为的君主提供了必要的保证。对于他来说,如何在多变而复杂的政治环境中施展自己的政治理想,是这一阶段首先需要面对的问题。与世宗相比,他在继位之初既不需要面对政敌的威胁,也没有受到各界舆论的怀疑和掣肘,这样的内部政治环境无疑是有利于统治的。但是,随着世宗的突然驾崩,统治者的重担已经完完全全地落在了高宗的身上。从皇子变为皇帝,对于青年时期的高宗来说,未尝不是一个沉重的负担。与世宗的遗产相对应的,同时还有他生前诸多未竟的事业。于外而言,彼时西南地区因改土归流而引发了苗疆的叛乱;西北地区的蒙古准噶尔部刚刚与清停战,准备议定双方边界。而就内部来看,雍正朝长久以来的严猛政策使臣僚大多保有惶恐的心态;以鄂尔泰、张廷玉等世宗朝宠臣为首的党派已渐成气候,势同水火。对于此时的高宗而言,继位后所面临的挑战绝不像他在身为皇子时想象的那样,可以轻松自如地应对。在这样的历史节点,有两件事情亟待高宗去完成,那就是:维护满人对国家的统治地位,树立自己在官僚群体中的绝对权威。而正是在处理这两件事情的过程中，高宗的统治思想逐渐形成了。

一 高宗对思想文化的控制

年轻而不失威严，仁厚而又不缺乏理性——刚刚继位的高宗试图显示出这样一种姿态。时值雍正十三年十月八日，彼时已是冬天，紫禁城中一片肃穆，高宗照例在雍和宫向世宗的梓宫进行了供祭。[①] 世宗驾崩已近两月，但相关的悼念活动并未完全终止。当供祭的仪式完成后，高宗又前往皇太后宫中问安——自继位以来，高宗每天都重复着这些行为，一切和往常看起来并没有什么不同。

当这些活动结束之后，高宗开始了当日的工作。在这一天中，高宗发出了两道谕旨，都与一些旧事有关。第一道谕令是关于阿其那（允禩）和塞思黑（允禟）的，内容读来略显含蓄。据高宗称，数年前阿、赛二人因不忠不孝而获罪，在诸王大臣的再三请求下，世宗革除了二人的宗籍，但这并不是世宗的本意，于是现在请诸王大臣各抒己见，商议此事应该如何重新议处。而另一道上谕则是关于曾静的。高宗明确指出，曾静大逆不道，需要明正其罪，以泄臣民之愤。他谕令湖广督抚，将曾静、张熙二人"即行锁拿，遴选干员，解京候审"。[②]

高宗强调，阿其那、塞思黑二人虽获罪，但他们的后人是圣祖的

---

① 《清高宗实录》卷四，雍正十三年十月癸酉。
② 《清高宗实录》卷四，雍正十三年十月癸酉。

第三章 雍乾时期君主统治思想及其表现

子孙支派,如果屏除宗牒之外,则与庶民无异,这不是世宗的本意;而曾静、张熙这样的大逆之徒,则不应该继续用仁慈的方式来对待。这两道上谕的颁布,令朝臣发觉新君即将有所动作,对当下的政治环境进行某种改革。尽管对于那些一直身处世宗高压政策下的大臣们来说,这未尝不是一件好事,但此时高宗在这两道上谕中所表现出的态度,却势必会令他们感到惊讶。在世宗的遗诏中,新君的仁孝被一再提及,而高宗此时的作为却无疑是一种对世宗的直接否定:他完全推翻了世宗对于这两起重要案件的处理方式。严格来说,这是一种可以被视作"不孝"的忤逆行为,一旦被冠以这样的罪名,高宗将要面临的道德审判和政治压力,绝不会比世宗为轻。

在以儒家思想为核心的传统社会中,道德标准是至高无上的。而在所有的道德标准中,"孝"又被视作最为重要的一项,自古以来便被认为是治理国家的基础。儒家经典《孝经》上称:"夫孝,德之本也,人之行莫大于孝,故为德本。"[①]《礼记》称:"所谓治国必先齐其家也:其家不可教,而能教人者,无之。故君子不出家,而成教于国。孝者,所以事君也。"[②] 自幼便接受儒家思想教育的高宗,对于这些道德标准是十分熟悉的。尽管他宣称这些行为都是出于世宗的遗愿,但他仍然无法完全摆脱受到舆论指责的风险。对于此时的他来说,冒着这样的风险来否定世宗,目的究竟是什么呢?

首先自然是为了清除有关清廷的不利言论。尽管尚未改元,但雍正时代已经随着世宗驾崩而结束,自康熙末年以来的皇位之争也成为

---

① 《十三经注疏》第 12 册《孝经注疏》卷一《开宗明义章第一》,第 2 页。
② 《十三经注疏》第 6 册《礼记正义》卷六〇《大学第四十二》,第 1592 页。

历史，高宗在继位之初便下定决心，要为这件事彻底画上句号，以此来消除民间因非议此事而造成的不良影响。雍正年间，世宗颁行《大义觉迷录》一书的目的在于证明自己继位的合法性。而到了高宗执政阶段，这种困扰世宗的合法性的危机已经不复存在，《大义觉迷录》一书中所牵涉的诸多皇族旧事无论是非曲直，都严重影响着统治者的形象，而民间对于世宗继位一事的猜测和演绎也并未因为此书的颁行而消失，反而愈演愈烈。曾静被世宗免除了死罪，作为该案的始作俑者，他认罪获释后一直奉命在各地对世宗的《大义觉迷录》一书进行宣讲。所以，只要不除掉曾静，有关世宗继位合法性的猜测和怀疑就一日不会停止。在高宗看来，与其放任民间对此事的评论，不如除掉曾静并彻底禁毁此书，以此来防微杜渐。此外，对阿其那、塞思黑等的宽免也显示出了与世宗政敌和解的态度，避免此事持续发酵。

其次则是为了彰显自己的仁慈与高尚。高宗试图以家长的身份弥合皇室成员之间的关系，以此来提高皇族的凝聚力。尽管这还并不足以让皇族成员之间完全消除成见，但确实有效地减少了仇恨与对抗，并且持续为皇族内部的稳定发挥积极作用。在雍正年间，这样的和解几乎不可能发生，这直接关系到世宗帝位的合法与否，而世宗对皇族的处置方式又不可避免地令他的形象受到严重影响。但对于高宗而言，这恰恰是提高自身形象的一种途径。

雍正十三年十一月，阿其那、塞思黑二人子孙得到高宗赦免，给予红带，收入皇族玉牒。这似乎标志着康熙末年争立一事的彻底终结。借此机会，高宗向诸王贝勒贝子等颁布一道谕令，阐明了"亲亲之道"。① 从本质上说,尽管过程看起来充满了对世宗的不敬,但高宗的做法确实稳定了民心,并在某种程度上缓和了皇族的内部矛盾。在高宗看来,家族内部的团结是治国的根本,所谓"治国必先齐其家也"。当他获得了来自家族内部的完全支持,才可以把权力运用到极致,在未来进一步的改革中减少掣肘。

时隔一月之后,曾静、张熙二人被押赴京城。高宗谕令刑部以大逆罪将二人凌迟处死。② 随后不久,高宗又下令收缴《大义觉迷录》,将之与吕留良的著述一并禁毁。历时近十年的曾静投书案最终以这样一种方式宣告结束。有关世宗的各种传闻和那些记载了有关"夷夏有别"的文字一起被禁止传播——对于高宗来说,与其像世宗那样对自身合法性做出解释,不如简单地彻底禁止这样的议论。同时,有关满人统治合法性的怀疑在思想层面被禁止了,高宗将议论此事本身列为一种禁忌,要求民间思想与统治者的要求保持完全统一。

从曾静案的结局中我们可以看出,反清思想或许不会消失,但可以被监视和控制。在乾隆朝的盛世到来之时,我们无法忽视这样一个结果:高宗通过缓和皇族矛盾、施行文化控制政策(如大兴文字狱)带来的实际效果,远比世宗的严猛为政以及努力自辩要有用得多。正是由于高宗加强了对思想和文化的控制,满人的统治地位才最终得到了完全确立。我们可以在这里看出,乾隆年间出现的文治与盛世,首先是与文化思想控制密不可分的。

---

① 《清高宗实录》卷七,雍正十三年十一月癸亥。
② 《清高宗实录》卷九,雍正十三年十二月甲申。

二 高宗对臣僚的控制

雍正十三年十月，世宗遗诏到达云南。史载彼时"官民哭临于五华山"。① 与遗诏一起送达的，还有高宗宣召前云贵总督杨名时进京陛见的上谕：

> 谕总理事务王大臣：原任尚书杨名时，为人诚朴，品行端方。皇考原欲召令来京，未曾降旨。著该部行文，宣召来京陛见。②

在乾隆元年二月，已七十六岁高龄的杨名时到达京城，高宗加封他礼部尚书衔，监管国子监祭酒事，在尚书房课读，并南书房行走。③ 杨名时由此得到了完全的平反。

杨名时并非唯一的平反者。在他之后，汪景祺、查嗣庭、李维钧、蔡珽、谢济世、张楷、彭维新等一大批在雍正年间获罪的官员也逐一得到平反。与此同时，诸多世宗朝颁行的政策也被取消，如罢开垦、停纳捐、免赋役、撤铜禁——高宗一改雍正年间的严猛政风，大力恢复康熙年间的宽仁传统。在一系列谕令背后，高宗显露出了一种要对前朝政治大范围进行整改的姿态。于是一时之间，官员们感到政

---

① 《滇云历年传》卷一二，第625页。
② 《谕总理事务大臣著行文宣召原任尚书杨名时来京陛见》，《雍正朝汉文朱批谕旨汇编》第2册，第272页。
③ 《清高宗实录》卷一三，乾隆元年二月庚辰。

治关系大为缓和,并开始对雍正朝的政治展开广泛的批评。对于这些经历了世宗在位时严猛为政的官员而言,有太多令他感到不安的问题和受制的政策需要进行改革。于是,凡在世宗朝受到支持的政策,几乎都受到了不同程度的批评和反对。刚刚继位的高宗也十分乐于通过这样的改革来证明自己的英明以及与父亲的不同,除此之外,他也感到自己需要通过这样的方式来抚慰官员,以此收服人心。

高宗一方面大力改变世宗的政策,另一方面又将这些改革的原因归为世宗的遗愿。这样的策略是睿智的,但也并非无懈可击。原任河东总督王士俊便在奏折中指责道:

> 近日条陈,惟在翻驳前案,甚有对众扬言,只须将世宗时事翻案,即系好条陈。传之天下,甚骇听闻。①

在看到这份奏折后,高宗极为震怒,立即将王士俊革职下狱,判处斩监候。②最终,王士俊虽未被执刑,但仍被削籍为民,终生不得复用。其实王士俊的批评不可谓不准确,他确实直接指出了时政的要害。但是,彼时世宗尚未下葬,王士俊的指责无疑让高宗背上了"不孝"的罪名。这对于高宗来说是不可接受的。

高宗一改前政,除了因为需要缓和政治关系以外,还有另一个隐藏的目的,那便是确立自己在臣僚心目中的绝对地位。乾隆初年,官

---

① 《清史列传》第3册《大臣画一传档正编十五》卷一八,台北,明文书局,1985,第141页。

② 《清史列传》第3册《大臣画一传档正编十五》卷一八,第144页。

僚群体中的朋党现象开始重新显现，其中最具代表性的人物便是张廷玉与鄂尔泰。作为世宗生前最为倚重的两名臣子，鄂尔泰和张廷玉皆身兼要职，位极人臣。世宗曾多次在公开场合称赞二人的勤勉与忠诚。但除了干练与忠心之外，身居要职往往也意味着相互倾轧甚至欺君罔上。高宗继位之初，二人受世宗遗命辅佐高宗，成为满、汉官僚阵营的领袖，朝中官员无不趋附，一时间，朝臣大多分属张、鄂二人门中，相互倾轧。高宗曾明确指出："满洲则思依附鄂尔泰，汉人则思依附张廷玉。"[①] 这种现象实际上严重妨碍了高宗的统治，为其完全控制臣僚造成了不必要的障碍。

　　高宗在继位之初，并没有直接对此事做出处置。这是由于，张、鄂二人是先帝最为重视的老臣，功勋卓著，而张廷玉同时又身为高宗的老师。此时的高宗无法也不能直接进行弹压或惩处，否则必定会损害自身的宽仁形象，引起人心浮动。因此，高宗采取了以退为进的策略，一面缓和与前朝臣僚的关系，一面拉拢和抑制张、鄂势力，逐渐完成臣僚的新旧更替。他首先惩治的是鄂尔泰。乾隆七年，鄂尔泰之子鄂容安与门生仲永檀结党一事被高宗察觉，二人皆受到严惩。高宗就此事对鄂尔泰进行了极为严厉的申饬。他指出："仲永檀如此不端之人，鄂尔泰于朕前屡奏其端正直率，则党庇之处，已属显然……鄂尔泰自思之，朕从前能用汝，今日能宽汝，将来独不能重治之罪乎！"[②] 鄂尔泰经此一事，势力大不如前，门户逐渐瓦解。而对于自己的老师张廷玉，高宗则等待了更长的时间。乾隆十三年，张廷玉以年老为由

[①] 《清高宗实录》卷一一四，乾隆五年四月甲戌。
[②] 《清高宗实录》卷一八一，乾隆七年十二月癸卯。

第三章 雍乾时期君主统治思想及其表现

致仕，请高宗承诺在他死后依世宗遗命将他配享太庙。以此为契机，高宗找到机会接连对张进行了一系列的惩戒，既剥夺了他配享太庙的资格，又追缴了他历年来收到的全部恩赐物品。张廷玉声名扫地，不久后病死。尽管高宗最终仍恢复了他配享太庙的资格，但张廷玉的势力已经完全被瓦解了。

高宗晚年时回忆起张、鄂二人，认为鄂尔泰"好虚誉而近于骄者"，而张廷玉则是"善自谨而近于懦者"。[①] 对于张廷玉，高宗既感念了他的好处，同时也提及了自己的惋惜。皇权对于朋党始终是最为忌讳的，臣僚所拥有的权力和影响力如果不断凝聚，会对皇权产生严重的影响，甚至会进一步导致权臣的出现，继而对皇帝的地位产生直接威胁。所以，为了维护自身的统治，皇帝不得不加强对臣僚的政治控制。换言之，为避免臣僚的不忠、不敬等行为，皇帝必须利用各种手段对他们进行惩戒，以此来维护自身权力的至高无上。高宗在继位之后，急于建立属于自己的一套政治体系，强化对臣僚的控制仅仅是他的政治理想中需要完成的第一个任务。当张、鄂二人的势力在高宗的打击下被瓦解，雍乾时期政治体系也完成了过渡。高宗获得了在臣僚中绝对的统治地位，雍正时代遗留下的臣僚与君权的冲突由此得到了缓和。但是，当我们对高宗在乾隆中后期全国范围的吏治腐败问题中的全部所作所为进行考察时，可以看出，高宗似乎并没有预料到自己加强对臣僚的控制会对未来造成何种影响。

高宗早期对官员的宽仁以及朋党的警惕，显示出了他对于雍正

---

① 《清高宗实录》卷一二二四，乾隆五十年二月丁亥。

时期臣僚问题的全部理解以及忧虑。在他看来，雍正时期严惩官员使君主逐渐失去了臣子的拥戴，而自己对官员的一味宽纵则会导致大臣有恃无恐，甚至令自己逐渐失去对他们的控制。如鄂尔泰、张廷玉这种深受君恩的三朝老臣都会结党营私，更不用说那些新晋的大小官员了。如果说宽仁为政的结局是皇权失去至高无上的地位，那么这与高宗的政治理想是完全悖离的。我们可以直观看出这一时期的高宗在对待官员的态度上一直摇摆不定。这种摇摆在许多年后才逐渐消失——高宗在多年的执政中掌握了一套治理官员的手段，即宽严相济，赏罚兼施。尽管这套手段帮助高宗在其统治生涯中牢牢控制了整个官僚体系，但同时也带来了官僚体系的巨大变化。

这并非某种猜测，在帝制时代背景下，君主的统治思想的变化轨迹与国家政治活动的轨迹原本就是完全吻合的。以高宗初政为标志，他在"宽""严"问题上的选择，正在十分深刻地影响着清朝的官场文化与政治结构，高宗对世宗朝政策的调整，直接导致了大小官员在一系列行政活动中态度与行为的变化，并进一步催生了 18 世纪后期全国各地频发的吏治废坏问题。官员为了迎合上意，往往会趋炎附势，弄虚作假，而腐败也伴随官场陋规的出现而逐渐加深。以此为开端，清朝的吏治中的一系列问题，在各级行政活动中渐渐显现，并逐步在全国范围内的官场中蔓延。以云南为例，自乾隆十五年开始，短短三十年间，接连发生了多起督抚一级官员贪腐案件，我们将在接下来的几章中对这些案件进行全面的考察和分析。

第四章
《大清律例》惩贪评述
——以图尔炳阿案为例

乾隆十四年，时任户部尚书舒穆禄·舒赫德，奉高宗上谕，查阅贵州、云南营伍军装，并顺路查看金沙江水道的整治情况。金沙江绵延千里，由云南的武定府一直流淌至四川叙州府，这条水道虽水急滩险，却是连接西南交通的一条重要通道。乾隆五年中，高宗接受了时任云贵总督庆复的奏议，开凿整治金沙江河道，以便运输滇铜进京——尽管高宗自继位以来对世宗朝的政策多有更改，但是继续开发云南地区这一政策却始终予以保留。金沙江工程由云南总督张允随主持，自乾隆五年起动工，历时八年，至乾隆十三年方告结束。而此时高宗委派舒赫德前往当地，目的便在于对这项工程进行查验。除了查验工程以外，高宗还传达给舒赫德另外一个任务，那就是：详细查访该工程中是否存在相关人员粉饰侵渔的情况。①

舒赫德即刻由成都出发，前往滇省。钦差将至的消息传来，各级官员自然不敢怠慢，时任云南布政使宫尔劝向云贵总督张允随上报请示，令沿途各属县动用府库银两修理道路，建盖公馆。②张允随批准后，沿途六县动用库银，为舒赫德在所到之处修建暂住公馆。舒赫德历时数月，沿大凉山一带顺金沙江而上，对沿途水道进行查验。

在高宗看来，金沙江"巨石层滩，湍流奔激。铜沉船损，难收利

---

① 《清高宗实录》卷三三五，乾隆十四年二月庚子。
② 《清高宗实录》卷三七五，乾隆十五年十月丁酉。

济之功。即所称节省运费，亦大概有名无实"。此工程"历年糜费帑项"，实际的主持者总督张允随难辞其咎。但高宗同时又表示，张允随"在滇年久尚数干练"，而且金沙江工程原系鄂尔泰与庆复所倡，因此，高宗传谕张允随"安心守职"。①

当年五月，舒赫德完成了对金沙江工程的查勘，并将详细的情况向高宗进行了汇报。他在奏折中称：

> 履勘金沙江，从前新柱、尹继善等，会勘议修。自新开滩至黄草坪五百八十余里，实有益应留之工；其从前奏停，经滇督奏开之蜈蚣岭等十五滩，则有损无益，现仍须陆运。滇督办理此事竟有附会错误之处。②

在接到舒赫德的奏折后，高宗谕令张允随等对工程糜费进行弥补。史载：

> 在张允随因鄂尔泰，立意兴举钜工，遂尔附和，固难辞咎。但念伊久任苗疆，办理诸务，尚为妥协，若因此事遽加严谴，未免可惜。且此案所有糜费帑项，例应著赔。今从宽令张允随在任弥补，既可陆续清还，亦于事理允协。③

---

① 《清高宗实录》卷三三九，乾隆十四年四月丙午。
② 《清高宗实录》卷三四一，乾隆十四年五月癸亥。
③ 《清高宗实录》卷三四一，乾隆十四年五月癸亥。

工程的状况得到了确认，亏损的费用也确定了补偿途径，金沙江工程一事似乎得到了圆满的解决。高宗对于舒赫德此次巡查感到十分满意。①舒赫德在完成了作为钦差的使命之后，随即转道前往贵州。滇省的官员们送走了钦差，暗自松了一口气，而他们此时并没有意识到，一场官场剧变已就此埋下了伏笔。

第一节　滇省亏空案始末

乾隆十五年正月初三日，高宗因张廷玉致仕后大学士员缺，谕令云贵总督张允随入京，补授大学士。而云贵总督一职则由硕色调补。②

硕色，满洲正黄旗人，乌雅氏。雍正初由候补小京官授户部主事，后不断升迁，历任西安按察使、西安布政使、陕西巡抚、四川巡抚、山东巡抚、河南巡抚、两广总督等职。③在调任云贵总督之前，硕色正在两广总督任上。事实上硕色担任两广总督仅不足半年，离任后即受到继任者陈大受参劾，称其在任时有徇庇粮驿道明福婪赃之事。④高宗由此对硕色的作为十分不满。当年，硕色抵达云南，将自广州至昆明沿途所见营伍情形向高宗上奏，高宗在发还的上谕中说道：

---

① 《清高宗实录》卷三四一，乾隆十四年五月癸亥。
② 《清高宗实录》卷三五六，乾隆十五年正月丁未。
③ （清）李桓辑《国朝耆献类征初编》卷一七一《疆臣二十三·硕色》，第469—480页。
④ （清）李桓辑《国朝耆献类征初编》卷一七一《疆臣二十三·硕色》，第477页。乾隆十五年，高宗接到陈大受参劾硕色的奏折。高宗随即以硕色"素性柔懦，诸事含糊"为由，交部严加议处，最终硕色降三级留任。从前后时间的对照关系来看，下文中高宗所谓"诸凡不及"，当指此事。

> 汝在广东，已属诸凡不及。兹任若不黾勉改过，勿再希恩矣！①

这样的训斥不可谓不重。硕色此时势必承受着不小的压力，他亟须做出一些成绩，使高宗改变对自己的看法。

是年九月，高宗收到了一份来自硕色的奏折。内容是硕色参奏休致驿盐道郭振仪亏缺盐斤银两一事。在看过奏折内容后，高宗在上谕中表示，郭振仪之事并不令他感到意外。滇省"地处边远，办理盐务，率多牵混。往往借通融之名，额外婪取"，硕色此次能够据实奏报，"似知振作"。②但高宗又接着指出，硕色本是"因循怠玩之人"，而郭振仪又是云南巡抚图尔炳阿的下属，如果依照"督参抚审"的惯例进行处理的话，难保图尔炳阿不会在其中徇私。因此，此案将另派贵州巡抚爱必达查办。③

时隔一月余，硕色又向高宗呈送了另一份奏折，他在奏折中参劾云南巡抚图尔炳阿有徇私舞弊，为属县官员弥补亏空之行为。高宗在接到奏折后，很快发出了一道上谕，他在上谕中写道：

> 据云贵总督硕色参奏：巡抚图尔炳阿，于永善县知县杨茂亏空一案，与布政使宫尔劝、知府金文宗通同舞弊，代为弥补等

---

① 《清高宗实录》卷三六七，乾隆十五年六月庚子。
② 《清高宗实录》卷三七二，乾隆十五年九月癸卯。
③ 《清高宗实录》卷三七二，乾隆十五年九月癸卯。

第四章 《大清律例》惩贪评述

语。杨茂亏空银米，至七千余两之多，而以钦差旷日迟久，需用甚多为辞。在舒赫德等，奉差阅兵，路经数省，所过不止一县，俱不闻另有供应，何独永善县用至七千余两？此理之所难信，亦事之所必无。即如从前奉天臧根嵩等，侵盗钱粮，盈千累万，俱云办差需费。及朕特差大臣前往查审，则实系侵欺，毫无冤抑，即本犯亦俯首无辞。可知侵贪之吏，借名推卸，乃其常技。杨茂之托言钦差需费，亦复如是。该上司既不能觉察于平时，及其败露，自应即行严参究追。乃知府则代请弥补，藩司即擅动官项。上下扶同，徇私舞弊，实出意外。非重惩不足以示儆。图尔炳阿身为巡抚，竟行批结，其欺隐徇庇，罪实难逭。图尔炳阿著革职，拿交刑部治罪。宫尔劝、金文宗，俱著革职，交该督抚严审定拟具奏。[1]

这份上谕的内容十分奇特。无论高宗对此事的处置是出于何种目的，他此时似乎已经将"亏空"和"侵贪"完全联系了起来，换言之，在高宗看来，只要地方上存在亏空，那么官员的侵贪便是必然之事。这是不是高宗的一种误解？这个问题尚不好妄做评论。但高宗此时仅凭硕色的一面之词，便将一省之巡抚及布政使革职查办，难免武断之嫌。此外，高宗先前对硕色再三训斥，而此时这一情况却忽然发生了巨大的改变。这不由得令人联想到，高宗似乎正在引导硕色对云南的官场进行一次清查与整顿。

---

[1] 《清高宗实录》卷三七四，乾隆十五年十月甲申。

随着高宗谕令的下达,在接下来的数月中,针对图尔炳阿、宫尔劝通同舞弊亏空一案的审查迅速展开:图尔炳阿锁拿解京,交刑部审讯;宫尔劝革职后,交由总督硕色进行严查。[①] 两名二品高官的落马似乎坐实了该起滇省亏空案,而高宗也据此确信,此时的云南正如自己所预料的那样,存在十分严重的官员腐败问题。

一 钦差对案件的审办

乾隆十六年,高宗开始了自己的首次南巡。[②] 正月二十九日,原云南巡抚图尔炳阿被押解至京,由刑部展开审查。作为滇省亏空案中所牵涉到职位最高的官员,图尔炳阿的供词对于此案的定性与判决显得至关重要。为此,时任刑部尚书阿克敦同都察院、大理寺的官员一起,对图尔炳阿展开了审讯——这样的审讯形式被称为三司会审,是清代最高规格的司法审判。在刑部的大堂上,作为主审官员的刑部尚书阿克敦对图尔炳阿展开了详细的讯问:

> **阿克敦**:图尔炳阿,你身任巡抚,又经署理总督,察吏是你专责,如何于通省吏治全不留心整顿,一任属员侵贪坏法?如署永善县知县郑景详揭,故令杨茂亏空银米七千六百余两,你并不题参,反面谕署县设法弥补。至宫尔劝、郭振仪系司道大员,现

---

① 《清高宗实录》卷三七四,乾隆十五年十月甲申。
② 《清高宗实录》卷三八〇,乾隆十六年正月辛亥。载:"奉皇太后南巡。车驾发京师。"

在侵蚀累累，你若非知情故纵，何至如此漫无觉察，据实供来。

图尔炳阿：……据署县郑景同昭通府知府金文宗禀称，杨茂因办理钦差看江阅兵，以致亏空粮米七千六百余两，请将闲欵准销等因。犯官当以钦差需用何至如许浩繁，屡饬司道严查。去后嗣据布政使宫尔劝等屡次详称，该员办差那用闲欵银两属实，恳请准销。犯官止量准了办差银三千两，其余亏缺银米四千余两仍不准开销，这是有案可查的……宫尔劝已于粮道任内，经升任总督张允随保举卓异进京，至十三年二月间，始到布政使任的，我与他共事两年，实不知他有侵蚀的事。但宫尔劝在滇年久，或历任另有侵蚀事，我不能访查指参，即是我罪了……郭振仪被总督硕色题参的，我于折参郭振仪年老之时，不能将伊亏缺盐斤查出指参，这就是我昏愦糊涂，实无可辨处。

阿克敦：地方凡有盈余，俱系公项，如何有不报部的闲欵？你身任巡抚，知府则禀请开销，司道则擅议抵补，可见上下扶同，徇私舞弊，你须将通省共有多少闲欵银两，凡似此带人弥补的情弊，共私动过多少银两，逐一据实供来。

图尔炳阿：永善县亏空一案，原因升任总督张允随牌行该司，饬令动项垫用。后来犯官接署总督，据司道详请抵销，我批驳过两三回，终准销了三千两。除杨茂一案，那里还敢有代人动用闲欵弥补的事。至滇省闲欵，其来已久，如各属运铜盐斤，或因价值贵贱盈绌不齐；又景东抱母等井，或遇天气晴和，卤水浓长亦有盈余；又如运铜，从前俱是陆运，后来有改为水运的，节省脚价，已经归公；其额定船户口粮，或遇水发风顺，口粮间有节省。但均非一定故积为闲款。凡盐斤盈余闲款,存在盐道衙门;铜斤盈余闲款,存在粮道衙门。虽未报部,各衙门俱有交盘册可查。共有多少闲款银两,犯官实在记不得了,只求行查滇省库贮闲款银两册籍,就知道了。①

在图尔炳阿的供词中,他吐露出了这样两件事情:第一,永善县亏空的七千多两银米,最早是宫尔劝详请,并由张允随批准,已用于办理钦差阅兵,但他仅准销了三千两,这是"有案可查"的,其余四千余两亏空,则始终未批准核销;第二,滇省道司衙门,在铜、盐乃至运铜费用上皆有因经营得失而积累下的部分所谓"闲款",这些费用并未报备作为公项处置,也正是这些费用成为弥补亏空的款项来源。

在阿克敦看来,图尔炳阿的罪责在于,身为巡抚却没有行使监察职权,放纵属下挪用公款,并代为遮掩和弥补公款亏空。依照《大清律例》中"明知侵盗钱粮故纵"律的规定,阿克敦将图尔炳阿拟定为流刑。② 在当年二月末,刑部这份判决意见呈送到了正在南巡途中的高宗手中——尽管此时高宗远离京城,但并没有放松对重要行政事务的控制。高宗对刑部审讯的结果十分不满,他认为刑部判图尔炳阿流刑是"避重就轻,甚属错谬",谕令对刑部严行申饬,斥责刑部是趁

---

① 《署刑部尚书阿克敦奏覆革职滇抚图尔炳阿私动闲款销补属员亏空拟斩监候秋决》,张伟仁主编《明清档案》第 170 册,台北,联经出版事业公司,1986,第 95249 页。
② 《署刑部尚书阿克敦奏覆革职滇抚图尔炳阿私动闲款销补属员亏空拟斩监候秋决》,张伟仁主编《明清档案》第 170 册,第 95249 页。

着自己南巡之际而"疏略从事"。刑部在接到这份上谕后迅速改变了判决结果,比照"监守自盗钱粮"律判决图尔炳阿斩监候秋后处决。①

二 宫尔劝涉亏空案情节概述

在图尔炳阿被押解赴京的同时,硕色也展开了对宫尔劝的审查。这名仕滇多年的山东籍官员、昔年的恩乐知县、天子眼中"大有出息"②的官员,此时迎来了他仕宦生涯中最为艰险的时刻。

在硕色最初的审问中,宫尔劝供述了杨茂亏空一案中相关款项的来源与去向。硕色于乾隆十五年十月呈送高宗的奏折中记载道:

> 云贵总督硕色奏:上年钦差入滇阅兵,经布政使宫尔劝详请,令沿途各属动用库项,修理道路,建盖公馆。前督臣张允随等批允,以致寻甸等六州县那动银两,纷纷详请归款。复经宫尔劝议令云南楚雄、浪穹、呈贡宁州等州县,各将养廉分年扣抵。遇有升迁事故,交接任之员捐抵,亦经前督臣等批准。③

从这份奏折可以明确看出,硕色经过对宫尔劝的审讯查出,各地所动用的公款,确实是在舒赫德来滇时修建公馆所用。由于挪用公款造成亏缺,宫尔劝在请示前云贵总督张允随后,令各地州县用养廉银弥

---

① 《清高宗实录》卷三八一,乾隆十六年二月癸未。
② 秦国经主编《清代官员履历档案全编》第1册,第525页。
③ 《清高宗实录》卷三七五,乾隆十五年十月丁酉。

补。这里是否有所谓"婪赃入己"的情况？至少从亏空款项的来源和去向来看是并不存在的，为钦差入滇而修理的道路和建造的公馆便可作为依据，而批准款项用度及弥补方式的前总督张允随此时已入京供职，高宗只需稍作询问便可知晓内情。可以看出，所谓的官员侵贪钱粮只不过是高宗对此事单方面的想象而已。但高宗对此事做出的上谕却将事件引向了另一个方向：

> 查钦差阅兵，尖宿原可用寺院民房，何必创建公馆？且钱粮宜禁那移，岂得辄行动用？且复令将养廉流抵，势必辗转虚悬。况养廉原以励其操守，使不致匮乏，乃令自为弥补，势必巧取病民，或那移亏空。今若将该州县题参，则系奉有明文，不足以服其心，所有前项那动银两，应请著落擅令动用之各上司分赔清款。得旨允行。①

高宗认为，建造公馆所动用的乃是"公项"，谕令由擅自下令动用各司养廉的上司对亏空进行赔款，直接的关系人便是张允随和宫尔劝。张允随此时在北京供职，高宗令刑部对他及历任总督有无私动闲欵弥补属员亏空情弊进行严查，然而张允随却在乾隆十六年的三月间忽然病故，② 后事如何，不得而知。而对于各款项的赔补，自然便成了宫尔劝的责任。

---

① 《清高宗实录》卷三七五，乾隆十五年十月丁酉。
② （清）张允随：《张允随奏稿》，乾隆十六年三月十四日，见《云南史料丛刊》第 8 册，云南大学出版社，1999，第 772 页。

第四章 《大清律例》惩贪评述 | 133

赔补亏缺对于宫尔劝而言不过是这场苦难的开始。在硕色随后的奏折中出现了对他更为不利的证词：据称，宫尔劝在接到被革职的消息后，立刻将财产暗行转移寄顿。高宗得知这一情况之后极为愤怒，谕令硕色对宫尔劝严加查办：

> 宫尔劝任滇年久，恣意贪婪。及一闻革职之信，辄将任所资财，暗行寄顿。狡诈已极，情甚可恶。观其如此居心行事，其巧为隐匿之处必多。著传谕该督硕色，令其严行查办，务得实情，即加以刑讯，亦不足惜。如稍有宽纵，必于该督是问。①

有清一代，这种情况并不常见——三品以上官员属于"八议"中"议贵"的范畴，即便有犯罪，亦不会轻易受刑。而高宗谕令对宫尔劝施以刑讯，可见此时高宗已经完全将宫尔劝视作"狡诈"之人，必定有侵贪行为，必须使用刑讯的手段让他招供。

硕色在接到谕令后随即又对宫尔劝施行了审查，并毫无顾忌地施以刑讯。但是很明显宫尔劝并没有更多情节可以招供。乾隆十六年闰五月，当硕色再一次将审讯情况向高宗汇报之时，却受到了高宗的斥责：

> 硕色等奏至办理宫尔劝一案，甚属舛缪。前此传谕，令其严行查办者，因督等奏宫尔劝先于出署之日，暗行寄顿。夫藩臬大

---

① 《清高宗实录》卷三八一，乾隆十六年正月辛酉。

员，而怀狡诈鬼蜮伎俩，则其侵欺属实矣。是以有即加刑讯，亦不足惜之谕，并非谓无论实与不实，即当夹讯也。宫尔劝，如果在厂多收铜斤，婪索肥己，则有厂内岁入，可以彻底清查，而其囊箧亦必甚丰；如不过沿袭陋规，及家人私收加秤，则所渔利甚微，与郭振仪案等耳。今据供只收归公养廉，路耗铜斤，俱已报解充公，而其任所原籍赀产，仅止此数，已大概可知。何用加之夹讯乎？且奏内称严加刑讯，又称刑讯再三，茹刑不承，徒办成刻酷之形。意谓奉旨刑讯，无论虚实，不敢不加之三木。究之外省办事，祇（只）应虚名。虽满纸张皇，焉知非以套夹塞责，转使无知之辈，谓将布政使用刑严讯，乃因查追家产，滋传闻窃议之端。硕色等如此办理，甚属不知轻重，著严行申饬。此案宫尔劝究属有无入己，著再秉公详晰分别，另行定拟具奏。①

硕色对宫尔劝"刑讯再三"，始终未能审出任何侵贪情节。高宗也称其"如此办理，甚属不知轻重"。随后硕色对此案的查办方向开始转为对地方铜厂亏空进行清算，并以在宫尔劝任所查抄的资产进行赔付。对宫尔劝的查办一直持续到乾隆二十年，那时他才最终得到释放。②

事实上，从上述案情的发展，已经可以大概看出此案的基本脉络：舒赫德巡查时，滇省官员动用沿途各县库银，进行道路修补并修建公

---

① 《清高宗实录》卷三九一，乾隆十六年闰五月戊子。
② 《宫怡云方伯暨元配李夫人合葬墓志铭》，载："丙子年，余访雅雨卢使君，于邗江始识滇南方伯宫君怡云。"丙子年系乾隆二十一年，据《清实录》载，硕色于乾隆二十年四月奏报查抄宫尔劝家产而受到高宗叱责。可知宫尔劝获释时间为乾隆二十年至乾隆二十一年之间。《清高宗实录》卷四八七，乾隆二十年四月癸酉。

馆。以此造成的亏空，在宫尔劝的提议下，由各县官员的养廉银进行抵补，此事得到了总督张允随的批准。次年张允随升任大学士，而继任的云贵总督硕色迫于高宗的压力，对滇省财务进行了彻底的清查，在这一过程中永善县的亏空被查出（彼时永善县前知县杨茂运铜时落水身故，永善县知县员缺，这或许是此项亏空全部集中于永善一县的原因①），硕色进一步发现图尔炳阿有徇庇之事，便向高宗参劾，由此引发了对此案的全面清查。

第二节 《大清律例》与惩贪有关的条款

从一开始高宗便认为，此时的云南官场势必存在着极为严重的贪腐行为，这种认识是由何而产生的我们不得而知。尽管案情已经逐渐清晰，但高宗还是不肯承认滇省官员侵贪库银入己的行为是不存在的。正相反，他越发坚信滇省官员的贪腐行为仅仅是尚未被查出而已。根据这样的看法，高宗要求刑部对图尔炳阿严加审讯，同时谕令硕色刑讯布政使宫尔劝。最终，这两名官员受到了司法系统的严厉审查，而由于高宗的干预，他们受到的惩处也远远超过了律法所规定的范围。

那么，高宗是以何种标准来定义官员的贪腐行为的？他对于官员的贪腐行为究竟持何种态度呢？他为何一定要对图尔炳阿等进行严厉

---

① 《新纂云南通志》卷一八五《名宦传八·昭通府》，第140页。载："杨茂，成都人。乾隆十三年，权永善县。时，京铜促迫，自诣江干督运，失足落水卒。邑人感其矢勤任事，为祠祀之。"

的惩处？在他看来，官员贪腐对地方究竟造成了何种威胁？进一步来说，君权与司法体系之间是何种关系？要回答这几个问题，首先要对《大清律例》中有关官员贪腐犯罪的条款进行必要的了解。

尽管不同时空的法律内容并不相同，但其存在的目的与价值在大部分情况下都是完全一致的。毫无疑问，一般意义上的法律，其存在的核心目的在于维护社会秩序。在传统中国，"礼"被视作社会行为的规范，也正因如此，传统社会礼与法的关系十分特别——尽管法律作为国家意志的体现更具有强制性，但礼制却是法律确立和执行的根本基础。所谓的"法"往往具有两个层面的内涵，即以律令为基础的司法条款，以及被称作"礼"的社会道德体系。[1]

清朝对于法典的编修始于17世纪中期，并持续进行了百余年，历经顺治、康熙、雍正、乾隆四朝。[2] 完整的大清法典完成于乾隆五年——高宗在继位后对大清律进行了重修，定名为《大清律例》颁行全国。[3] 修订完成的大清律例由高宗亲自撰写序文，在文中，高宗明确指出，法律的作用在于"弼成教化，以洽其好生之德"。[4] 强调法律的教育意义而非惩戒意义，这自然是为了彰显国家对于"仁"与"礼"的重视。法典的内容也进一步阐释了这种态度，许多法律条款本身的象征意义极为明显，其最主要的目的在于确认法典适用对象应

---

[1] 参见〔英〕马若斐《传统中国法的精神》，陈煜译，中国政法大学出版社，2013，第3—13页。
[2] 《世祖章皇帝御制原序》《圣祖仁皇帝上谕》《世宗宪皇帝御制序文》《高宗纯皇帝御制大清律例序》，《大清律例》卷一，第1—7页。
[3] 《清高宗实录》卷一三一，乾隆五年十一月癸未。
[4] 《高宗纯皇帝御制大清律例序》，《大清律例》卷一，第7页。

承担的道德义务,而非法律责任。①

有关惩贪的条款正是此类法规的直观体现。官员的贪贿犯罪作为一种被统治者严行禁止的犯罪行为,律法对其进行了单独的分类,相应的分类之下还有详细的适用于不同情形的具体条款。下面笔者将对《大清律例》中处理官员贪污行为的条款做一概括,借此来分析乾隆十五年发生的云南钱粮亏空一案,究竟违反了哪些条款。

《大清律例》中与贪腐相关的条款,分布十分驳杂,在七律中皆有涉及。但最基本的惩贪条款,则主要集中在刑律的两个类别下,即:

刑律(即在刑部管辖权限下的犯罪行为)
——贼盗
——受赃

一 贼盗律的惩贪条款

在"贼盗"名目之下的惩贪基本条款是"监守自盗仓库钱粮"。条款原文为:

凡监临主守,自盗仓库钱粮等物。不分首从,并赃论罪。②

---

① 〔英〕马若斐:《传统中国法的精神》,第38—41页。
② (清)沈之奇:《大清律集解附例》卷之二三,法律出版社,2000,第563页。

这一罪名实际上包括了贪污与职务侵占两种犯罪行为。《大清律例》中并没有"贪污"的罪名，但毫无疑问，监守自盗就是对这一犯罪行为的法律阐释。该条款将一切个人或群体侵贪官方钱物的行为纳入此罪，这就清楚地表明，凡是"监临主守"任意"仓库钱粮等物"者，发生"自盗"的行为，都是该条款的惩戒对象。

这一罪名的特别之处在于对它的分类。侵贪犯罪为何会与偷盗、抢劫等犯罪行为同归为"贼盗"律之下？换言之，在法理意义上贪腐官员是否被视作窃贼？一位《大清律例》的辑注者沈之奇的看法或许可以作为参考：

> 杀人曰贼，窃物曰盗。①

又云：

> 凡盗有得财、不得财之分。今以监守之人即盗窃守之物，自无不得财者，况案情发露，非由盘查，即由首告，若未得财何以为盗？故不言得财不得财也。②

在沈之奇的阐述中，侵贪首先被看作一种盗窃行为。因为这一条款强调了"盗"的因素：被盗的对象是官方的"仓库钱粮"，而实施盗窃的主体则是仓库钱粮的看守者，同时，由于这样的行为必然会"得

---

① （清）沈之奇：《大清律集解附例》卷之一八，第543页。
② （清）沈之奇：《大清律集解附例》卷之一八，第564页。

财",因此条款中并未直接阐明需要通过"得财与否"来定罪。

尽管这一条款对贪污犯罪行为做出了定义,但并不代表贪污与盗窃可以完全等同。监守自盗这种行为实施的主体是官方财物的"监守之人",条款强调其具有职务上的便利。因此在法律层面与社会层面(尤其是统治者的眼中),监守自盗是"贪污"罪的一种直观体现,从根本上有别于一般的偷盗。由于其犯罪行为是对国家财产的侵贪,所以性质较其他的盗窃行为要恶劣得多,相应的惩处标准相比之下也更为严厉。① 沈之奇指出:

> 监守律最重,比常人律加一等,比窃盗律加二等。②

应该说,惩处标准的差别显示了国家对不同的犯罪行为有区别的惩治态度,一般情况下,性质越恶劣的犯罪,受到的刑罚也就越严厉。结合《六赃图》的规定可以看出,"监守盗"之罪的起刑为"一两以下杖八十",为"六赃"起刑最高;而侵盗至四十两便可定斩刑,亦为"六赃"中实施死刑门槛金额最低。③ 而采取如此严厉的惩处手段,则表达了这样一种司法态度:法律绝不容忍利用职务之便侵贪国家财物,此类贪污行为受到的惩处是一切赃罪中最严厉的。

这一条款实际上却有另一层用意。如果对比前文中统计的 18 世

---

① 需要说明的是,《大清律例》中对"强盗"一罪的惩处实际上更为严厉。尽管"强盗"被视作"盗",实际上却是暴力抢劫行为,并不仅仅是"寻常盗"罪中的"窃物",亦不在清律的"六赃"之列,故应区别看待刑律对两罪的惩处。
② (清)沈之奇:《大清律集解附例》卷之一八,第567页。
③ 马建石、杨育棠编《大清律例通考校注》,中国政法大学出版社,1992,第51—52页。

纪的官员收入，这样的条文能够起到的警示作用似乎应该是极为明显的。因为当时年收入达到数千乃至上万两的官员，按照常理是不会为了区区四十两白银而铤而走险触犯这一刑条的，但事实上触犯这一条款的官员却大有人在。图尔炳阿的遭遇似乎是最直观的例子：当刑部援引"明知侵盗钱粮故纵"律拟定图尔炳阿为流刑之时，高宗却下令斥责刑部定罪不当，避重就轻。于是刑部便改变了态度，比照"监守自盗"律拟定图尔炳阿斩监候。当援引了条款中"并赃论罪"（赃案中所有涉案人的涉案金额都以赃款总额计算）的律文后，这样的判罚也似乎是合理的。与涉案金额相比，对犯罪性质的界定实际上更为重要。真正的贪污者侵贪数额往往远超过条款规定的数额，只需依律进行惩处即可；而对于某些统治者想要诛杀但并未达到死罪门槛的犯罪者，只需将其所犯的罪行纳入这一条款的惩戒范围就可以达到目的。可见这一条款存在的目的实际上是便利统治者对于官员进行控制与惩处。于是我们便从这一条款的内容和实施中看出了两层完全不同的含义：《大清律例》对于贪污的官员根据贪污金额和性质等实际情形制定了一系列严厉的判决标准；同时一些与惩贪相关的律法条款在实际运用的过程中，又为统治者提供了一种惩治官员的有效工具。

二 受赃律的惩贪条款

"受赃"名目下的惩贪基本条款有二，其一是"官吏受财"，其二是"坐赃致罪"。与"监守自盗"相比，"官吏受财"更直接指向了官员在经济层面的犯罪。"受财"的来源并非国家财产,而是官员利用自身的职权来换取行求者的钱财,可理解为职务受贿或权钱交易。"坐赃致罪"则指官吏并非贪污或受贿,但对公共财产造成了损失,大体指向现代法理意义上的玩忽职守罪。① 下面我们逐条来进行分析。

首先是"官吏受财"。这一条款的原文分为两部分,第一部分是针对"受赃"官吏的:

> 凡官吏[因枉法不枉法事]受财者,计赃科断,无禄人各减一等。官追夺除名,吏罢役,[赃止一两]俱不叙用。②

另一部分则指向了组织贿赂者:

> 说事过钱者,有禄人,减受钱人一等;无禄人,减二等。[如求索、科敛、吓诈等赃,及事后受财过付者,不用此律。]罪止杖一百徒二年[照迁徙比流减半科罪]。有赃者[过钱而又受钱],计赃从重论[若赃重从本律]。③

可以看出,这一条款直接针对受贿官员。此外,当组织受贿者也有受

---

① "坐赃致罪"在清律中相关的条款较多,而具体针对的犯罪行为也各有不同,在法理层面的定罪并不能统一,但总体应理解为"非贪赃入己而造成公共损失"。详见郑秦《清律惩贪条款辨析》,《政法论坛》1992年第2期,第8页。
② (清)沈之奇:《大清律集解附例》卷之二三,第849页。
③ (清)沈之奇:《大清律集解附例》卷之二三,第850页。

贿情节时，同样适用本条款。

同"贼盗"律的"监守自盗"条款将所针对的目标放在"监临主守"者这一情况对比，"受赃"律的"官吏受财"针对的对象就是官吏本身，并依照犯罪者的收入情况以及是否枉法作为标准，对惩罚标准做出了细致的区别：有禄者受财最高会受到绞刑，而无禄者受到的最高刑罚则为流刑。[1] 如果仅仅从处罚的力度来看，《大清律例》对于受贿者的惩处不可谓不严，但是实际的情况却并非如此。首先，事实上很难直接从法律上区别官员受贿与私人之间的馈赠。其次，官方对此的态度始终晦暗不明。一方面国家要求官员禁止收受贿赂；另一方面却又对一些官员受贿行为保持着默许态度，例如下级官员向上级官员赠送"土仪"，外官向京官赠送"炭敬""冰敬"，这都是公开的钱财馈赠，从本质上看与贿赂行为并没有区别。

尽管统治者对于各类"陋规"的默许态度实质上使这一刑条的实际作用大打折扣，但是"受赃"律对官员的受贿犯罪并非毫无作用。这一刑条的真实作用在于控制官员对下属及平民的勒索，并警示官员不可滥用权力获利。因此，这一条款的实际适用情况往往是处理那些向下属索贿的官员，有关这一点我们在后文中大部分滇省官员贪腐案件中（如钱度案、彰宝案及李侍尧案，详见本书第六、第七章）会多次提到。

我们在这一条款中看到了一些奇怪的地方，那就是：与其说"官吏受财"的条款是在对官员的受贿问题进行管制，倒不如说它实际上

---

[1] （清）沈之奇：《大清律集解附例》卷之二三，第851页。

是在对一些官员和百姓进行保护。在官方的暧昧立场下，真实的受贿行为往往会被默许，而索贿者则不被容忍，这似乎强调了予财者的自愿与否才是关键所在。当然，这也仅仅是一种表面现象——"官吏受财"律存在的实质意义同样是加强对官员的控制，防止官员之间逐级勒索。条款本身不是为了彻底制止官员之间相互馈赠，因此对官员的限制作用实际上是极其有限的。这是一种奇怪的冲突状态，却又是真实存在的。

在滇省亏空案中，滇省官员为钦差修建公馆，这无疑是一种变相的贿赂行为，也是导致地方钱粮亏空的根本原因，但事实上本案中所有的涉案人都是依据其他条款被定罪的。作为钦差的舒赫德并没有"受财"（事实上舒赫德也确实未得到任何财物，仅仅是在新修建的公馆中暂住），滇省官员的行为也未被看作行贿——然而，尽管没有任何有关官员"自盗仓库钱粮"的证据，亏空案反被认定为"监守自盗"的侵贪，这是一种何其怪异的情况？可以看出，"官吏受财"这一条款无论在存在目的和实际施行上都是与原本的目的不符的。

下面再来看一看"坐赃致罪"的情况，条款原文记载：

> 凡官吏人等，非因［枉法、不枉法之］事，而受［人之］财，坐赃致罪；各主者，通算折半科罪；与者减五等。［谓如被人盗财或殴伤，若赔偿及医药之外因而受财之类。各主者，并通算折半科罪。为两相和同取与，故出钱人减受钱人罪五等。又如擅科敛财物，或多收少征，如收钱粮税粮斛面，及检踏灾伤田

粮，与私造斛斗秤尺各律所载虽不入己，或造作虚费人工物料之类，凡罪由此赃者，皆名为坐赃致罪。官吏坐赃，若不入己者，拟还职役，出钱人有规避事重者，从重论]。[1]

"坐赃致罪"处置的主体也是官吏，具体的罪行包括：被人盗财或者殴伤等情况下多受赔偿者、在征收公共财物时擅自加收但未入己者、因疏忽导致田粮征收有误者、私造量具征收钱粮导致"不平"者、未申报而擅自营造者、虚耗人工及钱粮者等。在相关的律文和条例中，对相应的罪行和惩罚有更为详细的界定。但凡因官吏渎职造成的钱粮损失和盈余都归由此条款治罪——这也为滇省各道司衙门私存"闲欸"并擅自用于接待钦差找到了合适的罪名。但是正如我们看到的那样，在实际的司法审判中，有关"坐赃致罪"的条款却并未被刑部和高宗提及。虽说"坐赃"才是真实存在的犯罪，但在高宗决意对官员进行严惩的情况下，"监守自盗"才是官员最终被认定的罪名，"坐赃致罪"这一最高量刑为徒刑的条款已经不是刑部与高宗在审判时会考虑的律文了。

三 君权与法律的关系

仅凭借对《大清律例》中惩贪条款的简略分析，我们就可以看出在官员涉赃案件中法律的象征意义——在实际的情况中，案件审判

---

[1] （清）沈之奇：《大清律集解附例》卷之二三，第859页。

并不需要绝对遵从法律条例。那么，君权在司法审判中的作用与意义是否远远大于《大清例律》中复杂的律文？在做出评价以前，我们再通过几个案例，来看看在惩贪问题上君权和司法的关系究竟是什么样的——这些案件都发生在18世纪的云南。

首先是发生于康熙四十四年的云南布政使张霖贩卖私盐案。经直隶总督李光地参劾，原任云南布政使张霖假称自己奉圣旨，贩卖私盐，从中得利银1617800余两。此外，张霖还纵容其子张壎、张坦骄淫不法，肆行无忌。刑部在分析此案后，因涉赃金额巨大，拟判张霖斩立决，家产入官。张壎、张坦则受杖责，并着赔付欠款。但圣祖在接到刑部汇报后，谕令将张霖改判斩监候秋后处决。①

另有两起官员侵贪案发于乾隆十四年，一起为刘樵侵贪案。时任云南巡抚图尔炳阿向高宗参奏，永昌知府刘樵有亏空抽收税银之事，贪赃达1万余两。高宗谕令云南督、抚严加刑讯。②同年，又有官犯戴朝冠直接拿取库银入己一案。戴朝冠盗取官银付原籍置办私产，后被查拿。这两起案件的查办过程不见明载，仅知此二人随后在当年九月被高宗勾到，并行处决。③

还有一起案件发生在乾隆十九年，为开化镇总兵张凌霞侵蚀粮饷案。该案由时任云南巡抚爱必达参奏高宗，称云南开化镇总兵张凌霞侵蚀俸饷银980两。刑部照例拟徒五年，最终高宗对刑部的判决给予

---

① 《清圣祖实录》卷二二二，康熙四十四年八月癸卯。
② 《清高宗实录》卷三四〇，乾隆十四年五月戊申。
③ 《清高宗实录》卷三四九，乾隆十四年九月壬申。

了支持。①

　　类似的案件在 18 世纪的云南乃至全国都绝不少见，出于篇幅的考虑，不再一一细述。在上述数起案件中我们看到，君主介入司法判决，对司法判决结果会造成三种影响：加重判决、减轻判决、维持原判准予执行刑罚。这并不是因为司法部门存在断罪不当，正相反，三司会审的案件势必经过了反复的分析与勘覆，并严格依照《大清律例》的标准对罪行进行定拟。这实际上说明无论案件的审判者是地方督抚还是刑部，案件的终审权仍然掌握在君主的手中。尽管皇帝也会认真参考近臣的意见，但是仍然会对全部案件做出最终判断。这恰恰是君主统治思想的一种直接反映。因此，从结果来看，官员行为是否构成犯罪，本身就不是根据法律做出认定，而是由君主决定的。由高宗对各案件所裁定的判决与法律所规定的罪责或许并不相同，却是完全合法的。这是君权凌驾于司法之上的表现，又或者说，君权的干预本身便是司法的重要组成部分。

四　《大清律例》的惩贪作用

　　现在回头来分析高宗对滇省亏空案的处理，一切便显得更为直观

---

① 《清高宗实录》卷四七〇，乾隆十九年八月丙辰。张凌霄一案或另有隐情：因其力主剿匪，与时任云南提督冶大雄不合。据硕色等奏："云南开化镇总兵张凌霄，自到任以来，不知夷疆以镇静绥辑为主，越俎民事，纵容所属弁员，滥差滋扰。于一切营伍事宜，纷纭变更，议论妄动，俱甚荒唐乖戾。"嗣后不久张凌霄即获罪下狱。后张凌霄于乾隆二十二年再次被起用，曾参与平定大小和卓之战，负伤死于军中。其事迹见《太谷县志》卷五《忠烈·张凌霄》，台北，成文出版社，1975，第 537 页。

第四章 《大清律例》惩贪评述

了：尽管高宗在官员涉贪的问题上往往会显露出严惩不贷的态度，但是将某些官员定为侵贪者进行惩处，却并不一定意味着他们真的存在贪腐问题。君主在关注官员贪腐案件时，有时并不仅仅是出于对贪腐行为本身的关注，也牵涉到对自身政治安全的考量。既然《大清律例》中一切惩贪的条款都是针对官吏的，而皇帝又拥有实际的终审权，那么我们对高宗为什么会用"惩贪"作为借口对官员进行惩治便不必感到惊奇了。在高宗对滇省的官吏集团产生疑虑时，他极可能会考虑运用《大清律例》对他们进行必要的惩戒，以法律的手段来实现自己的政治目标。①

高宗将一系列自己对结党官员的愤怒通过惩贪的方式爆发了出来，并借张廷玉致仕的机会对滇省官员进行了大范围的人事调整。随着张允随进京入职，无论继任滇省督抚的硕色、爱必达还是布政使彭家屏，与"任滇年久"的宫尔劝等都已经是完全不同的官员群体，这对于高宗加强对官员的控制无疑是极为有利的。在鄂尔泰与张廷玉的势力完全瓦解之后，高宗所称的"满洲则思依附鄂尔泰，汉人则思依

---

① 孔飞力在《叫魂：1768年中国妖术大恐慌》一书中曾指出：当1751—1752年间的妖术危机发生时，高宗因金川战役的失利，处决了清军的两名最高将领（即张广泗与讷亲，事实上受牵连者还应包括庆复）。当清军遭遇军事困境时，高宗会将震怒和沮丧发泄到国内事务中。参见〔美〕孔飞力《叫魂：1768年中国妖术大恐慌》，陈兼、刘昶译，生活·读书·新知三联书店，2012，第279—280页。类似的观点还见于戴逸，他在《乾隆帝及其时代》一书中也指出了高宗的这一特点，并进一步强调：皇帝与臣僚的关系紧张，是皇权与官僚机器矛盾加剧的表现。详见戴逸《乾隆帝及其时代》，中国人民大学出版社，1992，第172页。借由这一观点也可以看出，高宗对于滇省官员严厉的惩处恰好发生于军事失利的当口，这似乎也可以表明高宗对滇省亏空钱粮一案的查办并不是偶然的，对地方大员的惩处有可能是高宗转移舆论的一种方法，同时也是他宣泄政治压力的一个出口。

附张廷玉"这一情况似乎也终于到了可以彻底解决的时候。这似乎才是高宗为了七千余两"为人己赃"便严饬刑部"避重就轻",又责令总督"严加刑讯"二品官员的真实原因。他极力将全部的焦点集中到了贪腐问题上,这是由于,要瓦解自雍正年间便形成的云南官员集团,没有比惩贪更合适的理由了。且不说这一群体究竟会对高宗的统治造成何种影响,只要他们存在结党的潜在可能,就必然会使高宗感到自身的统治安全受到了某种威胁——这足以令高宗做出决定。高宗调在广东"诸凡不及"的硕色替任"久任苗疆"的张允随,可见他在朋党问题上顾忌之深;对硕色频繁的斥责则更是进一步显示出了他在此事上的急切。

那么,高宗为什么不能用行政处罚的方式来对这一官员群体进行调整呢?这有两方面的原因,第一是由于这样做会有"欲加之罪"的嫌疑,继而引发群体性的恐慌,甚至出现地方动荡;第二则是由于行政处分或者常规性的人事调动并不能够解决朋党问题,更不足以对官员群体起到震慑性的作用,从而在根本上将其瓦解。于是,通过司法途径对官员进行惩处就成为高宗的必然之选。

尽管高宗严查滇省亏空案,但又不是针对某一个官员个人的,这一点从他后来对图尔炳阿等的赦免便可以看出来:图尔炳阿虽被判斩监候,却并未被勾决。[①] 乾隆十七年(1752)十月,高宗在一次勾决罪犯时看到了图尔炳阿的名字,谕令将他释放:

---

① 《清高宗实录》卷四二五,乾隆十七年十月乙巳。

谕：图尔炳阿，前在云南巡抚之任，不能实心察属，代为弥补，部议照监守自盗治罪。但尚与婪索肥橐者有间，著加恩从宽释放。①

高宗给出的宽恕图尔炳阿的理由，是其赃未入己，与贪污者尚有区别——这实质上已经完全推翻了他最初在申饬刑部时所持的意见。随后图尔炳阿被重新起用，历任河南、山东、湖南、贵州等地高官，但未再担任云南地区官职，最终卒于湖南巡抚任上。②

另一位涉案官员宫尔劝，尽管在此案中饱受刑罚，但同样在结案后被释放。在案件办理过程中，高宗还曾斥责硕色"甚属舛缪"，③后又指出，处理宫尔劝财产时"若查无可恶情罪，自应给还本人"。④至乾隆二十二年七月，高宗在南巡途中接见迎驾官员时，看到了彼时已在江南侨居的宫尔劝，遂下令"著照伊原衔降四级赏给顶带"。⑤

因此，我们在回顾乾隆十四年至十六年这起滇省亏空案时，决不能简单地分析为反腐惩贪。高宗通过对图尔炳阿等的惩办转移了公众的视线，最终借惩贪之名完成了自己的既定目标。他在打击朋党势力的同时，借机强化了对地方的控制，并向民众展现了自己惩贪的决心。从他严厉惩贪的态度中可以看出，经过十余年的时间，高宗也已

---

① 《乾隆朝上谕档》第2册，乾隆十七年十月十八日，广西师范大学出版社，2008，第629页。
② 《清史稿》卷三三七，第11049页。
③ 《清高宗实录》卷三九一，乾隆十六年闰五月戊子。
④ 《清高宗实录》卷四八七，乾隆二十年四月癸酉。
⑤ 《清高宗实录》卷五四二，乾隆二十二年七月甲辰。

经从那个崇尚"宽仁"的新君逐渐转变成了一名更加严酷、冷静的中年君主。

高宗的做法会对官员群体造成什么样的具体影响，在当时是完全不可预见的。如果"监守自盗"都是可以在"无赃"的状态下被指加的罪名，那么并没有贪污的官员会如何审视自己未来的处境？在日常的行政活动中，官员又应该如何保护自己呢？一旦来自君主的威胁远远大于法律本身，势必会使整个官僚集团惶惶不可终日。想避免这一情况的发生，最好的方式似乎是完全对皇帝表示忠诚。但是，忠诚并不是可以用语言和行为展现的东西，在更多的情况下，官员努力表达忠诚的行为反而会适得其反。例如，在乾隆二十二年，亦即滇省亏空钱粮案完全结束的两年后，另一起云南疆臣贪腐案件再一次将滇省的吏治问题摆在了高宗的面前——时任云贵总督恒文在一系列贪腐事件中所表现出的"忠诚"，似乎恰恰是贪腐案件会发生的根本原因。

第五章

乾隆朝中前期滇省吏治的弊端
——以恒文案为例

督抚制度起源于明代,并被清代所继承。按照 18 世纪清朝的标准,担任总督职位的官员无疑应当被视作帝国官僚中的最上层精英,任职者多为受到皇帝宠信的满人上层贵族。以乾隆朝为例,担任总督的满人比例占到了六成有余。[1]造成这一情况的原因是多方面的,总体来说,这是清代统治者为了巩固满人的政治地位而施行的政策,由此加强了满人在地方政府中的行政权力。

尽管担任总督者多为满人,但并非所有皇帝宠信的满人上层贵族都有成为总督的机会。在乾隆十三年以前,尽管总督常驻地方,但在名义上仍被视作钦差,高宗对此做出了更改,将布、按二司设为督抚的署吏,总督也由此成为地方最高长官。作为总领一方的封疆大吏,总督身兼军政、民政大权,可谓是位高权重。[2]正是由于这一职位的重要性,皇帝对各省总督的任免是极为谨慎的,通常会选用具有较强能力以及多年地方行政经验的资深官员担任。除此之外,总督的任免与某些地方大政方针的变化也有着密切关系。

云贵总督是清代设置的总督之一,掌管云南、贵州两省,是中

---

[1] 此数据根据《清史稿》卷一九七《疆臣年表》以及《新纂云南通志》卷一三《历代职官表》的内容统计。
[2] 清代总督的职权范围,详见李霞《清前期督抚制度研究》,博士学位论文,中央民族大学,2006。作者将督抚职责概括为军事、行政、司法、财政及密折奏事等方面,基本做到了地方权力的全覆盖。

国西南地区的要缺。清代的云南省及相邻的贵州省，在地理位置上往往被视作"西南区域"的组成部分，由云贵总督统一进行管理。清代云贵总督始设于顺治年间，尽管其建置在某些特殊历史阶段（如鄂尔泰改土归流）经过了数次变化，但总体上基本保持着行政范围的稳定性。自乾隆十二年恢复清初旧制，云贵总督建置一直延续至清末，再无改变。①

应该说，自康熙朝以来，统治者对于云贵总督的任免都极为慎重——这与清廷的西南政策有着密切关系。正如本书第二章所述，自平定吴三桂以来，清廷一直致力于对西南地区进行文化制度的改革。因此，能力平庸之辈很难升任云贵总督这一职位，出任者多为能吏重臣。这种国家大政的倾斜也逐渐提高了云贵总督的政治地位，在雍正年间鄂尔泰任总督时这一情况达到了一个高点，随后逐步下降。在乾隆年间，高宗认为云南经过多年的治理，日久承平，已是"事简之地"，②在人事任免上便不再刻意要求能吏，于是出任者中也就出现了诸如硕色这般"诸凡不及"的人物。③

---

① 有关云贵总督建置的演变，已有学者做过十分深入的讨论，本文不再细述。详见邹建达《清前期云南的督抚、道制与边疆治理研究》，博士学位论文，云南大学，2011。
② 《清高宗实录》卷一五一，乾隆六年九月辛卯。
③ 硕色的仕途经历可以作为参考，便于我们理解一名无能无德的官吏是如何跻身总督乃至"名臣"行列的。硕色出身于满洲正黄旗（上三旗之一，由皇帝直接统领）。雍正初，他以候补小京官补授户部主事，随后接连升迁，雍正五年即出任西安按察使，兼领河东盐政。在任时他建议修理盐池墙，并因此得到赏识，于雍正八年升任西安布政使。雍正十一年，他又迅速升任西安巡抚的高位。这样的升迁速度在官僚之中是极其罕见的。乾隆二年，硕色调任四川巡抚，他向高宗检举四川火耗存在陋规，又对郭罗克部落驻军问题提出了建议，借此得到了高宗的肯定与欢心。乾隆四年，调任山东巡抚。次年山东暴发旱灾，硕色在一系列活动中失职，自毁前程，被高宗严厉斥责，并称他"才识不能周润，不宜大省"，复调四川巡抚。乾隆八年，

乾隆二十年六月，高宗调硕色署理湖广总督。①至乾隆二十一年二月，硕色实授湖广总督。而云贵总督一职则由时任山西巡抚恒文调任——随着这名新任总督的到来，云南官场发生了乾隆年间又一起疆臣贪腐案。

第一节　恒文勒买黄金案始末

恒文勒买黄金案，案发于乾隆二十二年，是乾隆朝中前期较有影响的一起疆臣贪腐案。该案中涉案官员有两人，分别为云贵总督恒文、云南巡抚郭一裕。此案的审办过程，是十分曲折且具有讽刺意味的。

涉案的首要官员是乾隆二十一年至乾隆二十二年在任的云贵总督

调任河南巡抚，在此任上，其子穆克德与民争地，硕色据实参奏，得以加一级。乾隆十三年，升任两广总督，参奏左江镇总兵杨刚结交土司。十五年，调任云贵总督，当年受到广东总督陈大受参劾其两广总督任上徇庇下属官员婪赃，被饬为"诸凡不及"。同年参劾云南巡抚图尔炳阿徇私舞弊。乾隆十六年，疏报用刑严讯布政使宫尔劝情状，并因此受到高宗严厉申饬。硕色在云贵总督任上上疏请准处置秤戥分地事件，高宗允行。二十一年，调任湖广总督，直至二十四年卒于任上。高宗对硕色的评价大多不堪，称他"诸凡不及""因循怠玩之人"。硕色在仕宦生涯中多有检举行为，并因此屡获升迁。据其列传分析，他出身正黄旗以及善于揣度上意是能够身居高位的重要原因。详请参见《满汉名臣传》卷四十六《硕色列传》，国史馆原本，菊花书屋检字，第1—21页。另见《国朝耆献类征初编》卷一七一《疆臣二十三·硕色》，第469—480页。又参见硕色《处置秤戥等分隶奏折》，《云南史料丛刊》第8卷，第775页。

① 《清高宗实录》卷四九〇，乾隆二十年六月癸丑。

恒文。恒文，满洲正黄旗人，乌佳氏。① 他本是一名生员，② 在雍正二年，恒文四十岁，捐主事，自此步入仕途。他最初担任的官职是礼部主事，在任约四年。至雍正六年，他改任户部员外郎。雍正十年，用为监察御史。恒文因奉养母亲终老而没有接受升迁，这件事为他在世宗处取得了良好印象，世宗评价他"人聪明，一边还去得的"。乾隆五年，任兵科给事中。次年补授甘肃分巡平庆道，自此开始在地方任职。③

恒文在地方为官的经历较为平顺，他于乾隆十一年出任贵州按察使。④ 十二年，迁贵州布政使。⑤ 十四年，他凭借对金川之役提出的数条正确建议受到高宗嘉许，调直隶布政使。⑥ 十六年，任湖北巡抚。⑦ 十八年，调山西巡抚。⑧ 恒文升迁的频率很高，少则一年，多则两年，最终在乾隆二十一年得以成为一名地方总督。调任云贵总督时，恒文业已七十二岁，能够在古稀之年成为一名封疆大吏，对于恒文而言或许是一件十分值得庆幸之事——这标志着他终于成为清朝上层政治精英中的一员。

---

① 《清史稿》卷三三九《列传一百二十六·恒文》，第 11069 页。
② 据《清史稿》记载："雍正初，（恒文）以诸生ением笔帖式。"但据《清代官员履历档案全编》载："（恒文）年四十由生员捐主事。"未见授笔帖式之事。故本书仅称其曾为生员。秦国经主编《清代官员履历档案全编》第 1 册，第 651 页。
③ 秦国经主编《清代官员履历档案全编》第 1 册，第 651 页。
④ 《清高宗实录》卷二七五，乾隆十一年九月壬戌。
⑤ 《清高宗实录》卷二八六，乾隆十二年三月壬寅。
⑥ 《清高宗实录》卷三五一，乾隆十四年十月壬寅。《清史稿》载："乾隆初，方用兵金川，恒文奏言：'兵贵神速……'既又疏上行军诸节目。上嘉其能治事，移直隶。"
⑦ 《清高宗实录》卷三八六，乾隆十六年四月己卯。
⑧ 《清高宗实录》卷四四九，乾隆十八年十月辛丑。

第五章　乾隆朝中前期滇省吏治的弊端

毫无疑问，从恒文接任云贵总督一职那一刻起，他便站在自己仕宦生涯的巅峰上。而当他志得意满地抵达滇省之时，他似乎有充分的把握能够延续自己坦荡的仕途，并显露出了某种刚愎自用的态度。在刑部尚书刘统勋于乾隆二十二年的奏折中，可以看出恒文此时的各种作为：

> 恒文抵任之后，迹涉满纵。郭一裕内怀畏惮，语言行事处处留心，恒文毫无觉照，颐指气使，一切公事不能和衷商办。又闻，郭一裕所委属员，恒文任意撤调，亦不免有意见参差之处。此系阖省文武共见情形。①

如文所述，恒文在赴任之初，似乎在一系列行政活动中与同僚相处并不和睦，甚至对另一名涉案官员云南巡抚郭一裕"颐指气使"。这是一种难于想象的情况，尽管总督是地方最高长官，且就品秩而言较巡抚为高，但巡抚绝非总督的属员。恒文此举无疑显示出了他此时的骄纵之态。

尽管如此，巡抚郭一裕却尽量与恒文保持了表面上的融洽。郭一裕是一位汉人，祖籍湖北汉阳，监生出身，年四十四岁时凭借捐纳知县出仕。初为江南清河县知县，后升任山西太原知府。②世宗对此人的评价是"中平"。乾隆元年，郭一裕由山西巡抚觉罗石麟保荐卓异。

---

① 《钦差刑部尚书刘统勋奏覆查审恒文郭一裕相商买金等情折》，中国第一历史档案馆编《乾隆朝惩办贪污档案选编》第1册，中华书局，1994，第14页。
② 《清史稿》卷三三九《列传一百二十六·郭一裕》，第11070页。

高宗曾多次召见此人，认为他"似有出息""还可升用"。① 由是郭一裕累获升迁：乾隆十六年，补授江苏布政使；② 乾隆十九年升山东巡抚。③ 乾隆二十年六月，署云南巡抚印务，④ 次年二月实授云南巡抚。⑤

如果仅从恒文与郭一裕二人的仕宦生涯履历来看，两人并无显著交集——尽管他们都曾在北京与山西任职过一段时间，但在时间上并无重合。很显然，二人并无太深的私交，同样也并不是政敌或者敌人，仅仅是一般的同僚。因此，面对恒文的骄纵，郭一裕的忍耐不过是一种表面现象，他仅仅是在等待回击的时机。督抚二人的不合是滇省官员所共见的事实。

一　恒文案发之初情形

在乾隆二十二年的二月，郭一裕写好了一份针对恒文涉嫌婪赃之事的弹劾奏折，以密折的形式呈递高宗。他的奏折用潦草的行书写就，在奏折中，他十分仔细地向高宗奏报："恒文到任以来，为人顿觉精明，行为每多不检，家人尤恣意勒索……"⑥

在这篇数千字的奏折中，郭一裕列举了恒文的五条罪名，其一

---

① 秦国经主编《清代官员履历档案全编》第 2 册，第 44 页。
② 《清高宗实录》卷三八六，乾隆十六年四月辛未。
③ 《清高宗实录》卷四六〇，乾隆十九年四月辛卯。
④ 《清高宗实录》卷四九〇，乾隆二十年六月癸丑。
⑤ 《清高宗实录》卷五〇七，乾隆二十一年二月戊辰。
⑥ 《云南巡抚郭一裕参奏总督恒文勒索属员等情折》，《乾隆朝惩办贪污档案选编》第 1 册，第 1 页。

第五章　乾隆朝中前期滇省吏治的弊端

为以"七换""八换"①的价格折价向多名下属勒买黄金数十两至数百两不等；其二为收受剑川知州罗以书贿赂的人参等物；其三为纵容家人赵二结交地方属员；其四为纵容家人赵二向各地多名官员收受"门包"数十两不等；其五为其族孙素尔泰向云南府知府陈镳勒索借银二百两未归还。②在奏折的末尾，郭一裕诚恳地提到，自己与恒文素不相识，参劾恒文的原因在于对滇省吏治的担忧，恳请高宗明鉴此心。

彼时距离恒文就任尚不足一年，但郭一裕的参劾看起来证据确凿，绝非构陷之词。有关恒文的每一项罪名他都在奏折中写得十分详细。例如在勒买黄金一事中，他写道：

> 恒文每见属员，先示以风厉，后令代买金子。以致属员畏其威势，多出重价，四处购求……令赴司道衙门于总督养廉内扣领，此不过声言发价，以示其无私，正不计其价之足与否。③

再如纵容家人一事，他又写道：

> 恒文家人赵二，每遇属员进见，接谈无忌。有广南府知府汪筠，送赵二门包银二百四十两，遂与日渐亲密。恒文亦时加优

---

① 指金银兑换率为1:7或1:8。
② 《云南巡抚郭一裕参奏总督恒文勒索属员等情折》，《乾隆朝惩办贪污档案选编》第1册，第1页。
③ 《云南巡抚郭一裕参奏总督恒文勒索属员等情折》，《乾隆朝惩办贪污档案选编》第1册，第1页。

待，汪筠不时馈送，并向人言：总督认我为亲。①

在郭一裕的奏折中，有一件事情他煞费苦心做了隐瞒，那就是：尽管他十分详尽地将恒文向下属勒买黄金的细节写出，却只字未提恒文求购黄金的目的和缘由。从当时的情形来看，这一情况也确实并未引起他人的注意。这道密折被呈送高宗，并未有任何消息泄露出去。滇省的各项行政事务仍在有条不紊地进行着，总督恒文对即将到来的灾厄浑然不觉。

高宗对郭一裕这道奏折中所陈述的情况感到十分愤怒。他认为恒文"受恩最重，当不应至此"。②但是他也清楚郭一裕绝对不会在如此重大的问题上欺君罔上，因此，如果这道奏折中所言的情形确实存在，那么此时云南的吏治势必废坏已极，绝不可姑息。于是高宗迅速下发了一道谕旨，派遣刑部尚书刘统勋，会同贵州巡抚定长一起驰赴云南严查此案。③

二 钦差对案件的查办

刑部尚书刘统勋，雍正二年进士，有古大臣之风。④虽然他彼时

---

① 《云南巡抚郭一裕参奏总督恒文勒索属员等情折》，《乾隆朝惩办贪污档案选编》第1册，第1页。
② 《清高宗实录》卷五四〇，乾隆二十二年六月辛酉。
③ 《谕内阁著刑部尚书刘统勋会同贵州巡抚定长严审恒文被参各款暨有名人犯》，《乾隆朝惩办贪污档案选编》第1册，第2页。
④ 《清史稿》卷三〇二《列传八十九·刘统勋》，第10463、10469页。

第五章　乾隆朝中前期滇省吏治的弊端

尚不足六十岁，但在京中已担任要职数十年，是高宗极为倚重的臣僚之一。乾隆二十二年五月十二日，刘统勋与贵州巡抚定长一起，抵达云南省城昆明，就恒文一案展开调查。

由于郭一裕弹劾恒文的奏折十分详细，刘统勋与定长在调查中也并未遇到太多困难，仅仅用了六天时间，两人便将郭一裕所奏的恒文各款罪名核查清楚。在五月十八日的奏折中，刘统勋向高宗奏称，郭一裕弹劾恒文的五项罪名，基本事实清楚。刘统勋和定长根据恒文相关的供词，梳理出了他大致的犯罪情节，主要包括以下几个方面。

其一是恒文向属员勒买黄金之事。据刘统勋等称，此事中涉案属官名姓与被勒索金额都十分清楚，恒文亦供认不讳。彼时市面金价约为十二换至十三换，而恒文皆以七换的价格向属员收购。其二是恒文收受剑川州知州罗以书人参贿赂一事。经刘统勋讯问罗以书后，确认此事不实。罗以书仅仅是有馈赠恒文人参之意，但并未真正送出。虽然如此，但刘统勋等指出此事有蹊跷之处：罗以书准备将人参馈送总督为四月之事，而郭一裕参劾此事的时间是二月十三日，于情理不合。其三是恒文纵容家人赵二结交地方属员汪筠收受门包之事。此事经查属实，赵二自认不讳，汪筠亦被革职，以备之后确审。其四是恒文巡视州县时其家人赵二勒索地方官员一事。赵二对此事亦供称属实，起出赃银二千两以上。其五是恒文族孙素尔泰向云南府知府陈镳勒索借银二百两未归还一事，经查亦属实。

刘统勋等认为，恒文折价勒买属员黄金，又纵容家人结交属员，收受官员贿赂，其罪责已经十分清楚，身犯数罪，已经"难为两省属员表率",于是摘取了恒文的总督印信,然后将案情写明,并附上恒文的供词,具折呈递高宗。①

三 恒文供词及案情的新进展

恒文的供词长达数千字,其内容十分特别。这名待罪者此时小心翼翼地解释了自己采买黄金的目的以及缘由,并在供词之中大呼冤枉。他首先对以七换的价格购金之事做了解释:

> 查买金子一事,原是有的。文原未瞒人,缘文有需用金子之处。云南虽出产金子,但地方僻小,市肆中零星难觅,原向属员询问,有应行变价及平时觅得金子的,据实开价买用……交金之人报的是七换,绕照数发给,并无短少,今据佛德郭存庄,却荣们说交的金子系十二换十三换,文俱照七换发价,似有短少,但金子是何程色,文实不能识认,况当时买金原令据实开价,据报止须七换,文何以知其不止七换?……买的金子共五百九十两有零,之外实无再有不发价值止交金子之事。所有买的金子除打造器皿用去三百两有零,下剩的现在收存可据,并无丝毫隐混。②

可以看出,恒文在采买黄金时确实并未对外隐瞒,而是堂而皇之地四

---

① 《钦差刑部尚书刘统勋等奏报查审恒文勒索属员各款情形请旨革职折》,《乾隆朝惩办贪污档案选编》第1册,第3—6页。
② 《恒文供单(一)》,《乾隆朝惩办贪污档案选编》第1册,第6页。

处求买。他指出，自己已经要求卖金者"据实开价"，卖金者开出的价即是七换，且自己都已经照价付给了费用。如今他受到参劾，卖金者却又称实际金价为十二换十三换，这令他深感冤枉。此外，他还对购买黄金的缘由进行了解释：

> 再，需用金子实情，有不得不详细声明者：文蒙皇上天恩，历任封疆，不能随侍阙廷，而滇省去京尤远，区区恋主私情，无时或释，原籍购备一二方物，稍将忱悃。自上年到任之后，与郭巡抚商论及此，伊云："滇南荒僻，别无佳产，唯有金子一项尚属贵重，我拟打造金子手炉四个，于明年进贡，现在打有炉样。"等语。文思巡抚既进金手炉四个，文为总督，养廉较厚，自应倍进。因此采买金子。①

据恒文所说，他购买金子的目的在于打造金手炉，作为向高宗进贡的贡品。而之所以会选择黄金作为贡品，则是在上一年受到了巡抚郭一裕的指点和启发：

> 因无式样，令明柱向郭巡抚处领出金手炉一个，照样打造……打出手炉四个，不甚合式，又打造八个，共十二个，选定八个，已同各项贡物于四月内起程赴京。尚有拣下的四个在署可验，下剩金子原想将来另打如意炉鼎等物，以备下次进贡之

---

① 《恒文供单（一）》，《乾隆朝惩办贪污档案选编》第1册，第6页。

用。今既被参，情愿将下剩手炉金子照数交出，求大人验看。但文采买金子备办贡物，实曾与郭巡抚公同商办，且经伊处发给样炉……巡抚贡物起程在先，文于四月初旬自贵州回滇备贡，起程之后向伊询问，又云："所打金手炉今年未进。"其曾贡与否，文无从得知。求大人询问郭巡抚，如果是不曾进，则从前打造金手炉何用，又如何令文照样打造恭进？意似故意造一炉样，诱令采买金子以为口实一般。虽向属员买金原是文自己不是，何敢诿咎于人，但文若不将实在情由声明，倘蒙询问购买若干金子何用，文将何登答？恩求详察。①

恒文的这份供词，虽然不能为他勒买属员黄金洗脱罪名，但确实引出了此案背后更深层次的隐情：郭一裕在此案中扮演的角色似乎已经不再是一名检举总督婪赃的巡抚，而是设计诱使恒文婪赃的怂恿者。

在看过恒文供词中所指认的情况之后，高宗恍然大悟，同时也十分震怒。当年六月三日，他在发给刘统勋的上谕中指出，恒文身为大臣，以进献贡品为借口，勒派属员买金，并从中短价取利，其罪责自然不容申辩。但他同时也提到，恒文供称"金炉式样得之郭一裕，现有领取炉样之中军明柱可证"，② 如果真如恒文所言，那么郭一裕先将金炉式样交给恒文，随后又将恒文购金一事进行参劾，而他自己此时因明知金炉已经不可进献，于是告诉恒文自己今年不进贡金炉，这使

---

① 《恒文供单（一）》，《乾隆朝惩办贪污档案选编》第1册，第6页。
② 《清高宗实录》卷五四〇，乾隆二十二年六月癸亥。

恒文看起来完全堕入了郭一裕的计策之中。

高宗认为，这种同僚之间的构陷行为是市井之徒所不为的，竟然会发生在一方封疆大吏身上，实属不可思议。他根据二人所称的情况推断，或许郭一裕最初确实为进贡而打造了金炉，但当他将此事告知恒文后，恒文四处折价购金，导致"阖省喧传"，眼看此事愈演愈烈，郭一裕担心这种情况会导致他与恒文二人购金之事皆尽败露，于是将进贡之金炉存留未进，转而参劾恒文买金之事，以此作为先发制人之策。他一针见血地指出：

> 恒文之金既资购买，岂郭一裕制炉之金独不需购买乎？……此二人虽共事日浅薄，未必素有嫌怨，然阅郭一裕所参及恒文所供，彼此俱不无构陷挟嫌恶习。①

高宗在上谕的最后明令刘统勋将此事进行彻查，将此案中的实情审出，但求务必"悉心详审，即行具奏"。②

四 郭一裕涉案情形

六月十四日，高宗的上谕寄达刘统勋，他随即针对恒文郭一裕二人相互构陷一事展开了调查。他首先传讯了郭一裕，郭一裕此时意识到自己买金的事实已经反被恒文参劾，只得就此事中自己的所有行为

---

① 《清高宗实录》卷五四〇，乾隆二十二年六月癸亥。
② 《清高宗实录》卷五四〇，乾隆二十二年六月癸亥。

与恒文进行对质。

六月十六日，郭一裕供称自己在此事上也十分冤枉。据他所说，恒文向自己询问打造金炉进贡之事是在上一年的八月。当时恒文向自己询问云南有什么物品适合进贡。郭一裕当时指出，云南的特产不过是普洱茶、茯苓等物。恒文听后认为，这些物品不过方物，并非贵重物品。于是郭一裕又提出，黄金亦是云南土产，可用作打造佛像或手炉，自己亦打算用黄金打造手炉或者佛像以备日后面见高宗时呈送。恒文当即表示认可，但又说打造佛像不好，手炉更合适些。二人此次商议并未得出什么结果。随后郭一裕采买了数两黄金，打成手炉一个。而此时恒文已开始四处向属员折价勒买黄金，郭一裕认为这种行为"声名不好""外面沸沸扬扬"，于是就不敢再打造其他金炉。到当年十月，恒文差遣明柱将金炉借去作样品，随后又归还了。次年正月，自己"恐多议论"，于是向恒文先后两次建言"东西不论贵重与否，总在我们一点敬心"，"云南金子近日亦不易得，多觅恐多议论"，但恒文并未听取自己的意见。郭一裕认为，自己与恒文"素不相识"，在云南共事期间也"并没有丝毫嫌隙"，只是因为"恒文行为如此，有关吏治人心"，于是自己才会具折参劾。①

刘统勋随即将郭一裕的供词拿给恒文对质。②这位此时已被革职的前总督也了解到参劾自己的正是巡抚郭一裕。他旋即在新的供词中急切地表达着自己的无辜，自己所有的行为都确实是受到了郭一裕的

---

① 见《郭一裕供单》，《乾隆朝惩办贪污档案选编》第1册，第16页。
② 《钦差刑部尚书刘统勋奏覆查审恒文郭一裕相商买金等情折》，《乾隆朝惩办贪污档案选编》第1册，第12页。

陷害。他坦承自己最大的罪责在于不该听信郭一裕之言采买黄金。郭一裕供称曾劝说自己"东西不论贵重与否，总在我们一点敬心"的说法实在是一个弥天大谎。如果郭一裕确实有劝阻之心，当初就不应该将金炉式样拿给自己看，而自己正是受到了这种诱骗，才会做出采买黄金打造金炉的举动。因此他认为，郭一裕从一开始就是为了诱骗自己上钩，才精心设计出了这样一个陷阱。①

刘统勋随即又令两人当面对质。而两人"各执一说，哓哓辩论"。②此时二人的供词完全成了扑朔迷离的罗生门。尽管事件已经被基本还原，但两人的供词实际上是站在完全不同的立场上做出的：恒文此时急于将主要罪责推卸给郭一裕，最起码也要将郭一裕牵涉进此案之中——或许在他看来这样有助于减轻自己的罪责；而郭一裕则不断强调恒文的罪责都是咎由自取，与自己毫无干系。此外，二人都对自己曾经购买黄金一事供认不讳，承认是"自己的不是"。刘统勋凭借经验对二人此时的行为做出了推断，他认为：郭一裕的劝阻之说"原系空言""又无在旁证"，所以"难以断其有无"，但他既然一面劝恒文买黄金进贡，一面又给恒文金炉样式，可见即便有劝阻之言，也非诚心相劝，而是担心受到恒文连累的某种商阻，并不能作为减少他怂恿恒文买金的罪责的证据；而恒文彼时志得意满，无论郭一裕是否说过劝阻之言，他都不可能听从，除了购金之外，恒文赃迹累累，

---

① 见《恒文供单（二）》，《乾隆朝惩办贪污档案选编》第1册，第15页。
② 《钦差刑部尚书刘统勋奏覆查审恒文郭一裕相商买金等情折》，《乾隆朝惩办贪污档案选编》第1册，第14页。

已经审明，只需将二人的罪行按律定拟即可。①

在这份奏折的最后，刘统勋又细心地指出，他在查办此案时留心体察，因恒文的跋扈所导致的督抚二人不合，已是"阖省文武共见情形"。②他虽未在奏折中明言，但实际上已经是在暗示高宗，这或许才是二人相互构陷最根本的原因。

第二节　案件审断结果及影响

随着案件的情节被审明，接下来便是此案该如何判决的问题。尽管涉案官员皆供认不讳，但做出判决却并不是十分简单的事情：由于恒文与郭一裕分属满人与汉人，高宗对二人判罚的公正与否，必然会对各级满汉臣僚造成重要影响。因此，这一判决事实上也成为高宗对满汉臣僚所持统治态度的一种反映。

乾隆二十二年七月一日，京城发出了两道谕旨，一道是由高宗让当值军机大臣傅恒起草后发给刘统勋和定长的。他在上谕中指出：郭一裕之"居心诈伪"，恒文"堕其术中，无可掩矣"，即刻押解京城候旨，至于有无其他赃迹，需要进一步核查。此外，"恒文自有恒文之罪"，刘统勋是"素知朕心者"，"不得稍存满汉之见"。倘若刘统勋

---

① 《钦差刑部尚书刘统勋奏覆查审恒文郭一裕相商买金等情折》，《乾隆朝惩办贪污档案选编》第1册，第14页。
② 《钦差刑部尚书刘统勋奏覆查审恒文郭一裕相商买金等情折》，《乾隆朝惩办贪污档案选编》第1册，第14页。高宗在此折后以朱批的形式令刘统勋回京复命。

"于查审恒文处有意从宽开脱,将来何以见朕"。最后他直言道:"此事朕甚留心,刘统勋应知之。"①

另一道上谕则是由高宗发给内阁的。高宗在这道谕旨中说,恒文"以进献为名,纵其欲壑",需要按律治罪;而郭一裕设局构陷恒文,乃是"行险取巧情状,一一毕露"。此外,郭一裕委托云南司道购金,是私事公办的行为,"阖省趋风,成何政体",郭一裕"深负封疆之寄,著解任来京候旨"。至于二人满汉身份一事,高宗特意做了说明:

> 外人无知者,或谓恒文系满洲,郭一裕以汉人参奏满洲,是以两败俱伤,此则鄙谬,大不知朕心。朕自登极以来,满汉从无歧视,此案审定时,必办理至公至当,允惬众心。②

高宗还特意举出了康熙朝张伯行举劾噶礼的案例作为例子,指出圣祖重治噶礼,而对张伯行任用如故,"此家法也"。但他又特意说明,郭一裕的为人"非张伯行比耳"。言下之意是对恒文、郭一裕二人都会施以严惩。此外,他还要求吏部将滇省布政使纳世通、按察使沈嘉微二人交部严加议处,理由是这两人有意迎合上司,未尽检举之责。③

---

① 《寄谕刘统勋等著究讯郭一裕有无赃私暨不得有意开脱恒文》,《乾隆朝惩办贪污档案选编》第 1 册,第 18 页。
② 《谕内阁著将郭一裕解任押京交部议处》,《乾隆朝惩办贪污档案选编》第 1 册,第 18 页。
③ 《谕内阁著将郭一裕解任押京交部议处》,《乾隆朝惩办贪污档案选编》第 1 册,第 18 页。

但高宗似乎对此事仍不放心，在四天之后，也就是七月五日，他又向刘统勋寄发出了第三道上谕。在这道上谕中，他再一次特意强调，一定要严查郭一裕买金时付给的价格是否属实，此外还需要详查他有无其他赃迹。如果还有其他涉赃行为，则将其居所查封，随后一并治罪。高宗认为"此事关于政体官常者甚大，必虚公研究，方能情罪允当"。①

刘统勋和定长此时必然感受到了来自朝廷的巨大压力，因而在对恒文郭一裕两人的惩处上越发严格仔细。他们首先对恒文的任所进行了查抄，抄出了大量的财物——其中除了现银与金手炉以外，还有大量的金银制品、宝石、珠玉、古玩、皮草、锦缎等物品，加上恒文在别处的地产等财物，估价总计约合三万七千四百六十六两八钱七分七厘。②随后二人奏报说，对于恒文的判决，应该参照《大清律例》中"官吏受财"的刑名，比照"有禄人不枉法赃一百二十两以上绞监候""官吏非因事而受财坐赃折半科罪""监临官吏挟势求索财物并计赃准不枉法论""家人私自索取本官故纵"等刑条进行治罪，数罪并罚，拟定为绞刑。③

至于郭一裕，刘统勋和定长在随后的查办过程中也有其他发现。郭一裕在云南巡抚任上，多有委派属员购买物品之事，往往也未照价

---

① 《寄谕刘统勋著于办理郭一裕一案虚公研究不得稍存意见》，《乾隆朝惩办贪污档案选编》第1册，第19页。
② 《钦差刑部尚书刘统勋奏报查封恒文任所家财解京及留滇估变银数折（附清单二）》，《乾隆朝惩办贪污档案选编》第1册，第20—23页。
③ 《钦差刑部尚书刘统勋等奏报会审恒文一案分别定拟折》，《乾隆朝惩办贪污档案选编》第1册，第24页。

给付钱款；又在修理官邸花园时，让属员垫付款项。刘统勋和定长据此认为，郭一裕参劾恒文，不过是五十步笑百步而已，应该依照《大清律例》中的相关刑条，拟郭一裕杖一百、流三千里。随后刘统勋于七月二十二日将郭一裕押解送往京城。①

之后两人又进一步对滇省其他涉案官员进行了审查。案件中牵涉到的多名大小官员在案发后大都选择了自首，这些人大都是因为向恒文家人赵二送门包而涉入此案的。尽管恒文本人或许并未直接向他们勒索钱财，但毫无疑问，恒文对家人的宽纵直接导致了这起"家人求索"案件。最终，在进行了讯问后，刘统勋和定长向高宗奏报了所有涉案官员的姓名，从名单中可以看出，绝大部分滇省的知州、知县一级官员都曾有过呈递门包的行为。定长建议对其中一部分甘心贿送的官员进行处分，另一部分被勒索的官员则最终依照"抑勒索取与财人不坐例"免于议处。② 这或许是他出于稳定滇省官场的考量也未可知——如果将这些人全部以坐赃罪论处，那么整个云南省的中低级官员只怕无人可以幸免。

此时的高宗或许尚未打算对恒文施以极刑，他在刘统勋和定长的奏折后批示将恒文押解送往京城，并于八月四日谕令刘统勋要严加防范恒文在押运途中自戕。③ 但是随着刘统勋携带着查抄恒文财产的清

---

① 《钦差刑部尚书刘统勋等奏报审拟郭一裕情形并将其解京折》，《乾隆朝惩办贪污档案选编》第1册，第36页。
② 《钦差刑部尚书刘统勋等奏报会审恒文一案分别定拟折》，《乾隆朝惩办贪污档案选编》第1册，第30—31页。
③ 《寄谕刘统勋著于恒文押解途中加意防范毋令家人窥探以防自戕等事》，《乾隆朝惩办贪污档案选编》第1册，第39页。

单面奏高宗，数目惊人的家产令高宗对恒文失望至极，于是他改变了对此案的惩处办法：九月十二日，一道新的上谕由侍卫三泰、扎拉丰阿二人携带着从京城发出，驰驿寄件解送恒文所至之处。高宗在这道上谕中说，恒文以进献为名勒买黄金已经查实，而恒文担任封疆大吏不过两三年，查抄其家产却达数万两之多，可见他平日"居官之簠簋不饬"，而并非刘统勋面奏所称的"家人恣横所致"。恒文有此贪黩之迹，必须接受严惩，赐令自尽。对于郭一裕，高宗认为他"本属庸鄙"，但"尚不至如恒文之狼藉"，著革职从宽发往军台效力。[1]

十月三日，随着上谕送达，恒文自缢身亡。[2] 至于涉案的其余官员，高宗在数日后斥责定长处置不当。高宗认为，这些官员平日不能"持正不阿"，才会被恶奴勒索，甘心贿送，恒文之事败露后，始才迫于压力自承罪责，怎能以自首而免议其罪呢？高宗谕令将十五位官员交部察议，但同时又指出，此案涉案人员达数十人，如果皆尽去任，"人材未免可惜"，因此可以开恩"量加薄惩"。不久后，经吏部奏准，其中十四名官员降一级留任，其余三十八人亦有相应惩戒。[3] 至此，这起沸沸扬扬的云贵总督恒文勒买黄金案终于告一段落。

---

[1] 《谕内阁著赐令恒文自尽并将郭一裕发往军台效力》，《乾隆朝惩办贪污档案选编》第1册，第58页。
[2] 《湖广总督硕色奏报赐令恒文自缢暨钦差都统三泰等回京日期折》，《乾隆朝惩办贪污档案选编》第1册，第60页。
[3] 《军机大臣奉旨著将甘心贿送赵二银两之赵沁等十五员交部察议》，《乾隆朝惩办贪污档案选编》第1册，第59页。

第三节 恒文案中所见滇省官场弊病

毫无疑问,在整个恒文案中,一切犯罪行为发生的源头实际上是远在京城的高宗——恒文勒买黄金的根本动机正是为了置办向皇帝进贡的礼品。这从恒文与郭一裕的供词中都可以清楚地表现出来。尽管高宗本人确曾强调禁止官员进贡贵重物品,但纵观高宗一朝,比黄金更为贵重的贡品比比皆是。[1] 试想一下,如果不是受到郭一裕的弹劾,恒文呈送的贡品是否会为高宗所接受?答案应该是肯定的。事实上,尽管高宗在继位初期禁止官员进贡,但在他统治中期,已经开始大肆收受贡品,且对擅长办贡的官员屡有赞赏。[2] 我们并不难理解为何恒文一定要选取黄金作为贡品,正是因为黄金贡品贵重,才有可能使高宗感到满意。但是,这并不构成恒文向属员折价勒买黄金的借口。与其说恒文折价勒买黄金是因为打算进贡,倒不如说他仅仅是以进贡为借口而折价勒买黄金中饱私囊更为真实。恒文的供词在这一问题上的所谓解释是牵强而苍白的。作为能够主政一方

---

[1] 参见董建中《清乾隆朝王公大臣官员进贡问题初探》,《清史研究》1996年第1期,第40—50页。文章援引中国第一历史档案馆藏《宫中进单》的记载进行了详细统计与胪列,并指出已知贡品的种类包括金、银、各种玉器、古玩、书画、瓷器、铜器、陈设、绸缎织物、皮张、洋货等。如第328号档案记载乾隆三十六年李侍尧曾一次性进贡贡品九十九种,其中包括"镶洋表金万年如意"一柄、"金无量寿佛"一尊。这些物品显然较恒文进贡的金手炉更为贵重。

[2] 详见《清高宗实录》卷一一六〇,乾隆四十七年七月甲辰。载:"即如李侍尧,久任总督,其所办贡物,较他人为优。"又载:"至国泰在山东巡抚之任,其所办贡物,亦较他人为优。"

的封疆大吏，他不可能不知道金银之间正常的兑换比例。进贡在这起案件中为恒文提供了一种犯罪借口——他实质上不过是希望在进贡这件事上既能向高宗显示自己的忠心，又能通过折价购买黄金而获得实质的经济利益。

高宗将这起案件的责任归咎于滇省官员的官风不正，也归咎于云南吏治的废弛与恒文本人的忘恩负义。但我们不难想象，恒文并非一个像鄂尔泰、张廷玉一般有朋党情结的权臣，他能够成为总督这一级别的大吏，完全是依靠高宗的提拔与恩宠。他实际上并没有也不可能违背高宗的旨意，这关系到他未来的仕途。而且他涉赃的一个重要原因就是为了向高宗表示忠诚，也就是他所称的"恋主之情"。可以想见，高宗称恒文"深负朕恩"仅仅是表达自己在此事上的失望，但这并不能说明恒文在此事上对高宗有任何的不忠或者违拗。

另外，从相关记录也不难看出，该案的所有涉案官员中，"甘心赇送"者并不在少数。和恒文一样，这些向恒文低价出售黄金的官员实际上也确实存有取悦上级的想法，希望以此来博取总督的认可与日后的关照。因此，我们实际上可以看到这起案件中所有涉案人员在动机层面所具有的一种复杂性，那就是：他们都遵循了中国传统文化中所推崇的"人情"关系——正如我们在第四章中所提到的那样，同僚之间相互馈赠礼物，这种官场陋规在任何时期都并不鲜见。与其将这种行为归咎于官员个人道德品质低下，倒不如说这是中国传统文化中重视人情关系这一思想导向所致。正是由于官场的陋规在文化层面上有其合理的一面，才会导致自皇帝以下的大小官员无不身陷其中无法

第五章 乾隆朝中前期滇省吏治的弊端

自拔。换一种角度来说，尽管在法理上的意义完全不同，但恒文向高宗进贡与官员向恒文低价出售黄金的行为从本质上来讲都是行贿。我们可以看出，这起涉赃案件的大部分涉案人员，实际上都是两厢情愿的行贿者与受贿者，而并非勒索者与被勒索者的关系。在等级社会环境中，人际关系地位的不平等与文化层面的伪合理性才是类似案件发生的主因。

我们不难看出，高宗想要在这样的文化环境中要求自己与官僚群体保持绝对的清廉，几乎是一件不可能的事情，而正因为他始终能够意识到这一点，所以他也往往会默许一些官场陋规的存在。但是，当高宗面对来自郭一裕的参劾，他势必不能将恒文的所作所为归为某种可以被容忍的陋规，更不能将这些行为视作恒文在对自己表达忠诚。在第四章中我们提到，随着高宗步入中年，他已经逐渐成为一位成熟稳重的君主，在统治态度上越发趋于严酷与无情。因此当他在面对贪腐犯罪时，绝不会对贪赃者有所偏袒。换言之，高宗在这起折价勒买黄金案件中可以不去怀疑恒文的忠诚，但他也依旧不能无视恒文的赃迹。因此，对恒文施以严惩几乎是高宗必行之事。

此外，虽然高宗在上谕中极力否认此案中存在着满汉之间的争斗，并将案件的风口引向了滇省官风的腐败，但我们还是可以直观地从案情中看出：由于郭一裕的汉人身份，他参劾的是满人总督，从而使问题不可避免地上升到了满与汉的对立这一层面。这未尝不是当时满人政治地位的提高所引发的负面影响。在前文中已经提到，有清一代，满人官员的政治地位是在汉人官员之上的，这使官员在出身上就具有了明显的族群等级差异。在该案中，或许我们可以将之理解为出身满洲正黄旗的恒文在出任总督后,对汉人巡抚郭一裕"颐指气使",导致了郭一裕的不忿与反击。那么,高宗此时对二人任何的宽纵势必都会导致不同臣僚群体的不满,唯有对双方都施以严惩,才能平息来自朝野的所谓"以汉人参奏满洲,是以两败俱伤"的负面舆论,不至在官僚群体中引发更大范围的不利影响。

还需要说明的是,正如刘统勋所指出的那样,恒文一案发生的直接原因,或者正是恒文的飞扬跋扈所导致的他与郭一裕之间的同僚不合。我们确实能够通过这起案件观察到滇省官场中存在着激烈的权力角斗。有清一代,在大部分的官场环境下都始终存在着一个官官相护的体系,官场文化的存在使同僚之间不愿轻易相互弹劾。[①]但令人惊讶的是,在恒文案中,官场文化却似乎是完全失效的。这是否由于恒文与郭一裕二人的权斗已经发展到了水火不容的地步?或许事实也并非如此。试想,郭一裕曾长期容忍恒文的跋扈,甚至"处处小心",若不是因为恒文肆无忌惮四处买金的行为所招致的"阖省喧传",郭一裕也绝不会轻易选择弹劾恒文而自保,毕竟郭一裕也十分清楚,他本身就与恒文的诸多涉赃行为脱不开关系。但是恒文一系列出格的行为令郭一裕感到了严重的威胁,对于此时的他来说,故意包庇同僚则势必会给他带来更严重的灾难(例如被视作同犯),而非象征性的行政处分。这或许才是郭一裕选择参劾恒文的根本原因。

---

① 参见〔美〕孔飞力《叫魂:1768年中国妖术大恐慌》,第249页。

第四节　滇省吏治腐败的端倪

我们已经看到，当高宗看到刘统勋查抄的恒文家产时有多么失望。在高宗看来，恒文势必平日"居官之簠簋不饬"，言下之意是他巨大的资产一定是由于贪腐所致。因此，尽管很难有证据直接指出恒文究竟犯下了何种赃罪，但最终恒文却因为数目庞大的家产而被高宗赐令自尽。高宗相信，这名跻身总督仅仅数年的官员绝不可能拥有与其收入水平完全不相称的资产，这足以证明他的贪婪，他的赃迹在这些财富面前暴露无遗。在这样的推断面前，恒文甚至没有得到任何申辩的机会。

君主对于地方督抚的控制，实际上存在着两种不同的方式：第一种是通过行政体系来完成的，高宗委派钦差对地方督抚进行监察与审理，或者将涉案官员直接交由吏部进行处分；第二种则是直接以个人名义对官员进行惩处。相较于前一种方式，尽管后者不是常规性的手段，但在实际的行政活动中并不罕见——在对于乾隆十五年的滇省亏空案以及乾隆二十一年的恒文案的处理上，高宗都直接利用专制权力对涉案官员进行了惩处。而对于官员而言，这种来自君主本人的直接判罚远比来自行政体系的惩处更具威慑力。当高宗仅凭个人的判断来对官员进行处置时，他的严厉与残酷往往会尽显无遗。我们在第四章也提到过，特别是在面对一些重大的政治事件和军事败绩时，高宗这种严酷会变本加厉。在恒文案审结之时，恰逢回部大小和卓第二次在新疆发动叛乱。①在严峻的军事态势下，高宗恶劣的心境实际上再次显露。所以在某种程度上来说，高宗严惩恒文的行为或许也是受到了彼时恶劣心态的影响——我们可以看出，高宗将恒文视为忘恩负义之徒，并将自己的愤怒发泄在这名旗人总督身上，恒文所受到的惩处相对于他所犯下的罪行而言是不太恰当的。但正如我们在第四章所提到的那样，君主对司法的干预本身就是清代司法的重要组成部分，这并未改变当时司法程序的合理性。高宗在该案中的专断导致我们无法直接在法理层面上对恒文的罪行做出准确的认识，并且会对我们观察这一时期滇省的吏治情况造成某些间接性的障碍。尽管恒文确实在该案中负有不可推卸的责任，但我们应该看到，他自身的罪行与云南官场中存在的腐败之风实际上并没有太大的联系，更不需要为此而承担直接责任。滇省官场的陋规由来已久，这些腐败行为绝非在恒文到来之后才产生，早在乾隆十五年的滇省亏空案发生时就已初现端倪，甚至可以上溯到更早的时期。腐败案件从来都不是个体行为所导致的，而是制度与文化共同作用的结果。因此，与其说恒文在其短暂的云贵总督任上造成了滇省吏治的废弛，倒不如说这名贪婪而张扬的总督在滇省复杂的人际关系中被动地陷入了腐败的泥沼。

像恒文案这样一起疆臣贪腐案所造成的最大冲击，并非它造成或者加剧了地方吏治的腐败，而在于它暴露出了滇省吏治存在的一些重要问题。长久以来看似稳固的行政关系结构实际上是漏洞百出的，官

---

① 详见《清高宗实录》卷五四一二，乾隆二十二年七月己亥。载："(霍集占、布拉尼敦，即大小和卓)此二贼前被准噶尔囚絷，朕特加恩，俾仍领旧部，乃负恩党逆，戕害我副都统阿敏道，其罪必不可逭。"

员在行政活动中公私不分，逢迎上司，谋取私利；一旦事发，又转而彼此构陷，推诿责任。通过恒文案我们看出，这些问题实际上已是滇省官场中存在的普遍现象。高宗下令将滇省各级涉案官员交部议处，并指出这些官员平日未能"持正不阿"，可以看出，在这一时期实际上对于滇省的官场风气是有清楚认识的。恒文案并非滇省吏治走向腐败的开始，而是滇省吏治腐败所导致的必然结果。

这起案件将滇省官场中存在的诸多弊病统统反映了出来，高宗在失望、愤怒等恶劣心态影响下对恒文进行了严惩。但是他却没有对已经走向腐败的滇省吏治进行有力的整饬——这并非真的因为高宗"格外开恩"，而是由于此时的他十分清晰地认识到，即使下令替换了全部滇省官员，也并不能从根本上改变云南吏治废弛的无奈现实。

第六章
乾隆朝中后期滇省吏治的转向
——以钱度案、彰宝案为例

我们现在已经看到了云南地区两起不同的疆臣涉贪案件：前一起案件是乾隆十五年图尔炳阿、宫尔劝涉杨茂亏空钱粮案；另一起案件是郭一裕参劾恒文勒买黄金案。就这两起案件而言，我们从中看到了高宗是如何通过法律手段来控制臣僚的，也观察到了官场文化以及人际关系会对官场风气造成何种影响。我们了解到，在某些情况下，涉案官员们所谓的贪腐罪行不过是君主专制体制下被赋予的欲加之罪，抑或官场权斗中某一方所使用的极端手段。我们还发现，统治者一方面以反贪的名义严惩官员，另一方面却又在面对官僚群体中无所不在的腐败行为（我们暂且将这些行为理解为官场潜规则或者"陋规"）时采取容忍和默许的态度。这当然是最令人难以理解的部分，因为它看起来是如此的矛盾而荒悖。

在清代的政治制度下，作为核心的就是皇帝本人。他们对于腐败的态度实际上是十分暧昧的，在他们看来，官场陋规并不完全等同于贪腐犯罪。"陋规"这种官场上缓慢产生并长期存在的潜规则仅仅是一种无法被消除的痼疾，它并不会对统治基础构成致命威胁，甚至在某种程度上有助于降低行政成本，帮助自己控制臣僚、争取支持。因此，君主往往会对官场陋规保持有限度的容忍——雍正年间养廉银的设立事实上就是君主容忍和支持陋规的具体表现。

但君主对官员的贪腐犯罪则抱有完全不同的态度：在君主正式的话语中，一般意义上的官场陋规至多属于行政失职，而贪腐犯罪则是会动摇国家统治基础的犯罪行为，会直接损害统治集团在民众心中的公信力。当然，在某些情况下贪腐犯罪也可以被视作官员对君主的背叛与不忠，这就上升到了政治罪的层面，也就是说，皇帝在一些情况下可以认为某些贪腐犯罪直接损害了其自身的利益。但是，无处不在的官场陋规造成的影响远比一起官员腐败案件深远得多，统治者也十分清楚，如果仅凭严惩贪官就可以杜绝腐败，那么腐败又怎么会成为与史同寿的痼疾呢？和对陋规的纵容一样，对贪腐官员的严惩，实质上也是君主维护统治的一种必行策略：正是由于官场腐败的普遍存在，反贪行为才更具有社会意义，它既可以在一段时间内抑制地区腐败的发展，也可以显著地降低来自各方面的反对舆论。如果君主要令百姓对整个行政体系保持信心，他就必须谨慎地处理一切已经发生的贪腐犯罪，让百姓认为贪腐者已经受到了严惩，而行政体系本身仍是廉洁且值得信任的。

这完全是一种政治幻影。它同时欺骗着统治者与民众两个阶层，君主的专制统治正是在这种幻影的笼罩下得以维系。惩贪不过是一种治标行为，它并不能从根本上遏制腐败的发展。18 世纪中期，随着统一新疆战争的结束，清朝达到了全盛阶段，社会经济繁荣、国家高度统一。但与此同时，官场腐败也有了进一步的衍化，无所不在的官场潜规则已经逐渐蜕变为难以控制的恶性腐败。

第一节　从清明到腐败

浙江省嘉兴府，位于浙江东北部，这里是一片潮湿温暖的冲积平原。此处北邻镇江，南接杭州，隋代开掘京杭大运河，使此地尽得灌溉舟楫之利。时值清乾隆三十年的十一月，在位于嘉兴府西南隅一个叫作檇李的地方，正有一户人家在一片缟素地治办丧事——逝者正是时年七十八岁的宫尔劝。自离开云南之后，他一直在江南侨居。在这一年的隆冬，他病故在檇李的寓所。[①]

他去世的消息很快被告知近邻和亲友，一系列繁杂的丧葬之礼正在有条不紊地进行着。在中国人的传统习俗中，为逝者操办葬礼是极为重要的事情。葬礼寄托着生者对亡者的追思，同时也体现了儒家传统中的"孝"的伦理要求。[②] 吊唁的人自各方渐次赶来，纷纷对死者的离去表示哀悼。在众多吊唁者中，一名叫作钱陈群的老者号哭得尤为悲伤，这令宫尔劝的家人亦为之动容。钱陈群当时已有八十岁的高龄。与其年龄相对应的，则是他此时官居从一品太子太傅的高贵身份。[③] 或许是因为钱陈群的痛哭显示出了他与宫尔劝之间的深厚友谊，又或者是宫尔劝的家人出于对钱陈群身份的敬畏，当葬礼结束，宫尔

[①] （清）李桓辑《国朝耆献类征初编》卷一八一《疆臣三十三》，第431页。
[②] 《孟子·离娄下》："惟送死可以当大事。"这是中国传统儒家思想中对于"孝"道的一种要求。
[③] 钱陈群在乾隆十七年致仕，但在高宗屡次南巡中，仍对他时有加封。钱陈群在高宗第四次南巡时前往迎驾，并被加封太子太傅衔职。中国第一历史档案馆编《乾隆朝上谕档》第4册，乾隆三十年闰二月十二日，广西师范大学出版社，2008，第609页。

劝的两个儿子来到了钱陈群的家门前,他们下跪叩首,请求钱陈群为亡父撰写墓志。①钱陈群当即答应。随后不久,他完成了《宫怡云方伯暨元配李夫人合葬墓志铭》,经匠人刻于石碑上,随逝者一起下葬。②次年,宫尔劝的灵柩归葬其故乡高密。③在这篇墓志中,钱陈群用极为细致的笔触写下了宫尔劝的一生:

> 君少而奇颖,二十补博士弟子,二十四举于乡。以县令起家,历郡守,擢盐司,晋方伯。始终官服滇南,所至著有声绩……仕宦三十余年,家无长物,喜读书,无他嗜好。④

尽管这篇墓志难免有过誉之词,但仍不失为宫尔劝一生的真实写照。逝者已逝,宫尔劝不过是史册中留存的一个不起眼的名字,他仕宦云南的经历在漫长的历史时间中也不过是过眼云烟,但当我们回溯18世纪前期滇省的吏治史,他却是始终无法绕过的人物。他在雍乾时期滇省官场中的历史地位,并不因为他"仕宦三十余年"的经历,或是因为他曾担任云南布政使一职,而仅仅是因为,他的仕宦生涯中"所至著有声绩"。这种评价应该是公允的。宫尔劝是雍乾时期西南

---

① 《宫怡云方伯暨元配李夫人合葬墓志铭》:"力疾赴哭,且喑二子。他日,二子及余门,稽颡请铭君墓,不敢辞。"
② 宫尔劝生平见于《国朝耆献类征初编》及《碑传集》。其中,《碑传集》中记有《宫怡云方伯暨元配李夫人合葬墓志铭》全文,而《国朝耆献类征初编》直接援引宫尔劝墓志,唯隐去宫氏先世姓名。
③ 《宫怡云方伯灵梓归高密以诗送之》,钱陈群:《香树斋诗集》。该诗作于乾隆三十一年。参见《清代诗文集汇编》第261册。
④ 《宫怡云方伯暨元配李夫人合葬墓志铭》,《清代碑传全集》上册《碑传集》卷八四。

开发政策的具体参与者,自雍正以来,清朝的统治者励精图治,而这一时期的滇省官员如宫尔劝、鄂尔泰、张允随等,事实上也是秉持了国家意志的执政者,他们承载了统治者的政治抱负,且大都具有儒家知识分子的"救世"信念以及良好的行政能力。在这一代官员的努力下,社会经济迅速发展,政府的财政收入增加,而百姓承担的赋税等负担却有所降低。在地方建设、制度改革以及文化传播等方面,他们更是功不可没。正因为如此,乾隆时期的全盛之世才得以出现。而当国家真正步入盛世,统治者却逐渐消退了曾有的政治理想:当高宗开始实施"持盈保泰"的统治方针,自雍正以来那种励精图治的风气与宫尔劝这样的官员一起,在历史的时间中宣告了谢幕。取而代之的,是浮华盛世中日渐显现的奢靡之风,以及如同恒文一样意图持禄固宠的腐朽官僚。正是在这样的环境下,清朝才逐渐显现出了难以抑制的腐败与漫长的中衰。

第二节　钱度案始末

在宫尔劝去世的时候,担任云南布政使一职的是一名叫作钱度的官员。此人是江南常州府武进县人,乾隆元年进士。高宗在初次召见此人时,对他的印象是"人明白,甚知者";再次召见时又称他为"聪明人",言辞间似乎颇为赏识。[①]他曾担任吏部主事,后来又在广

---

① 秦国经主编《清代官员履历档案全编》第 2 册,第 101 页。

西、安徽等省的行政中层供职。他因行事奋勉,曾得到高宗的嘉奖,并于乾隆二十七年被授予云南布政使一职。① 当时正值清缅战争时期,云南是前线作战省份,钱度在数年间一直负责清军的军需供应,他在此事上的勤勉令高宗印象越发深刻。乾隆三十二年,钱度调任贵州布政使,随后又升任贵州巡抚。② 不久后高宗又调任他为广东巡抚,并特命他以巡抚衔仍管理布政使事务,继续督办清军对缅作战军需。③

乾隆三十三年四月,高宗诏令钱度进京。恰逢此时,时任云贵总督鄂宁上疏称自己曾与钱度秘议招抚缅甸投诚之事,恳请高宗暂时将钱度留任滇省。彼时恰逢清军统帅明瑞在勐育一带战死不久,缅军"惧其余威",有议和打算。但高宗一方面痛失爱将,另一方面又认为清军仍有余力平定缅甸,因而并未支持招降之事,鄂宁还因此受到高宗严厉斥责,④ 之后钱度亦被调任广西巡抚。⑤ 但他赴任不久,其下属知县郑之翀治下即发生囚犯越狱之事,钱度从宽将他革职留任;同时,他又因涉嫌包庇学政梅立本贪赃勒索,被高宗叱责为徇庇下属。因为这两件事情,高宗对钱度感到十分愤怒,认为他在地方沾染了官场陋习,故而"难寄封疆之任",遂下令钱度再度降补为云南布政使。⑥

从上述情形可以看出,钱度的仕途存在许多波折。他在广西巡抚

---

① 《清史稿》卷三三九《列传一百二十六·钱度》,第11080页。
② 《清高宗实录》卷八〇七,乾隆三十三年三月甲辰。
③ 《清高宗实录》卷八〇八,乾隆三十三年四月丁卯。
④ 《清高宗实录》卷八〇九,乾隆三十三年四月丙子。
⑤ 《清高宗实录》卷八一三,乾隆三十三年六月壬午。
⑥ 《清高宗实录》卷八二一,乾隆三十三年十月辛未。

任上一系列行政失误,实际上彻底断送了自己的仕宦前程。他不仅失去了晋升的机会,同时还失去了丰厚的收入——高宗将钱度降职的同时,又谕令时任云贵总督明德,三年内不得支给钱度养廉银,以示对他的惩儆。[①]到乾隆三十四年九月,钱度又因在铜厂事务中出现严重失误而被高宗下令革去顶带,俨然跌入了仕途的最低谷。[②]在随后的数年中,他一直担任云南布政使一职,高宗也似乎对钱度彻底失去了耐性与赏识,不再有更多的关注。直到乾隆三十七年初,他被一名叫作朱一深的官员举发称有勒索之事,钱度这个名字才再一次出现在高宗的面前。

一 义都铜厂亏空案

在乾隆三十七年的正月间,时任署云南巡抚诺穆亲在访查义都、金钗二铜厂时,发现工本等项均有不清之处,于是他命令时任安宁州知州萧文言等前往铜厂盘查。这引起了义都铜厂的管理者宜良县知县朱一深的不安——此时的义都铜厂存在巨大的账目亏空。经过权衡,朱一深于正月十七日前往巡抚衙门,向诺穆亲揭报铜厂亏空的情况,他称自己从乾隆三十一年以来,受到上司及同僚的勒索挟诈,导致铜厂亏空,合计银四万余两。朱一深禀称,"自巡抚、藩、臬、道、府以及同寅幕友长随书吏均有需索",并呈上了被勒索的银两清单。令诺穆亲感到难堪的是,自己的名字竟然也在这份名单之上——朱一深

[①] 《清高宗实录》卷八二一,乾隆三十三年十月丙子。
[②] 《清高宗实录》卷八四二,乾隆三十四年九月甲申。

在清单中列出，曾向他的家人馈赠门包三十二两。诺穆亲感到"不胜骇异"，于是在正月二十一日，向高宗发出了一份奏折汇报此事。他在奏折中说，义都铜厂每年领取工本不过二万两，被索要陋规一事或许是存在的，但巡抚及两司官员身为封疆大吏，当不至向厂员勒索如此数量的赃银。此事事关重大，如果属实，那么这些恣意贪婪的封疆大吏势必不可被原宥。他又向高宗请求，考虑到朱一深揭报的一众官员现大多仍在任，如果本省官员直接审理此事恐难以避嫌，最好由高宗直接派遣一名钦差来云南查办此案。①

诺穆亲将朱一深开列的官员勒索清单随奏折一并呈上。在这份清单中，钱度、彭理等藩司大员的姓名赫然在列。高宗在接到密折后十分震怒，旋即于当年二月六日差遣刑部侍郎袁守侗作为钦差驰赴云南，会同刚刚补授云南巡抚的李湖一起对该案进行查办。次日，高宗又寄谕时任江苏巡抚萨载和浙江巡抚富勒浑，令他们务必在辖区内将此时已起程返乡的钱度第三子及同行藩幕叶某拿获，之后一并押送至云南待审。②

此时署理云贵总督的官员是彰宝。此人是一名具有丰富行政经验的满洲官僚，出身镶黄旗。他曾参与查审乾隆三十年（1765）山西阳曲县知县段成功亏空案以及乾隆三十二年的两淮盐引案。通过查办这两起案件时的出色表现，彰宝获得了高宗的信任，于乾隆三十四年

---

① 《署云南巡抚诺穆亲奏报管理义都厂知县朱一深揭报上司勒索折》，《乾隆朝惩办贪污档案选编》第1册，第209—210页。
② 《寄谕江苏巡抚萨载等著将钱度第三子藩幕叶姓二人密查解滇省质审并具覆奏》，《乾隆朝惩办贪污档案选编》第1册，第211页。

第六章　乾隆朝中后期滇省吏治的转向 | 191

(1769）被委任署理云贵总督。①

当朱一深向诺穆亲检举铜厂亏空情况时，彰宝正在腾越州办理公务。正月二十二日，他收到了朱一深发出的一封禀帖，内容正是检举有关亏空情况的。在了解朱一深所说的情况之后，彰宝深感事关重大，这起案件中存在一个十分棘手的问题，就是贪腐情节牵涉的官员极其广泛。彰宝迅速向高宗上奏。他在奏折中将涉案官员的姓名逐一列出：

> 臣阅其所开收受财物之上司，系前任总督鄂宁、前任巡抚明德、现任藩司钱度及钱度之子并幕友叶姓、升任云南府知府彭理、原任元江府知府额鲁礼；又调任按察使法明、现任云南府知府傅尔瑚纳托买朝珠各一盘，价有赔垫；又现任东川府知府李豫、前署云南府知府周际清派令帮助同寅并家人需索节归；又原任布政使宫兆麟及现任曲靖府知府暴煜之幕友长随均有索借银两，即抚臣诺穆亲之家人亦有送给门包银两；又该员朱一深自行借给与人者，系原任永北镇总兵今补督标中军华封、效力游击宝德、大理府同知王锡缙、升任昆明县知县朱学醇、升任楚雄府知府张应田、驻省提塘叶士俊、试用知县曹湛、普洱府经历郝敬修、丁忧同知秦廷堃、原任南笼府知府廖音等，计其节年花费银数自千两以及数百及数十两不等。②

---

① 《清史稿》卷三三二《列传一百十九·彰宝》，第 10968 页。
② 《署云贵总督彰宝奏报朱一深揭报上司勒索及委员办理情形折》，《乾隆朝惩办贪污档案选编》第 1 册，第 213～215 页。

这份名单中牵涉到的官员，上至总督巡抚，下至幕友长随，牵涉之广，令人深感骇异。彰宝在这份奏折中明确表示自己未曾想到"酿成亏空如是之甚"，收受馈赠者"有玷官箴"，尤其是案中牵涉到的"钱度、彭理系司道大员，虚实均当严办"。待处理完当前事务之后，他将亲赴省城会同巡抚审办此案。（朱批：已差人前往审理矣。）①

彰宝根据朱一深的禀帖，还将钱度与彭理二人的涉案情况做出了初步分析，并另上一折向高宗奏报。在这份奏折中彰宝写道：钱度与彭理二人在此案中涉案金额巨大，其中彭理涉案金额达千两之多，包括九百两馈赠及未曾付价的六匹马；而朱一深馈送钱度钱物价值则更是将近三千两之多。钱度涉案财物系钱度第四子及叶姓幕友收受，钱度不是事前知晓，便是事后纵容，如果此事属实，其罪难逭。彰宝恳请高宗下令将钱度革任、彭理革职，以便严审，另请将钱度之子及幕友等其余涉案人员在拿获后解送滇省一并审理。（朱批：该部知道。）②

与此同时，新任云南巡抚李湖根据傅尔瑚纳的禀帖统计出了义都铜厂的亏空数目，总计四万八千余两白银。由于此案中种种证据都指向了钱度，李湖迅速做出将钱度摘印看守的决定，并将钱度任所查封。随后他向高宗汇报了情况，等待下一步的指示。③

除滇省以外，各地的督抚此时也已经在全力布控，四处缉拿已经

---

① 《署云贵总督彰宝奏报朱一深揭报上司勒索及委员办理情形折》，《乾隆朝惩办贪污档案选编》第1册，第213—215页。
② 《署云贵总督彰宝奏请将收受馈送之藩司钱度等革任候质并咨拿钱度之子及幕友折》，《乾隆朝惩办贪污档案选编》第1册，第215—216页。
③ 《署云南巡抚李湖奏报据咨将钱度摘印看守查封任所赀财并飞咨拿解彭理等情折》，《乾隆朝惩办贪污档案选编》第1册，第217页。

第六章 乾隆朝中后期滇省吏治的转向 | 193

返乡的钱度之子等。最先有所斩获的官员是署贵州巡抚觉罗图思德。他在奏折中向高宗汇报,二月二十四日,贵州府知府报称截获了钱度家人张林顾,并在他向滇省运送的物品中发现了大量金器与玉器,"计箱四只,内贮金器大小八件,称重四百两零,玉器十一件"。(朱批:岂有此理!非贪迹而何?)①

觉罗图思德的奏折令高宗确信,义都铜厂亏空一案中涉案情节最为严重的当属云南布政使钱度。高宗在命军机大臣刘统勋发给彰宝和李湖的上谕中说道,钱度久任云南布政使,经理滇省财政多年,又多年未发养廉,竟然拥有金器四百余两,"苟非婪索属员,取自暮夜,安能有此?其为贪赃败检已可概见"。他谕令二人对钱度严加审讯,审明情节后从重定罪。②

彰宝等此时感到十分焦灼——此案中涉案的人员实在是太过于庞杂了。此时彰宝尚在永昌,李湖在到任后最初的十余天之中对大部分涉案官员逐一进行了讯问。除钱度、彭理以及部分已经离任滇省的官员以外,在省的其他涉案官员大都对涉案情节供认不讳,而涉赃金额与朱一深提供的单据也完全吻合。这使钱度的赃迹进一步被确认,照这样的情况来看,无须等到钦差到达,此案似乎就可以真相大白。③

---

① 《护贵州巡抚图思德奏报获解彭理幕友周若金并截获钱度家人及护送金玉器等物折》,《乾隆朝惩办贪污档案选编》第1册,第223页。
② 《寄谕钦差袁守侗等著严审钱度何得有金器四百余两并迅即从重定拟》,《乾隆朝惩办贪污档案选编》第1册,第227页。
③ 《署云贵总督彰宝等奏参朱一深案内知府傅尔纳等收受勒派朝珠银两请旨革审折》,《乾隆朝惩办贪污档案选编》第1册,第224—226页。

二 钱度涉案情节

在接下来的近一月时间中,各省的督抚又陆续有所发现。先是两江总督高晋及江苏巡抚萨载查封了钱度在江宁以及原籍常州的家产。①三月十三日,江西巡抚海明又奏称,二月二十八日在江西彭泽县地界拿获钱度家丁王寿等八人,他们随行带有棺材一口,内贮二万九千两白银,已被查封存库。另搜出钱度家信、账单等物,一并呈送高宗。②就在上奏当日,海明又拿获了钱度幕友叶士元(又名叶木果,即前文所指叶姓幕友),此人携带银两竟达二万余两。③在审讯中,叶士元自称银两为自己多年经营所得。海明认为此人系"恃无质证,狡供不吐",又为涉义都亏空案中有名姓人犯,将他押解至滇。④至三月二十八日,湖南武陵县知县截获钱度第三子钱甏,随即解至贵州,贵州巡抚觉罗图思德即刻将此事上奏,并将钱甏押解至滇。⑤至此,涉案的人员基本被全部拿获,同时作为证据的赃物也已全部被掌握。

---

① 《两江总督高晋等奏报遵旨查封钱度寄居江宁及常州原籍家产折》,《乾隆朝惩办贪污档案选编》第 1 册,第 226—227 页。
② 《江西巡抚海明奏报盘获钱度家人王寿等八人运银近三万两及钱度家书账簿等情折》,《乾隆朝惩办贪污档案选编》第 1 册,第 230—232 页。
③ 《江西巡抚海明奏报盘获叶士元及随带银物俟提省审讯后委员解滇折》,《乾隆朝惩办贪污档案选编》第 1 册,第 233 页。
④ 《江西巡抚海明奏复审讯叶士元等情形并委员解滇日期折》,《乾隆朝惩办贪污档案选编》第 1 册,第 237 页。
⑤ 《护贵州巡抚图思德奏报拿获彭理及家人张洪照委员解滇及钱甏过黔日期折》,《乾隆朝惩办贪污档案选编》第 1 册,第 233 页。

第六章　乾隆朝中后期滇省吏治的转向 | 195

钱度的家信很快被呈送到了高宗手中。钱度在给长子的信中写道："趁王寿回南，寄归二数，好为收贮。或做地窖，或做夹壁，善为筹画，以作永久之计。"高宗在看过之后表示"实堪骇异"。钱度已数年不给养廉，若非恣意贪婪，不可能有如此数量的积聚，至于藏银地窖夹壁的行为，更是"负恩败检"。高宗遂令军机大臣刘统勋寄谕袁守侗、彰宝以及李湖等，称钱度犯下的罪行是"天理所不容"，须作为贪腐要案另案办理，让他们务必对钱度严加看守，并不惜对其进行刑讯，务必审查出实情，以便"明正典刑"。此外又特意说明，如果钱度畏罪自尽，将唯李湖是问。① 同时又寄谕高晋与萨载，让他们对钱度家人严加询问，并在其住所仔细搜查钱度"藏埋地窖夹壁"之中的财物。②

钦差袁守侗姗姗来迟，于三月二十三日方才抵达昆明。③ 由于各省督抚在该案中表现出了很高的效率，涉案人员也在随后几日陆续到案。四月初九日，高晋又奏称在钱度家中起出埋于地下的银两近二万七千两，黄金近二千两。④ 多方证据确凿，事实清楚。此时摆在袁守侗面前的，实际上只剩下遵旨对涉案官员的罪行进行审定。

---

① 《寄谕钦差袁守侗等著即严讯及其子家人等并钱度另案办理从重定拟即速回奏》，《乾隆朝惩办贪污档案选编》第 1 册，第 235 页。
② 《寄谕两江总督高晋等著将钱度于常州江宁两处财产严密查封并严讯家属逐细详搜》，《乾隆朝惩办贪污档案选编》第 1 册，第 236 页。
③ 《钦差袁守侗等奏报审明钱度受贿行私之事俱由钱酆叶士元经手等情折》，《乾隆朝惩办贪污档案选编》第 1 册，第 242 页。
④ 《两江总督高晋等奏报查出钱度原籍财产并埋葬寄顿金银珠玉等物折》，《乾隆朝惩办贪污档案选编》第 1 册，第 249—250 页。

三 案件的判决结果

四月初八日,彰宝自永昌府回到昆明,随即与袁守侗等一同对钱度进行了审讯。[①]面对多方铁证,钱度"伏地畏惧",将自己四处婪赃的情节全部供出。据他供称,他巨额资产的来源,有四种途径。其一是其中绝大部分赃款系克扣过手库银所得。自乾隆三十四年再度迁任云南布政使起,清廷发给滇省的各项库银共计一千三百三十五万余两,钱度身为藩司大员,掌管财政,又经理军需供应,凭借职务之便从各项库银中大肆克扣。每百两银中,钱度即能克扣一钱或七八分银不等,合计从中贪污银钱二万四千余两。其二是收受属员的各项馈赠。仅在义都铜厂一案中,钱度就收受朱一深馈赠钱物达数千两。其三是向同僚勒借银两,此项先后得银一万余两。其四是勒卖古玩给下属牟利,此项得利一万二千二百五十两。据供,上述婪赃手段共计得银四万七千两左右。[②]

袁守侗等根据各方的证据推断,钱度实际贪婪得赃的数量只怕不止如此,应该仍有所隐瞒,于是他当场对钱度说明,如果不据实供认,将对他施以夹棍刑讯。钱度伏地痛哭,称自己身为藩司大员,却多方贪赃勒索,已是"罪无可逭",此外实无其他隐瞒。袁守侗三人

---

① 《署云贵总督彰宝奏报遵旨赴省会同袁守侗等审拟钱度赃款折》,《乾隆朝惩办贪污档案选编》第1册,第253页。
② 《钦差袁守侗等奏报遵旨严审钱度拟斩立决江西盘获银两没官等情折》,《乾隆朝惩办贪污档案选编》第1册,第254—256页。

第六章 乾隆朝中后期滇省吏治的转向

于四月十一日具折奏报高宗,称他们最终根据《大清律例》中"监守自盗"律相关规定,从重拟定钱度斩立决。①

此时,对钱度婪赃案的审理似乎已经画上了句号。但高宗对这样的结果并不满意,他在四月二十二日令军机大臣刘统勋寄谕袁守侗及彰宝、李湖,称此案"所讯情节尚是不实不尽",只不过是袁守侗"欲图草率了事"。高宗指出,高晋在钱度家中起出银二万七千两及黄金二千两,加上王寿运送的近二万九千两,合计不下五六万两,此外,钱度还于上年中代替其母向皇太后呈送如意等物作为生辰贡品。如此巨大的财产数目,钱度仅供出约四万七千两来源,其余资产又是从何而来?高宗还叱责彰宝,称其与钱度同在永昌朝夕共事,竟然对钱度贪赃之事毫不知情,"所谓整饬官方者何在"。最后,他令袁守侗等务必对此案究查到底,之后立即将钱度父子押解至北京。②

高宗的这道谕旨令袁守侗、彰宝、李湖等感到十分惶恐。三人在五月十三日联名向高宗上奏,称在审理钱度父子一案中,虽已对钱度施以严讯,但不料钱度竟然"苍滑性成""恃老狡饰",以至三人受其蒙蔽,"实属糊涂",请高宗降罪惩处。(朱批:袁守侗、李湖皆新进,或不谙事体;彰宝罪无辞。著各议奏罚来。)③彰宝在同日又另表上奏,

---

① 《钦差袁守侗等奏报遵旨严审钱度拟斩立决江西盘获银两没官等情折》,《乾隆朝惩办贪污档案选编》第1册,第254—257页。
② 《寄谕钦差袁守侗等审办钱度婪赃一案不实不尽著明白回奏并仍详细讯明解京》,《乾隆朝惩办贪污档案选编》第1册,第263页。
③ 《钦差袁守侗等奏覆遵旨回奏审理钱度父子案实属糊涂折》,《乾隆朝惩办贪污档案选编》第1册,第275—277页。

自认在钱度案中有失察之罪,对钱度婪赃之事"竟如在梦中漫无觉察",请高宗准许他自罚养廉银二万两。①

在高宗的压力之下,三人对案件进行复核。经审,钱度在任期间,实际前后经理过手库银达二千二百余万,共克扣银两四万有余。钱度任用家人(根据前后案情来看,此处或指其子钱酆及幕友叶士元)参与管理库银支放,这就进一步为他侵吞库银提供了便利。高宗在看过袁守侗等的审理结果后,对藩司克扣库银一事产生了高度警觉。他认为,由于督抚并不抽验藩库银两,钱度在滇省侵吞多年都未被察觉。既然云南有此情弊,其他省份"恐亦难保其必无",遂命刘统勋寄谕全国各省督抚,命他们立即对各自辖省藩司支取库银的情况进行详细的核查并回奏。②

对钱度的审理终告结束,袁守侗等遂将钱度押赴北京。但是押运的过程并不轻松,或许是由于遭到了刑讯,押解至贵州时,钱度已"气体衰弱""狼狈不堪",甚至"非米汤燕窝不能下"。③由于高宗早先即言明一定要将钱度明正典刑,沿途各省督抚感到十分紧张,一面委派医官前往诊治,一面加紧了押解速度。钱度经贵州、湖南、湖

---

① 《署云贵总督彰宝奏覆失察钱度贪婪愿交养廉银二万两充公赎罪并交部从重严处》,《乾隆朝惩办贪污档案选编》第1册,第273—275页。彰宝在奏折中表示愿自罚养廉银二万两后,又于六月二十四日再次上表,表示因在钱度一案中草率定拟,愿再自罚养廉银一万两以自赎。前后两次共计罚没养廉银三万两。详见《署云贵总督彰宝冒昧定拟钱度案请准再罚养廉银一万两自赎折》,《乾隆朝惩办贪污档案选编》第1册,第308—309页。
② 《寄谕各省督抚将各省藩司如何支放库银有无扣收余平及家人掌平之事查明覆奏》,《乾隆朝惩办贪污档案选编》第1册,第280页。
③ 《贵州巡抚图思德奏报钱度体弱患病饬属留心押解过省折》,《乾隆朝惩办贪污档案选编》第1册,第281页。

北、河南等省，于七月二十四日被押解到热河。① 此时高宗正驻跸承德行宫，当值的军机大臣对钱度进行了审拟，列出了钱度的八项罪行，并将这一结果上奏。② 高宗随即下旨将钱度斩立决，是日，钱度即被斩于承德。③ 随着钱度被处斩，涉案的其余人员也各有处置：朱一深拟斩，叶士元拟绞，而钱酆则从宽拟绞监候。该案至此基本宣告完结。

至当年七月，各省督抚调查藩司情况的奏折陆续呈达高宗，他们普遍反映，辖省藩司并无侵吞情况。高宗的态度不置可否，对所有奏折朱批"知道了"便草草了事——因为高宗明白，各省督抚在此事上的陈奏也不过是陈词滥调，就如同三年大计中的评语一样缺乏意义。他本身也只不过是在通过此举警告各省督抚及藩司大员：对于各省的库项，并不是地方官员可以私自进行把持且不受任何监管和处罚的，此事已经引起了来自他本人的严格重视。既然各省督抚此时奏称辖下藩司府库支取一切正常，那么一旦再有类似事件被查出，督抚也势必会因为这份奏折而承担相应的连带责任。

另外，各省查抄的钱度资产也在高宗的授意下被送至内务府。在一份内务府开列的清单上，详细记录了各项钱度家中抄出的财物，其中包括大量的金银制品、古玩、书画、皮草、织毯、锦缎衣服、珠宝玉石，仅这份清单就长达数十页。④ 高宗将这批赃物大都留在宫中，而涉案赃银则大部分划归内务府处理。

---

① 《军机大臣奏报钱度于七月二十四日亥刻解到遵旨讯问寄回金子一节片》，《乾隆朝惩办贪污档案选编》第1册，第326页。
② 《军机大臣奏报拟向钱度审讯八款片》，《乾隆朝惩办贪污档案选编》第1册，第327页。
③ 《奉旨钱度著即处斩》，《乾隆朝惩办贪污档案选编》第1册，第328页。
④ 《总管内务府奏报解到钱度原籍及常州等查出金银衣服等物缮单进呈片（附清单一）》，《乾隆朝惩办贪污档案选编》第1册，第332—357页。

第三节　彰宝案始末

当钱度案最终收场时，高宗将自己最后的愤怒留给了云贵总督彰宝。在审理钱度案件的三名官员中，高宗宽免了袁守侗与李湖，而彰宝则成为唯一被连带追责的官员：高宗认为他在钱度婪赃一案中负有失察之责，遂允其所请，罚没养廉银三万两。这一彰宝"自请"的处罚，或许正是两年后彰宝勒索属员案的重要催化剂。

在钱度案审理结束之后，彰宝再次返回永昌府，在当地的署衙继续处理对缅甸事务。乾隆三十八年四月，车里宣慰土司刀维屏携眷潜逃，彰宝亲自前往处理，[①] 彼时恰逢当地瘴气盛行，彰宝抵达普洱一带后，很快感染瘴气，随即病倒。据李湖奏称，彰宝"病势日渐沉重"，一度陷入"头痛、腹胀、目眩、面肿、作呕、冷汗、手足颤动，四肢厥逆，精神恍惚，心悸昏迷"的状况。由于李湖奏报的情况十分严重，高宗不得不谕令彰宝返回昆明调理，并开始考虑接替彰宝总督职位的人选。[②]

高宗认为，在各省督抚之中，可胜任云贵总督一职者，"无出李侍尧之右者"。遂传谕李侍尧仍带两广总督之职，以查阅边境为名，进入广西边境待命。如彰宝痊愈，则李侍尧返回广东；如彰宝一时难以痊愈或病故，则由李侍尧接任云贵总督事务。[③] 至当年五月，彰宝

---

① 车里宣慰土司刀维屏潜逃一事，详见《清高宗实录》卷九三三，乾隆三十八年四月甲辰。
② 《清高宗实录》卷九三四，乾隆三十八年五月戊辰。
③ 《清高宗实录》卷九三四，乾隆三十八年五月戊辰。

第六章 乾隆朝中后期滇省吏治的转向

病势减轻,并因带病办公而得到了高宗嘉奖。是年十二月,高宗又实授彰宝云贵总督之职。①

尽管彰宝从一场大病中好转,但身体日渐衰弱。乾隆三十九年二月,李湖再次上奏高宗,称彰宝"虽勉力照常办事,精神较前少惫,面肌黄瘦,手足拘挛,致成风痹。服药骤难见效"。高宗认为,彰宝系因上年感染瘴气以来未能复原,又再度患病,谕令他返回昆明调养。②随后彰宝亦奏称自己"病势日深","恳请解任回京调理"。但高宗谕令"不妨姑缓"。至当年五月,李湖第三次上奏彰宝"现今病体日甚",高宗终于下定决心,命彰宝解任调养,并任命贵州巡抚觉罗图思德代替彰宝职务,署理云贵总督事务。③

觉罗图思德于乾隆三十九年(1774)六月八日抵达昆明。④次日,彰宝解任返京调养。⑤当年八月七日,觉罗图思德在彰宝移交的公文之中发觉,彰宝在当年六月二日,批准了保山县等处采买军粮四万石所花费用三万六千两。此事令觉罗图思德感到十分费解:一来五六月是青黄不接之时,谷价极高;二来依照案册记录,腾越厅及下属州县府库应存粮二十万石以上,而每年军需不过一万石左右,为何此时忽然再度采买军粮?他觉得其中必有蹊跷,遂将此事奏报

---

① 《乾隆朝上谕档》第7册,乾隆三十八年十二月初九日,第497页。
② 《清高宗实录》卷九五二,乾隆三十九年二月乙酉。
③ 《清高宗实录》卷九五八,乾隆三十九年五月丙寅。
④ 《云贵总督觉罗图思德奏报接受督臣印务并查办夷目召龠等潜逃案事》,《宫中档乾隆朝奏折》第35辑,台北,"故宫博物院",1985,第682页。
⑤ 《云贵总督彰宝奏报交卸总督印务回京医病事》,《宫中档乾隆朝奏折》第35辑,第652页。

高宗。① 八月二十五日，高宗令军机大臣于敏中寄谕觉罗图思德，命他详查此事。高宗认为此事中必有官员涉赃，他在上谕中说：

> 彰宝彼时已在病中，精神不能照应，然非有属员禀详，彰宝何以筹办及此？则禀详之员，或希图采买，从中冒滥侵肥亦不可知。著图思德查明，系何人主见禀详，据实参奏。②

高宗此时并未对彰宝有任何怀疑。在他看来，必有意图自肥的官员向彰宝建言，才会导致此事发生。但接下来进一步的调查结果却把这起案件引向了完全不同的方向——九月二十八日，觉罗图思德经过对时任保山知县王锡、永平知县沈文亭二人的审讯，发现两县合计亏空军粮达七万八千三百余石。觉罗图思德请旨将二人革职查办。③ 高宗认为彰宝"向来办事尚属认真"，不应该对如此巨大的钱粮亏空毫不知情，遂令觉罗图思德详查，命彰宝"明白回奏"。④ 后经王锡供称，保山县自乾隆三十八年八月起至三十九年五月止（1773—1774），每月供给彰宝行署中一切用度，每日费用五六千钱至八九千钱不等，数月之中合计用去银钱四万余两，以致县库出现巨额亏空。⑤ 而采买军粮

---

① 《云贵总督觉罗图思德奏报署理督篆办理之政务事》，《宫中档乾隆朝奏折》第36辑，第310页。
② 《乾隆朝上谕档》第7册，乾隆三十九年八月二十五日，第665页。
③ 《云贵总督觉罗图思德奏报审讯署保山知县王锡亏空军粮案事》，《宫中档乾隆朝奏折》第37辑，第59页。
④ 《乾隆朝上谕档》第7册，乾隆三十九年十月十四日，第704页。
⑤ 《宫中档乾隆朝奏折》第37辑，第59—60页。觉罗图思德在此折中提到彰宝"因病性情乖张"，并将王锡账目一并呈上。

的费用不过是该项亏空的偷梁换柱之举。此事经查属实。高宗表示此事"实堪骇异",史载:

> 据图思德奏,查参署保山县知县王锡亏空兵粮米谷一案。据王锡呈出赈目内,"皆供应彰宝行署中一切用度,及随带弁役轿夫、戏子、工匠等费。自上年八月起,至本年五月止,约共用银四万余两"等语,实堪骇异。该省自前岁朱一深、钱度之案大加创惩,意必稍知儆惕。不谓整饬未久复有此事,殊出情理之外。①

高宗认为,云南巡抚李湖在彰宝患病时曾至永昌见过彰宝,后又时常派遣属员前往永昌对彰宝进行探视,竟然对彰宝的赃迹一无所知。由此,李湖在此事中负有不可推卸的失察之责。以下的对话(此对话系高宗对李湖奏折的朱批。李湖原折未见,仅见于实录)则尤为明确地显示出了高宗在此事上的震怒:

> **李湖**:彰宝在普洱染病,移驻永昌。其时随带标弁书役众多,臣以为皆系差遣办事之人。伊廉俸丰厚,实不疑其勒派属员供应。及图思德到永昌,查出保山县亏缺实数,将署知县王锡收禁,始据王锡呈出供应账目,计四万余两。臣不能及早觉察,请交部治罪。
>
> **朱批**:该部严察议奏。

---

① 《乾隆朝上谕档》第7册,乾隆三十九年十月二十日,第710页。

> **李湖**：前在永昌，接见道府各员。王锡亦在晋谒之列，并无一语提及供应督臣食用。
>
> **朱批**：是何言耶？若俟属员讦告现任上司，则天下必无一贪黩之督抚矣。殊觉可笑！
>
> **李湖**：彰宝解任后，临安府知府张凤孙来省。询及永昌属加买军需谷石，据该府称，闻保山县未经收仓者，尚有数万石。即饬令转禀署督臣图思德。
>
> **朱批**：彰宝若不解任，并此言亦无矣。汝岂耳聋目盲，专待属员之教导汝乎？
>
> **李湖**：臣与图思德面商，王锡到任未久，亏空如果属实，当亲盘确数严审。
>
> **朱批**：迟矣。图思德不似汝愦愦，待汝教导之人。①

李湖是否真的对彰宝的婪赃情节一无所知？这当然不好直接揣测。但从李湖的奏折中可以看出，他此时对于参劾彰宝确实不如觉罗图思德那样热心。这或许是因为官场文化在起作用，又或许是由于李湖一开始的确不知情，并希望自己能与此事尽量撇开关系，因为一旦对于彰宝的参劾是诬告，很有可能会影响自己的仕途。于是当他面对高宗的询问时，仅仅称自己"不能及早觉察"——毕竟，最初高宗自己未完全相信彰宝会在患病中犯下贪赃罪行，何况是李湖呢？

---

① 《清高宗实录》卷九七一，乾隆三十九年十一月丙寅。

第六章　乾隆朝中后期滇省吏治的转向 | 205

　　此时彰宝已经返回京城调养,在面对高宗诘问时,他却仍存有侥幸,坚称并无此事,并拿出自己在永昌花费的清单作为证据。高宗于是再次谕令钦差袁守侗驰赴云南,对此案相关情况详加审查。同时又命李湖对此事"明白回奏"。至十一月,李湖奏覆称,查王锡呈出账目,确实自乾隆三十八年八月起向彰宝署衙供应钱粮,合计四万余两。高宗认为自己受到了彰宝的欺骗,他在上谕中指出,此案已有实据,不必再等袁守侗的审查结果。遂将彰宝革职,交刑部议罪。① 刑部拟定彰宝斩刑,但高宗不知出于何种原因,最终并未将其勾决。彰宝在牢狱中度过了人生中最后的几年,最终在乾隆四十二年(1777)卒于狱中。②

　　仅仅两年时间,从贪腐案的主审大员沦为阶下之囚,彰宝的行为实为莫大讽刺。事实上他自乾隆三十四年署理云贵总督以来,并无任何婪赃情节,仅拿朱一深一案来说,彼时在任的滇省大员几乎全部牵涉其中,但彰宝却并无赃迹。那么,他为什么会在即将去职之时做出勒索属县的举动呢?此事或许并不复杂。如前文所述,彰宝于钱度案因有失察情节,自请罚没养廉银三万两,他或许仅仅是为了做出一种姿态,未曾想到高宗真的会批准他的自请。三万两对于彰宝而言绝对不是一笔小数目,正如李湖奏称的那样,彰宝"随带标弁书役众多",那么其日常开销自然不小,一次性被罚没养廉数万自然对他的经济状况构成了一定压力。而随后彰宝又身染重病,甚至一度"心悸昏迷",

---

① 《清高宗实录》卷九七一,乾隆三十九年十一月丁卯。
② 《清史列传》卷二三,第665页。另见(清)李桓辑《国朝耆献类征初编》卷一八一《疆臣三十三·彰宝》,第496页。

或许彰宝彼时自觉命不久矣，打算借机勒索属县来缓和因被罚没养廉而导致的经济拮据，一旦他日后真的病死，这一行为自然也就成了死无对证之事。

这仅仅是对于彰宝婪赃动机的一种推断。就确实情况而言，彰宝随后逐渐病愈，他随即计划将这笔亏空款项转嫁于保山县库存的朽坏军粮，于六月二日批准了保山县核销购买军粮的费用，这一行为毫无疑问是在为自己挪用属县钱粮之事进行弥补掩饰。彰宝自以为一切都天衣无缝，遂在数日后离任返京。但是觉罗图思德很快在彰宝留下的卷宗中发现了问题并进行了上奏。尽管一开始就连高宗也认为"彼时彰宝已在病中，精神不能自理"，转而怀疑此事另有他人从中谋私，但随着各方证据的逐一披露与上奏，案情终于大白，而彰宝也不得不面对由自己一时贪婪而导致的必然结果。

在彰宝案的结尾，高宗最终也对李湖做出了惩处。在高宗看来，李湖在此事上的失察与不作为无疑辜负了自己对他的宠信，同时也是对彰宝贪腐罪行的徇庇。因此，他将自己因遭受愚弄而积累的盛怒发泄在李湖身上，甚至在数月后革去了李湖的巡抚职务，命他带布政使衔前往四川军营办事。[①] 实际上这或许对于李湖来说反而是一种宽赦，因为高宗并未像处罚郭一裕那样将他交给刑部治罪。相比之下，李湖受到的责罚并不过分，而这一处罚实际上也当然可以看作高宗对自己用人失察的一种开释。

---

① 《清高宗实录》卷九七六，乾隆四十年二月癸巳。

第四节　乾隆朝中后期滇省腐败的新特点

自乾隆三十七年钱度案发至乾隆三十九年彰宝下狱，仅仅过去了不到两年的时间。在如此之短的时间内竟然会接连发生两起疆臣贪腐大案，此时云南的吏治状况需要我们重新进行审视。考虑到这些贪腐案件的严重性，有一个问题我们需要回顾一下，即：这些贪腐案的发生是否导致了地方吏治的腐败？这似乎是一个不太容易回答的问题。但我们可以从既往的涉贪案件中发现一种滇省官场腐败风气的变化趋势，那就是：在 18 世纪中后期，云南地区的官场陋规已经逐渐成为官僚群体心照不宣的潜规则。官员之间相互维护、共同婪赃，腐败呈现集团化、普遍化的发展趋势。而频发的贪腐大案，实际上是官员在这种潜规则的笼罩下或主动或被动地对律法与皇权能容忍的底线做出的一种试探。

钱度与彰宝不过是滇省官员中具有代表性的两个高级官吏，他们并不是彼时滇省官场中仅有的腐败者。从钱度案中我们实际上可以看出，上至督抚，下至胥吏，都是腐败案的实际参与者。相比之前的恒文案，钱度案中不再有众多的"被索贿者"，而是出现了大量的"受贿者"。或者说，大部分官员事实上同时保持着这两种身份，官员之间彼此的勒索行为已经常态化。因此，如果说恒文案中最大的弊病在于存在"甘心贿送者"，那么钱度案中最大的问题实际上是所有涉案官员既是"甘心贿送者"，同时又是"一心索贿者"。这种变化是触目惊心的——腐败行为事实上已经从个别行为演变成了整体趋势。尽管钱度因涉贪四万七千两而被拟斩立决，但并不是说钱度的犯罪性质比其他官员更严重。官员的涉赃行为从性质上来看其实是没有任何差异的，差别仅仅在于受赃数量的多寡。而彰宝案的发生则更进一步说明，惩贪对于防止腐败起到的效果是微乎其微的，就像朱一深的结局并不会令王锡警醒，钱度之死也同样不会令彰宝有任何的收敛。虽然彰宝为自己的贪腐行为付出了代价，但没有任何人为云南官场中普遍存在的腐败承担责任。而真正值得关注的问题在于，恰恰是这种官场中普遍存在且日益严重的腐败，才最终导致了钱度、彰宝等的恣意贪婪。

这两起发生于乾隆三十七年至三十九年的滇省疆臣贪腐案，俨然18世纪滇省吏治的一道分水岭，将滇省的吏治状况划分为前后两个截然不同的时期，前期的清明与后期的腐败形成了鲜明的对比。随着政治风气日渐腐坏，乾隆朝中后期滇省官场的政治生态也变得恶劣异常，而疆臣贪腐案不过是这种政治生态恶化后的副产品——两者之间的关系实际上是倒置的。因此，对本节一开始所提问题的回答应该是：贪腐案的发生不一定会导致地方吏治的腐败，地方吏治的腐败则几乎必然会导致贪腐案的发生。贪腐案是腐败的一种具象化表现，是官员普遍贪腐行为的放大。当腐败案被发现时，它是可以被查处并消灭的；但地方官员群体的腐化则完全不同，它是隐蔽的，难以被发现的，并且随着权力的失控与经济的发展日渐弥散。因此，当清朝步入盛世，专制权力达到顶峰时，这种腐败的发展几乎是不可被抑制的。

第七章

乾隆朝后期云南吏治的腐朽
—— 以李侍尧案为例

中国东南部的长江中下游地区,在传统话语中通常被称为"江南"。这里的历史文化十分灿烂而悠久,社会经济繁荣兴旺,是传统中国最为重要的经济与文化中心。凭借着农业的发达与京杭大运河的便利,江南地区源源不断地向中国北方的政治核心区域提供着经济与文化支持。有清一代,江南的经济地位是无可取代的。[1] 圣祖皇帝在17世纪末18世纪初的十余年中,曾以"观览民情,周知吏治"为由,六次前往江南地区巡视(他实际的目的在于处理河务、赈济灾民以及笼络江南地区的上层士大夫)。[2] 而一心想要效仿祖父的高宗则更是将南巡视作自己重要的事功之一。[3]

江南的优雅与浮华令高宗印象深刻,但他同时也对江南的堕落与腐朽有着十分真实的体验。毫无疑问,江南地区是中华文化的核心地带,这种核心地位由来已久。江南的文化既奢侈又富有学究气,与它悠久的历史浑然一体,是汉人文化的典型象征。但在清统治者的眼中,这里的文化却也最腐化。对于他们来说,江南地区悠久的汉人文化是满人传统的一道屏障,同时也是腐蚀官僚群体的一剂毒药。如果

---

[1] 有关清代江南经济问题的讨论,详见李伯重《江南农业的发展(1620—1850)》,王湘云译,上海古籍出版社,2007。
[2] 详见刘潞《康熙南巡浅论》,《故宫博物院院刊》1983年第2期,第70—79页。
[3] 弘历:《御制南巡记》,《(嘉庆)重修扬州府志》卷三《巡幸志三》,广陵书社,2014,第101页。载:"临御五十年,凡举二大事,一曰西师,一曰南巡。"

说清朝早期在江南遭遇的那些闻名天下的反抗即是江南汉人文化在起屏障作用的表现,那么18世纪以来官僚群体的腐坏也同样是这种文化在发挥腐蚀作用的一种真实反映。

尽管高宗一再指责官僚系统因江南的陋习而日渐腐化,但就连他本人也同样无法拒绝江南文化中的精致与奢靡。他在江南流连忘返,留下无数的行迹与回忆,他一面拒绝着江南汉人文化带来的腐朽,一面又沉浸在这种生活之中无法自拔。及至晚年,高宗已经完全陷入江南这种华丽而又腐化的文化氛围之中,甚至一度在承德的行宫附近仿建了大量的江南风格建筑。这俨然是一种隐喻。它暗示清朝统治者最终接受了汉文化的洗礼,而汉文化也借由清朝统治者的推崇而出现了新的变化与发展。在彼时的历史时间中,文化作为一种内在的力量似乎正在为清朝的未来指引前进的道路。

第一节　李侍尧案发情形

当历史的时针转向乾隆四十五年,高宗在当年的正月初一日向天下各州县颁布了一道诏书。在这份诏书中,高宗十分自得地写道:"朕统御寰区,勤求郅治。茂时育物,畏惧滋深。仰赖上苍眷佑,列圣贻庥,海宇敉宁,舆图式廓,孜孜夙夜,于今四十五年,春秋正届七旬。"正如诏书中所写,这一年,高宗已经是一位年过七旬的老者了。他试图在诏书中展示出自己旺盛的活力,以便让他的臣民看到,他依

第七章　乾隆朝后期云南吏治的腐朽 | 213

旧"孜孜夙夜",并始终期盼着天下"永底升平"。①

与此同时,紫禁城中正在为高宗即将进行的第五次南巡做准备。自乾隆三十年以来,高宗已经有十五年的时间未曾到过江南。对于已经年届古稀的他来说,江南的美景与繁华似乎越发具有吸引力,使他的内心中充满了期待——早在上一年,高宗就已经迫不及待地为第五次南巡做好了计划。或许在已经步入暮年的高宗心中,这很有可能就是最后一次南巡。于是,在乾隆四十五年正月十二日,新年的喜庆尚未散去,南巡的车驾便从紫禁城列队出发,浩浩荡荡地向着遥远的江南而去。②

正月二十日,一名叫作伊尔根觉罗·海宁的随行官员,被高宗在南巡途中任命为奉天府府尹。③海宁并非一名才能出众的官吏,之前曾在外省任职多年,近年来回到京城,于军机处供职。他之所以能获得奉天府府尹这一职位,或许与他的出身有很大关系:其父伊尔根觉罗·明山,系原任陕甘总督,上年九月刚刚因病殁于乌鲁木齐。④原本应该返乡丁父忧的海宁在此时获得升迁,毫无疑问是由于高宗的恩赏。或许是由于海宁此时意得志满,他忽而有意无意地与军机处的同僚谈起了一件他昔年在滇省担任粮储道时的见闻。此事是关于时任云贵总督李侍尧的,根据海宁的说法,这位名满天下的大学士,实则是一位贪得无厌又飞扬跋扈之婪赃枉法之辈,自己

---

① 《清高宗实录》卷一〇九八,乾隆四十五年正月庚辰。
② 《清高宗实录》卷一〇九八,乾隆四十五年正月庚辰。载:"(辛卯)上南巡,车驾发京师。"
③ 《乾隆朝上谕档》第9册,乾隆四十五年正月二十日,第945页。
④ (清)李桓辑《国朝耆献类征初编》卷一七三《疆臣二十五·明山》,第715页。

在云南粮储道任上时，亦因畏惧他的权势而在他生日时呈送了金二百两。①

这毫无疑问是一桩十分严重的疆臣贪腐案件。海宁为何会将这件事向同僚和盘托出，实在是令人费解。听者中很快有人将此事上奏，②于是高宗在接下来的数日内接连两次召见海宁，当面质问有关李侍尧贪污的情况，但此时的海宁或许是因为自觉失言，在两次觐见时都对先前所说之事矢口否认，并称赞李侍尧"能办事"。高宗对海宁的回答甚是不满，最终谕令对海宁进行严讯。在这种情况之下，海宁方才松口，将先前所称的李侍尧婪赃贪污之事供出。③

李侍尧，字钦斋，汉军镶黄旗人，其曾祖为明末降清将领李永芳。父李元亮，官至户部尚书。李侍尧于乾隆元年授六品荫生，历任印务章京、参领、正蓝旗汉军副都统、热河副都统、工部右侍郎、户部右侍郎、广州将军等职。乾隆二十一年（1756）署两广总督，后又任湖广总督、云贵总督等职，授二等昭信伯，武英殿大学士，是高宗最为倚重的疆臣之一。④乾隆三十九年，时任云贵总督彰宝病重，高

---

① （清）李桓辑《国朝耆献类征初编》卷一七三《疆臣二十五·海宁》，第716页。载："海宁面禀军机大臣，所奏李侍尧婪赃肰法各款。"此处"军机大臣"应是和珅。和珅于乾隆四十一年三月以户部右侍郎在军机处行走，此时仍在职。参见《清史稿》卷一七六《军机大臣年表》，第6255页。另据《李朝正宗实录》载："贵州按察使海明（笔者按：此处"海明"为"海宁"之误）为沈阳奉天府尹入京谢恩，历辞和珅。珅私问侍尧动静，海明言，侍尧贪浊无厌，畏其消费，尝赂黄金二百两为寿生日。"参见吴晗辑《朝鲜李朝实录中的中国史料》第11册，中华书局，1980，第4701页。

② 参见吴晗辑《朝鲜李朝实录中的中国史料》第11册，第4701页。向高宗参奏此事者应该亦是和珅。载："珅趁间奏之，仍请按验。"

③ 《乾隆朝上谕档》第10册，乾隆四十五年三月十九日，第42页。

④ 《清史列传》卷二三，第603—634页。

宗一度想调李侍尧出任云贵总督一职，称他"在督抚中最为出色"。①但后来彰宝病愈，李侍尧并未成行。至乾隆四十二年（1777），时任云贵总督觉罗图思德向高宗奏报缅甸投诚，高宗认为"沿边一切事宜，均关紧要，非图思德所能经理"，又称"各省总督，老成有识、能办大事，实无出李侍尧之右者"。②于是急调李侍尧为云贵总督，由此可见高宗对李侍尧的重视和宠信。而根据海宁的供述，李侍尧的贪婪和他的办事能力一样令人惊叹。这一情况无疑令高宗感到十分震惊：海宁担任云南粮储道一职是在乾隆四十二年十一月，离任于四十三年十一月，也就是说，李侍尧的贪迹竟然被隐匿了两年有余。如果海宁所奏李侍尧各款贪赃情节属实，那整个清朝的监察体系简直如同儿戏。当然，更令高宗感到尴尬的是，自己对李侍尧向来宠信，并屡屡委以重任。特别是此番任命李侍尧出任云贵总督，高宗在督抚之中认定的"无出其右者"，如今竟然成了贪赃枉法之人。自己一厢情愿的"用人之明"，在此事面前岂不是完全成了笑话？高宗当即决定，派遣钦差前往滇省严查此事。

此时的京城，驻留办理事务的大学士英廉很快接到了高宗加急密谕，遂于正月二十七日将李侍尧在京府邸家财俱行查封，并将李侍尧管事家人连国雄拿获。③这一系列的行动似乎昭示出，高宗此次要对李侍尧进行彻查。

---

① 《清高宗实录》卷一一〇三，乾隆四十五年三月丁酉。
② 《乾隆朝上谕档》第8册，乾隆四十二年正月十八日，第515—517页。
③ 《协办大学士英廉奏报遵旨严审李侍尧家人连国雄等带京银两情由折》，《乾隆朝惩办贪污档案选编》第1册，第952—954页。

第二节　案情发展与地方查办

当年正月二十六日，户部侍郎和珅、刑部侍郎喀宁阿奉上谕驰驿前往贵州，查办李侍尧案件。① 南巡的车驾此时已到达山东长清县灵岩寺行宫。当日，高宗在这里拟就了一道上谕，以命福隆安六百里加急廷寄给湖南巡抚李湖。上谕中称，现派和珅与喀宁阿前往贵州有查办事务，命李湖于"该省往来经由首站派委干员，严密稽查，以防透漏消息之弊"。并且特意指出，如果有"私骑驿马由北往南者，即系透漏消息之人"，嘱令李湖务必"即行截拿审讯"。② 二十七日，高宗又发出了第二道上谕，廷寄给此时在北京的兵部侍郎颜希深，命他即日启程前往贵州，待见到和珅后有面谕交代。③ 这两道上谕言辞隐晦，很明显是为了防止消息外泄。

试想一下，如果在湖南边境对所有骑马由南向北的人员进行堵截，几乎是不可能完成的任务。之所以选择拦截"私骑驿马者"，是因为唯有驿马才有可能赶在前往贵州的钦差之前将消息泄露出去。显而易见的是，骑乘驿马的折差若没有紧急大事，则需要有借马印票，因此，私骑驿马者若不是负有官方差使的人员，就只能是盗马的蟊

---

① 《奉旨著派侍郎和珅喀宁阿并随带司员一并驰往贵州查办海宁呈告李侍尧贪污案》，《乾隆朝惩办贪污档案选编》第 1 册，第 939 页。
② 《寄谕湖南巡抚李湖著派员严密稽查由北往南私借驿马者如有即行截拿审讯具奏》，《乾隆朝惩办贪污档案选编》第 1 册，第 939 页。
③ 《寄谕兵部侍郎颜希深即日自京起程速赴贵州俟和珅到黔时有面传谕旨》，《乾隆朝惩办贪污档案选编》第 1 册，第 940 页。

第七章 乾隆朝后期云南吏治的腐朽 | 217

贼。事实证明，李湖在此事上显示出了他一名干练巡抚对当地政事的熟稔。在他看来，如果有人由北向南经过湖南去往贵州，需要经由沣州的顺林、兰江两驿入境，即便绕过这两处入口，也势必要通过常德、辰州、沅州三地出境进入贵州，即便考虑到雇乘长行骡子南下，也势必需要通过常德府武陵县，因此，守紧武陵与沣州两处最为紧要。在他的授意下，数名干练吏员被派往各处要道，对南下的各类人员进行排查。①

湖南的吏员在此事上的效率十分值得称道，就像李湖判断的那样，仅仅五日之后，三名由京城雇骡前往常德换乘驿马的差弁即被拿获，他们分别是同行的李侍尧差弁刘凤翼、孙士毅差弁尹位，以及云贵督标千总张曜。李湖迅速对这一行人进行了讯问，据供，三人离开京城的时间是正月十七日——此时高宗尚未派遣钦差南下。李湖由此推断，"刘凤翼等均非通信之人，似属可信"。尽管这三人并无泄密之嫌，但李湖还是在查获的随身信件中发现了一些细节。有一封李侍尧管事家人张永受的家信中称，张永受曾于乾隆四十四年十一月委托这些差弁顺利送给京城的家人银七千两。李湖察觉有异，他向高宗奏报称："奴隶贱役何致积银如许之多，其中殊有关系。"（朱批：好，知道了。）②

尽管高宗做了多方准备，防止和珅等前往云南查办李侍尧的消息

---

① 《湖南巡抚李湖奏报截获李侍尧折差张曜刘凤翼等及审究情形折》，《乾隆朝惩办贪污档案选编》第1册，第943—945页。
② 《湖南巡抚李湖奏报截获李侍尧折差张曜刘凤翼等及审究情形折》，《乾隆朝惩办贪污档案选编》第1册，第943—945页。

外泄，但这一切机密还是经由某种途径被泄漏了出去，其中的真实缘由，仔细分析之下确实是令人十分意想不到的。

在海宁供出李侍尧罪状后，高宗命军机大臣将海宁所述情节交与李侍尧之子毓灵、毓秀及其弟李奉尧进行阅看，令他们对所知情形奏覆。三人回答称，李家"世受国恩"，而李侍尧平时也"素知谨慎"。在家信内"每以我等均数年幼，未经历练，叮咛告诫，各当小心，谨慎仰报殊恩"，因此，似乎不应该有"此等辜负天恩之事"。如果确如海宁所奏，那么"不但李侍尧罪无可逭，即将我等一并治罪亦属分所应得"。三人均表示，海宁参劾的情况"实在毫无闻见"。①

这番回答小心谨慎，同时也传递出这样一种信息：无论李侍尧是否有贪污情节，李氏家人绝对没有悖逆之心。短短百余字中，李奉尧等竟四次提到了"恩"字，他们此时的惶恐与凄楚已在这份奏折中表露得十分明白。但高宗对三人的奏覆并未表态。二月四日，三人在觐见高宗时除帽磕头，神色凄惨——这一切都被一名叫作陈连升的差弁看在了眼中。

陈连升是一名千总，时年四十三岁，系李侍尧属下送信差员。上年十二月二十二日，他奉李侍尧之命，携带一封问安折前往山东一带接驾请安。经过一个多月跋涉，他于二月四日赶上了高宗的南巡队伍。他在行宫外等待呈送奏折时，遇到了一名叫作崔二的差役，此人原系云南按察使汪圻随从，两人在云南时便十分熟悉。崔二看到陈连升，便上前找他叙话。他告诉陈连升："如今云南有事了，李中堂被

---

① 《军机大臣奏报李奉尧等供称海宁所控李侍尧各款毫无闻见似为不应有之事片》，《乾隆朝惩办贪污档案选编》第1册，第941页。

海大人参奏,说他在云南要人银钱,还在钱局里得了多钱。如今有钦差和大人、喀大人、颜大人,都往云南查办去了。听见京里李中堂家门都封了。"陈连升听闻此事,心里感到又怕又疑,待呈递了奏折后,回头即看见李奉尧及毓灵、毓秀三人在行宫外站着,他便上去问候请安,但三人却摆手让他走开。高宗此时从行宫内走出,三人急忙跪下磕头,神色十分凄楚。此时陈连升便确信崔二所言不假。①

陈连升需要等候高宗批复奏折,因此他跟随南巡队伍,于次日抵达龙泉庄行营。李奉尧的属下忽而叫他去账房,称李奉尧有话吩咐。李奉尧对陈连升说:"我与两位少爷你都见过,俱各平安,今日我进贡,蒙恩赏收三件,你回去说与中堂放心,我也不及写家书了。"随后便让他回去。陈连升辞别李奉尧后,一心"想要急速回去,得个实在消息,可以知道李中堂究竟犯了何事",于是他即刻起程返回云南。他这次的脚程快了许多,先是乘骡子到达襄阳,随后改骑驿马向南。二月二十三日,他到达湖南顺林驿,即李湖所称的南下入湘必经之处时,被守候在此处的湖南吏员截拿,解送湖南省城交李湖审讯。②

根据李湖的估算,和珅到达昆明的时间应该在二月二十五日前后,彼时应该仍在路上(和珅实际到达昆明的时间是二月二十九日)。在这个时刻截获陈连升,意义显得格外重大。他随即严讯了这名云南差员,质问他是否受李奉尧的指使赶回云南报信,陈连升遂将崔二对

---

① 《大学士英廉奏报遵旨审讯陈连升宫门探听消息及私借驿马驰回送信等情折》,《乾隆朝惩办贪污档案选编》第1册,第1064—1065页。
② 《大学士英廉奏报遵旨审讯陈连升宫门探听消息及私借驿马驰回送信等情折》,《乾隆朝惩办贪污档案选编》第1册,第1064—1065页。

他所说的话全部供出，此外他坚称李奉尧除了让他向李侍尧报平安以外，"再没有说别的话"。

陈连升口中所称的崔二，不过是一名随员，他如何会知道高宗在上谕中都未明言的海宁参劾李侍尧贪污之事呢？从陈连升的供述中可以看出，此事应该确系崔二泄露不假——即便是李奉尧，也不可能知道查办此案的钦差还有颜希深，知道此事的除了福隆安与高宗，便只有颜希深本人了。那么崔二是从何得知钦差身份的呢？这看起来似乎另有隐情。三月十二日，御史孙永清参奏称，崔二可能是自己的下属崔应，请高宗下旨拿讯。但高宗却将此事搁置了起来，这一行为不禁令人怀疑，泄密者的身份或许并不简单。但无论如何，凭借着李湖等在截拿南下人员一事上的出色表现，钦差南下查办案件的消息最终并没有泄露到李侍尧耳中。

第三节　案件的审理与结果

二月二十五日，高宗令福隆安寄谕和珅与喀宁阿，将李湖所称的张永受往京城送银七千两之事详细告知，并指出此人现在滇省，命和珅等详细讯问，待审明情节之后押解送京。①

二月二十九日，和珅与喀宁阿终于抵达昆明。他们随即将李侍尧革职，拿出海宁参劾其贪赃的证据质问李侍尧。审讯进行得十分顺

---

① 《寄谕钦差和珅等著将李侍尧家人张永受何以积有银七千两在滇审明后解京》，《乾隆朝惩办贪污档案选编》第1册，第947页。

第七章　乾隆朝后期云南吏治的腐朽 | 221

利,并无任何曲折——李侍尧自知已经败露,于是对婪赃之事供认不讳。和珅等仅用了十余天时间,便将此案审理结束。根据和珅等奏折的内容可知,李侍尧的涉赃情节主要有四点:一是勒索属员。正如海宁所供,李侍尧在滇省大肆收受属员馈赠,并向下属婪索钱财,仅此一项,李侍尧涉赃金额就已达一万六千两,包括收受题升迤南道庄肇奎二千两、鲁甸通判素尔方阿三千两、按察使汪圻五千两、临安府知府德起二千两,以及东川府知府张珑四千两,犯"官吏受财"之罪。[①] 二是向属员勒卖珠子。据李侍尧家人张永受供称,李侍尧将两颗珠子勒卖与下属同知方洛以及昆明知县杨奎,共得赃银五千两,此情节犯"在官求索借贷人财物"之罪。[②] 三是私吞纳楼土司命案中赃款。李侍尧在查办纳楼土司命案时,起获黄金六百两,银一千两,李侍尧私自更改为黄金六十两,银七千五百两,从中替换侵吞黄金数百两之多,犯"监守自盗仓库钱粮"之罪。[③] 四是纵容家人张永受、连国雄等借

---

① 《谕内阁李侍尧著革职拿问按察使汪圻等俱著革职严审》,《乾隆朝惩办贪污档案选编》第1册,第982页。
② 《谕内阁李侍尧著革职拿问按察使汪圻等俱著革职严审》,《乾隆朝惩办贪污档案选编》第1册,第982页。
③ 《寄谕钦差和珅等著严审李侍尧审办纳楼土司命案以银换金巧为侵食情事》,《乾隆朝惩办贪污档案选编》第1册,第984页。需要说明的是,李侍尧以金五百四十两换银六千五百两,其比例约为十二换,虽然黄金和白银的成色不明,但这与当时的金银兑换比例是基本持平的,较恒文勒买黄金案中郭一裕十换的价格还要高。另,此项赃银据犯案土司供称为其贿赂李侍尧以免己罪所用,而李侍尧在供词中辩称自己案发时不在省城,并没有受贿之事,仅称此项金银为查案时起出,侍郎喀宁阿也认为这一说法"似属确实"。该案后情不详。这两种说法虽不改变李侍尧涉贪,但影响其涉案金额以及罪名定性。李侍尧此举的用意或许是需要黄金别作他用。仅备一说,留待考证。详见《钦差大臣喀宁阿奏报据李侍尧供称于纳楼土司一案并未收受银两缘由折》,《乾隆朝惩办贪污档案选编》第1册,第1072页。

势婪财，数目高达数千金，犯"家人求索"之罪。①

当高宗看到这份奏折时，难以掩饰自己的愤怒。他谕令内阁将李侍尧革职，并指出，李侍尧历任各省二十余年，"在督抚中最为出色"，遂委以大学士之职。李侍尧如果"具有天良"，应该"奉公洁己"，如今竟婪赃勒索属员，本已属重罪，竟然还向属员变卖珠子，"赃私狼藉，如此不堪"，"实朕意想不到"。他愤慨地表示，"云南通省吏治废坏"。②

尽管高宗的愤怒溢于言表，但令人意想不到的是，此案中最先受到惩办的人竟然是时任云南巡抚孙士毅。高宗谕令追究他在此案中的失察之罪。在孙士毅于三月七日具奏的请罪折的朱批中，可以看出高宗彼时仍盛怒未消：

> **孙士毅**：臣遇府厅州县上省，密询曾否馈送，俱坚称并无其事。暗中踩访，难得指证。
>
> **朱批**：是何言耶？
>
> **孙士毅**：仰赖皇上圣明烛照，钦差大臣来滇令李侍尧解任，密提家人员役隔别严鞫，方能水落石出。
>
> **朱批**：巧言饰非，尔罪更不可逭矣！
>
> **孙士毅**：小臣初任巡抚，于李侍尧勒索等事，未得确切证据，不敢因掷还汪圻私馈一节将李侍尧遽行参劾。

---

① 《乾隆朝惩办贪污档案选编》第1册，第976、1128—1129页。
② 《谕内阁滇省各府州县亏空钱粮俟福康安到任详查若有亏空者著严行参奏》，《乾隆朝惩办贪污档案选编》第1册，第986页。

第七章 乾隆朝后期云南吏治的腐朽 | 223

朱批：即此一节当不应奏乎？

孙士毅：倘臣一经举发，而属员畏惮李侍尧不肯承认，则臣反自蹈于污蔑。

朱批：更不成话！

孙士毅：仰祈皇上将臣交部重治罪，以为瞻顾者戒。

朱批：不必用尔自请！①

高宗指出，孙士毅"目击李侍尧营求受贿，赃迹累累"，竟"置若罔闻""隐匿不奏"，在钦差至滇后仍然"辩言饰非""巧为推诿"，实在罪不可逭，遂将孙士毅革职，发往伊犁效力。②

同时被惩办的还有参劾李侍尧的官员海宁。高宗认为，海宁身为满洲，又是前总督明山之子，既然目睹李侍尧种种贪迹，就应该在回京时上陈，但是直到高宗对此事有所耳闻并当面询问海宁时，他仍先后两次都不肯如实回答。因此，尽管海宁在严讯下供出的李侍尧婪赃情节并非诬告，但当面欺君的罪责并不能受到宽待，须交部严加议处。③

身为正犯的李侍尧尚未拟定罪行，参劾者海宁与巡抚孙士毅却先遭严惩，实在是耐人寻味。实际上，李侍尧在认罪之后，亦向高宗请

---

① 《云南巡抚孙士毅奏报李侍尧在滇情形并自请从重治罪折》，《乾隆朝惩办贪污档案选编》第1册，第966—968页。
② 《谕内阁云南巡抚孙士毅塞职欺饰著革职发往伊犁自备资斧效力赎罪》，《乾隆朝惩办贪污档案选编》第1册，第982页。
③ 《谕内阁海宁虽经传旨严询呈出李侍尧贪婪各款但两次面询不奏著交部严加议处》，《乾隆朝惩办贪污档案选编》第1册，第986页。

求一死。他在供词中称：

> 我身为汉军世仆，以大学士仍管总督，恩遇之隆、委任之重，实为逾分。在外二十余年，并不敢有贪婪之事。乃调任云南，竟收受属员馈送，总是我福薄运尽，不能仰承厚恩，以致天夺其魄，为人所愚，悔恨无及，惟求皇上将我速正典刑，以为贪墨负恩者戒。①

但是，作为此案主审官员的和珅与喀宁阿，此时对于给李侍尧拟定何种罪名仍然未下定决心。且不论高宗此时在惩治李侍尧的问题上表现出的态度似乎越发的游移不定，令人难以琢磨，仅就案件本身而言，尽管李侍尧贪迹斑斑，但勒索属员及勒卖珠子等罪行，定罪仅止于流刑，这样判决显然是不能令任何人满意的。和珅等在仔细分析案情后发现，此案唯一的突破口在于，向李侍尧行贿的鲁甸通判素尔方阿系地方厂员，素尔方阿挪用厂课行贿，这令李侍尧间接构成监守自盗之罪。考虑到这一节，拟定斩刑便在情理之中了。于是和珅最终在奏折中写道："李侍尧挟势求索各款，罪止满流，轻罪不议。就收受素尔方阿侵欺厂课八千两一条，照侵盗钱粮入己一千两以上例，问拟斩候。"②

---

① 《钦差大臣喀宁阿奏报据李侍尧供称于纳楼土司一案并未收受银两缘由折》，《乾隆朝惩办贪污档案选编》第1册，第1072页。

② 和珅原折未见，现存内容引自时任湖南总督富勒浑奏折，详见《湖南总督富勒浑奏覆李侍尧应如大学士九卿所拟斩决及署中向由买办专事购物折》，《乾隆朝惩办贪污档案选编》第1册，第1085—1086页。另，时任安徽巡抚闵鹗元覆高宗的奏折中也有类似记载，原文系："李侍尧婪索赃私，盈千累万，且明知素尔方阿系管厂之员，向其勒索多赀，即与侵亏无异。将李侍尧照侵盗钱粮一千两以上例，拟斩监候。"详见《安徽巡抚闵鹗元奏覆李侍尧可否按议勤议能不予立决及买物件无弊折》，《乾隆朝惩办贪污档案选编》第1册，第1091—1092页。

第四节　高宗对李侍尧的宽纵及其影响

高宗对和珅等拟定的判决称不上满意。这是由于，尽管李侍尧犯下了贪污之罪，但实际上高宗并不想对他处以极刑。其中的原因是多方面的：李侍尧在此案中虽然犯有勒索属员的罪行，但说他贪污则确实是欲加之罪；而李侍尧之所以会婪赃勒索下属，最主要的目的是购置贡品为高宗祝寿，尽管这听起来与恒文案十分相似，但是，恒文不过是一面借办贡为名折价买金，一面又将这些黄金大部分私自入己，李侍尧则不然，从其家人方喜儿呈送的贡单来看，李侍尧勒索的钱财去向十分清楚，基本全部用于购置贡品。因此在进贡这件事上，李侍尧的忠诚是毋庸怀疑的，这也势必会令高宗心生恻隐。更重要的是，高宗对李侍尧的才能十分倚重，早年初见李侍尧便称赞"此天下奇才也"，[①]而李侍尧历任疆臣多年，办事出色，军功卓著。高宗曾赞誉李侍尧"督抚之中无出其右者"，即便是在李侍尧案发之后，高宗仍不忘称其"在督抚中最为出色"，可见李侍尧在高宗心目中的地位。处死李侍尧或许并不难，但又有谁可以替代这位"能办事"又"实心体国"的"奇才"呢？

但此时的情况却让高宗感到十分为难。三个月来，无论是各省的督抚还是京城的大臣，几乎整个官僚系统都已经因为此案而被牵涉了进来，忠实地执行着高宗赋予的各项任务。而时至今日，随着案情

---

① （清）李桓辑《国朝耆献类征初编》卷二六《宰辅二十六·李侍尧》，第59页。

大白天下，高宗在此事上的态度却逐渐发生了变化，但是，他并不能使整个官僚体系跟着他一起做出改变，也同样无法在他们面前自食其言，如果高宗直接更改判决赦免李侍尧，势必会令他的司法权威和政治威信大打折扣，甚至有可能被视作昏庸之举。因此，想要宽赦李侍尧，高宗只有另行他途。

"斩监候"并非立即执行的刑罚，如果真的拟定此罪，自然是一个不错的结果——只要李侍尧未被斩决，就还有转圜的余地。但是高宗十分清楚，如果将和珅拟定的判决直接按照正常的司法程序交由三法司复核，那么最大的可能是被直接否决：贪污之罪是《大清律例》中所规定的"常赦所不原"的罪行，而李侍尧是朝廷重臣，官居云贵总督，又身为内阁大学士、二等昭信伯，以这样的身份犯下恶劣的贪污罪行，三法司的官员势必会选择将其从重议处，以彰国宪。一旦事情真的到了这种地步，高宗想再宽纵李侍尧就很难了。

于是高宗最终选择了九卿定议的方式，即由"大学士、九卿会同合拟具奏"。这是一种十分特殊的刑案处理手段，往往适用于一些有法外量刑情节的刑狱命案，换言之，当这一程序被启用时，往往意味着将要对三法司定拟的案件进行减等议罪——经过九卿定议的案件，通常是由立决改为监候。[①] 高宗此时选择这种方式对李侍尧案进行定罪，意欲宽免李侍尧的态度事实上已经尽显无遗。但令高宗没有想到的是，九卿在此案上的态度竟然与他所预想的完全不同，他们非但没有将李侍尧案减等处置，反而一致坚持认为："李侍尧身为总督，不

---

① 关于九卿定议制度的辨析，详见俞江《论清代九卿定议——以光绪十二年崔霍氏因疯砍死本夫案为例》，《法学》2009年第1期，第137页。

第七章 乾隆朝后期云南吏治的腐朽

思洁己奉公,所属各员营私网利,任意贪婪,照例监候罪浮于法,拟请即行正法。一则照侵盗本罪按例问拟,一则以大臣犯赃从重科断。"将原本拟定的斩监候改为斩立决。①

这样的判罚完全出乎高宗的意料,更令他一时难以驳斥。高宗无奈之下,又选择了另一种方式:他发布了一道上谕,将九卿拟定李侍尧斩立决一事告知全国总督,一面不厌其烦地强调"李侍尧历任封疆,在督抚中最为出色",一面又质问"今李侍尧既有此等败露之案,天下督抚又何能使朕深信乎"。他指出,如果"人人以李侍尧为炯戒,则李侍尧今日之事又未必非各督抚之福"。在做完这番感慨后,他谕令将和珅与九卿的判罚原折发给全国督抚阅看,命他们对两种判罚各抒己见,"毋得游移含糊"。②

随着这份上谕送达各省,高宗的南巡也已接近尾声。整个五月,高宗在返回北京的途中接连不断地收到了来自各省督抚的奏覆。案件持续至今,高宗的态度实际上已经表现得十分明显,但各省督抚似乎对此浑然不觉。最早做出奏覆的是直隶总督袁守侗(正如前文所述,他曾担任刑部尚书一职),随后是江苏巡抚吴坛(这是一名精熟刑律的官员,著有《大清律例通考》)、湖广总督富勒浑(此人在江南面见高宗时曾建议高宗宽免李侍尧)、湖北巡抚郑大进、河东河道总督李奉翰、陕甘总督勒尔谨等,他们的奏覆无一例外,全部都赞成九卿的

---

① 原折未见,转引自《安徽巡抚闵鹗元奏覆李侍尧可否按议勤议能不予立决及买办物件无弊折》,《乾隆朝惩办贪污档案选编》第1册,第1091—1092页。
② 《奉旨著各督抚就李侍尧拟斩监候或斩决各抒己见并各省如何买办物件据实具奏》,《乾隆朝惩办贪污档案选编》第1册,第1067页。

意见，建议将李侍尧拟为斩立决。最终，全国十八名督抚当中选择支持九卿判决的竟然共有十六人，另有江南河道总督陈辉祖对此事的态度游移含糊，并未明确表达自己支持何种判决。持不同意见的仅有安徽巡抚闵鹗元一人。他在奏折中表示，李侍尧"历任封疆，其办事之勤干有为，实为中外所折服"，此番虽有婪赃之事，但应该参考《大清律例》中"八议"条款的规定，以"议勤""议能"为例，对李侍尧"稍宽一线"。①

借由闵鹗元的奏折，高宗总算找到了宽免李侍尧的借口。高宗返回北京后，将此事搁置了数月，直到当年十月三日，他谕令内阁宣布了自己对李侍尧最终的判决，在这份上谕中，他终于坦然地将李侍尧的罪行与"八议"联系在了一起。他指出，尽管李侍尧营私败检，但迄今为止已任总督二十余年，于国家多有贡献，非彰宝、良卿、恒文等可比。李侍尧"一生之功罪，原属众所共知"，既然闵鹗元请援"议勤""议能"之文对李侍尧"稍宽一线"，自己"亦不肯为已甚之事"，从宽将李侍尧拟定斩监候，并言明"今年虽遇停勾，明年朝审时必拟以情实，朕亦断不能曲法姑容"。

这当然只是高宗为了维护颜面的托词。很难想象，如果连闵鹗元也没有支持缓决，高宗在此事上又会选择如何收场呢？在李侍尧的罪名拟定后，陈辉祖与富勒浑都受到了高宗的严厉斥责：前者是因为含糊其辞，而后者则是因为"自异其说"。高宗指出，富勒浑在江南面见自己时，有"李侍尧历任封疆，实心体国，认真办事，为督抚中所

---

① 《安徽巡抚闵鹗元奏覆李侍尧可否按议勤议能不予立决及买办物件无弊折》，《乾隆朝惩办贪污档案选编》第1册，第1091—1092页。

罕见""虽晚节不饬，可弃瑕录用"等语，身为封疆大吏，"岂宜前后两歧若此？"最终，两人都被谕令交部察议。

或许正是因为有富勒浑最初的表态，高宗才会做出让督抚各抒己见的决定。但富勒浑最终的奏折却与面见高宗时的意思完全相反，这样的行为简直不可被原谅。毫无疑问的是，在整个李侍尧案中，审判者实际上就只有高宗本人，从高宗谕令九卿对该案进行定议的那一刻起，李侍尧的生死就已经被决定了。我们当然可以将九卿的判决看作他们秉公办理的结果，但实际上这更像是九卿在此事上对高宗的态度错误领会——和珅已经拟定了斩监候，还需要他们合议什么呢？他们或许正是因为这种错误揣测而加重了对李侍尧的判罚，拟定斩立决，而随后这一判决更是将各省督抚也引到了这种错误当中。

在"各抒己见"这件事情上，各省督抚所扮演的角色更为微妙：他们或许并不看重李侍尧的生死，但他们又不得不试图在高宗反复无常的态度中寻找自己应该秉持的立场。这起案件早已经超出了一起贪腐案的范畴，它更趋近于一场凶险的政治表态。各省督抚需要在其中做出自己的选择：寄期望于李侍尧能逃过一死，或通过支持九卿来撇清自己与李侍尧的所有关系。

凭借他们既往的经验，高宗对贪腐官员的判决素来极重，和珅拟定的判决似乎也没有使高宗感到满意，而九卿的判决似乎将这件事推向了唯一的结果，那就是：李侍尧必定难逃一死。因此，选择支持九卿的判决显然看来更合乎实际。从事实来看，绝大部分督抚也确实做出了这样的判断。但令他们没有想到的是，事实与他们所考虑的可能是完全相反的。高宗在这起案件中不仅赌上了李侍尧的生死，更是押上了自己无上的权威与尊严——仅凭闵鹗元一人的建议，高宗既否决了九卿的判决，也无视了其他督抚的意见，他以冒天下之大不韪的态度，将李侍尧判以缓决，并对富勒浑严加训斥。直到此时，各省督抚才真正意识到，他们似乎在一开始就完全领会错了高宗的真实意图。

第五节　滇省吏治清明的假象

乾隆四十六年三月，陕甘一带有回人苏四十三因教派冲突而起兵反清，高宗遂赦免李侍尧，赐三品顶戴，赴甘肃征剿苏四十三。史载：

> 上谕内阁曰：农起，著赏戴花翎，驰驿前往甘肃办理军需，李侍尧著加恩免罪，赏给三品顶戴，并赏戴花翎，与副都统黄检一体驰驿前往。①

此外，高宗还在给阿桂与和珅的上谕中称：

> 李侍尧前经获罪，但其才识可用。此时需人之际，不能复拘

---

① 《钦定兰州纪略》卷一，《中国方志丛书》华北地方第323号，台北，成文出版社，1970，第5—6页。

第七章　乾隆朝后期云南吏治的腐朽

常格。已传旨免其前罪，赏给三品顶戴花翎，令前往甘肃。①

高宗终于找到了释放李侍尧的合适时机，而李侍尧也不负所托，很快便将当地的起事平定。其后不久，高宗又委任李侍尧署理陕甘总督。②

我们再来看看云南。由于李侍尧一案的影响，滇省的官场在当年出现了不小的震动。此案中其他涉案官员，除巡抚孙士毅外，按察使汪圻、道员庄肇奎也被拟判发往伊犁效力；鲁甸通判素尔方阿获刑最重，拟为绞监候；唯有临安知府德起因病故免议。但随着李侍尧的最终获释，那些牵涉入李侍尧案的官员也在随后数年中逐一获得了宽免：首先是已经打点好行装的孙士毅在临行前接到了高宗的赦令，命他进京纂校《四库全书》；③素尔方阿虽获绞监候，但高宗并未将他勾决，在乾隆五十二年从宽予以释放；④庄肇奎被发往伊犁后，于十多年后开复，并在乾隆六十年补授广东按察使。⑤

随着时间的推移，这起影响全国的李侍尧贪腐案终于告一段落，云南官场也在新任总督福康安赴任之后逐渐回归平常。乾隆四十六年底，"才具平庸"⑥的伊尔根觉罗·富纲接替福康安任云贵总督一职，云南官场日渐平稳，再无波澜。在随后的二十年中，云南并未再发生

---

① 《钦定兰州纪略》卷一，《中国方志丛书》华北地方第323号，第5—6页。
② 《清高宗实录》卷一一二九，乾隆四十六年四月庚午。
③ 《奉旨孙士毅著加恩免发伊犁令在四库全书处自备斧资效力赎罪同办总纂事务》，《乾隆朝惩办贪污档案选编》第1册，第1078页。
④ 《清高宗实录》卷一二七二，乾隆五十二年正月丁丑。
⑤ 《清高宗实录》卷一四七八，乾隆六十年五月丁巳。
⑥ 《清高宗实录》卷一四六八，乾隆六十年正月辛卯。载："富纲才具平庸，其不能整顿，无足深责。"

任何疆臣贪腐案件，社会亦显现出日久承平之态，似乎随着李侍尧的去职，这个边陲要省的吏治再度变得清明起来，即便是乾隆六十年发现云贵、湖广等地区小钱充斥，也是由于李侍尧的遗祸：据福康安查明，云南钱局铸币时偷减钱法，致使小钱流入各地，此系李侍尧在任时与局员通同牟利所致。① 这与海宁参奏并经崔二泄漏的"李侍尧在钱局得了多钱"一事，也恰好可以有所印证。

无论如何，随着李侍尧案的结束，似乎所有人都对云南的吏治状况松了一口气。云南官场随后"清明"了整整二十年：一无贪赃之官，二无枉法之吏，更不再有触目惊心的贪腐案件。这样的官场，岂非高宗用人之英明，国家之强盛的最好表现吗？高宗昔日所称的"云南通省吏治废坏"似乎也只是一时愤怒导致的口不择言罢了。

随着时间的推移，高宗自己也不再对这盛世的吏治清明有任何怀疑。像国泰、王亶望、陈辉祖这样的贪腐大吏虽仍有出现，但他们不是都已经被逐一查办并且处死了吗？既然贪腐大员都被查处，所谓的官场腐败与吏治废坏又何从谈起呢？因此，当尹壮图在乾隆五十五年游历各省后向高宗奏称"各督抚声名狼藉，吏治废弛，经过各省地方，体察官吏贤否，商民半皆蹙额兴叹"之时，年迈的高宗盛怒不已：自己继位五十五年以来努力创造出的"全盛之世"，到了尹壮图的口中，"竟似居今之世，民不堪命矣"。② 这简直是一个不值得反驳的笑话。而其中所反映出的实质是，高宗不希望看到有人用腐败作为借口对他的统治进行批评，在他眼中，这种指责宛如在煽动民众和官僚对

---

① 《清高宗实录》卷一四六八，乾隆六十年正月辛卯。
② 《清高宗实录》卷一三六七，乾隆五十五年十一月丁酉。

第七章　乾隆朝后期云南吏治的腐朽

皇帝本人的仇恨，并以此来否定和破坏自己一生的全部努力。对于此时的他来说，即便腐败真的存在，最好的处置办法也应该是他在办理李侍尧案时秉持的"不为已甚"。

有了这样的认识，高宗治下的清朝看起来确实清明许多了，起码在曾经贪腐案频发的云南官场中，这份清明是尤为明显的：这里既不再有图尔炳阿、官尔劝这样的"通同舞弊"者，也不再有恒文、钱度、彰宝、李侍尧这样的"贪赃枉法"之人，有的只是诗人笔下"官闲且放歌"[①]的社会承平日久，以及"丈夫意气不得伸，开口便惹长官嗔"[②]的官场氛围。

这是一种"无为"与"中庸"的交织。况且，官员的庸碌不过是一种表象，而贪官的"消失"也不过是中衰的一种前兆。这当然不是真正的吏治清明。看似平静的二十年间如同中衰之世开始前的短暂沉默，腐败从未真正停止。发生于乾隆四十五年的李侍尧贪腐案如同盛世结束前的最后一声警钟：那个日后被称为"天下巨贪"的和珅此时仅有三十一岁，他恰恰是通过查办这起案件的出色表现而开始完全崛起。随着高宗统治时代的结束，清仁宗爱新觉罗·颙琰成为新的君主。而他接过的，是一个已经腐朽、衰落，又叛乱四起的国家。仁宗将和珅下狱，宣布他犯有二十条大罪。和珅贪迹累累，经查抄发现其家产竟高达数百万两，最终被仁宗赐令自尽。[③]而彼时已经调任漕

[①] 桂馥：《行县罢独坐口占》，《永昌府文征·诗录》卷二五，云南美术出版社，2001，第869页。
[②] 桂馥：《来何为》，《永昌府文征·诗录》卷二五，第870页。
[③] 《清史稿》卷三一九《列传一百六·和珅》，第10752—10756页。

运总督的富纲，随后也被举发出在担任云贵总督的十余年中有婪赃枉法、勒索属员等罪行。随着案件被查实，富纲最终被仁宗判为绞监候，并于秋后勾决。[①] 正是富纲案的发生，彻底揭下了滇省二十年间"吏治清明"的虚伪面纱——这二十年的"清平"背后掩盖了太多的腐败，那一萌发于江南的腐朽之风，实际上已经彻底侵蚀了清朝的每一个角落，盛世的帷幕已经落下。在 18 世纪的最后阶段，腐败的浪潮实际上已经淹没了清朝走向吏治清明的全部可能。

[①] 《清国史（嘉业堂钞本）》第 8 册《国史满汉文武大臣画一列传次编》卷一四四《富纲列传》，中华书局，1993，第 1003—1005 页。

结　语

一　盛世腐败的由来

在对 18 世纪的云南吏治做出全面的回顾之前，我们首先来看一个统计。根据《清史稿》《清实录》及相关档案资料，自顺治初至雍正末年，清朝君主共查办高官 58 人，其中涉及贪腐问题的高级官员计 17 人。这一数字在乾隆朝呈现快速增长的趋势：高宗在位期间，共查办高官 53 人，其中因贪腐原因获罪者计 32 人，共涉及案件 31 起。[①] 在这些案件中，发生于云南的共有 5 起，即前文所提到的图尔炳阿案、恒文案、钱度案、彰宝案以及李侍尧案（见表结 –1）。

通过这一统计结果我们可以了解，18 世纪云南疆臣贪腐案相比全国的情况而言并不具有特殊性。但问题并不仅限于此，我们观察到 5 起案件集中发生在乾隆十五年至乾隆四十五年这三十年中，从时间上

[①] 此数字据《清史稿》《清实录》《旧典备征》及清代档案文献整理。此处所指高官为从二品及以上官员。统计出的 31 起案件仅仅是乾隆朝督抚贪腐案中被发现、查办并记录在文献中的案例。详见（清）朱彭寿辑《旧典备征》卷五《大臣罹法》，北平文岚印书局，民国 25 年刊本，第 1—3 页。

来看，恰好是乾隆朝最为鼎盛的时期。值得我们思考的是，为什么这些案件会集中出现在被称为"盛世"的历史时期呢？

表结-1 乾隆朝云南疆臣贪腐罪名及惩处办法

序号	案发时间	职务及姓名	贪腐罪名	所受惩处	备注
1	乾隆十五年	云南巡抚图尔炳阿	官吏受财	斩监候	赦免
2	乾隆二十二年	云贵总督恒文、云南巡抚郭一裕	官吏受财、家人求索	恒文赐自尽、郭一裕发军台效力	执行
3	乾隆三十七年	云南布政使钱度	官吏受财、家人求索、在官借贷求索人财物、监守自盗仓库钱粮	斩立决	执行
4	乾隆三十九年	云贵总督彰宝	在官求索借贷人财物	斩监候	未勾决即卒于狱
5	乾隆四十五年	云贵总督李侍尧	官吏受财、家人求索、监守自盗仓库钱粮	斩监候	赦免

腐败是人类社会中的一大痼疾，几乎与史同寿，其产生的原因是多元的。就18世纪云南地区一系列密集、高发的疆臣贪腐案而言，是特定历史背景下的恶性腐败所导致的一种必然现象。总体来看，对云南吏治问题的认识应该考虑三个方面，即君权的作用、社会经济发展、贪腐文化的盛行。

首先我们需要考虑的是君权问题，这是贪腐产生的内在根源。传统中国的政治制度是以君主为核心的专制制度，这一制度在本质上就是腐化的。[1]这一点在皇权对于司法的干预上表现得最为明显：皇帝

---

[1] 孟德斯鸠认为："专制政体原则的腐化从不间断，因为这个原则就其本质而言就是腐化的。"参见〔法〕孟德斯鸠《论法的精神》，许明龙译，商务印书馆，2007，第144页。此处所指的专制政体包括但不限于君主专制政体。

作为最高统治者,其个人意志实际上是凌驾于法律之上的,面对腐败问题,是否惩办,如何惩办,往往由皇帝的个人意志直接决定。这就使法律失去了原本应有的惩贪效力。随着18世纪君权的日渐强化,君权对地方吏治产生的负面影响也越发严重,从而加剧腐败的发展。尽管这一时期的清代君主在惩贪问题上始终保持着严厉的态度,但正如我们在前文中所说的那样,惩贪仅仅是君主在加强对臣僚的控制时所采取的一种常用手段:当贪腐案发生时,君主就获得了合适的机会来加强对臣僚的控制和整饬,与之相对应的,当君主需要强化对臣僚的控制时,也往往会以惩贪作为首选的借口。然而,这种行为的负面影响是显而易见的,官僚群体在行政活动中对于君权的恐惧远远大于法律,这就导致了他们在压力之下选择迎合上意,对君主阿谀逢迎,乾隆年间地方官员大肆进贡便是这一情况最好的反映。

  应该说,在18世纪的中后期,君主专制达到了传统社会的顶峰。正因为如此,这一时期清高宗在一系列反贪活动中所显露出的更多是他的个人性格。在对待腐败的问题上,高宗在不同时期表现出了截然不同的态度,早期的宽仁、中期的严厉与后期的宽纵形成了鲜明的对比。这似乎能够在某种程度上解释为何云南的疆臣贪腐案件大多发生于乾隆十五年至乾隆四十五年这一阶段:这恰恰是高宗对腐败的态度最为严厉的时期,涉贪大臣大多见杀。在他近乎严酷的惩贪行为背后,隐隐透露出了他对国家吏治的担忧与怀疑。而在他初政时期与统治末期,这种担忧则丝毫不见踪影,涉贪大臣获罪也较乾隆中期为轻。

其次我们应该考虑到当时的社会经济情况。进入18世纪以来，清朝的社会经济较前代有了巨大的飞跃，这一点学界已有较深入的研究——国家税收的增加、[①]人口的快速增长、[②]对外贸易作用提高[③]都是具体表现。云南地区也进入了社会经济快速发展的阶段。[④]但我们直观地发现，在同一时期腐败也呈现出多发的趋势。这似乎是一种令人费解的现象——经济的快速发展与大范围的腐败竟然在同一历史时间中并行不悖。关键在于，尽管官员腐败往往与经济犯罪有关，但它最大的负面影响却并不体现在经济层面，而是体现在政府的效率与公信力上。同样，尽管经济发展在某种程度上受到官员腐败的影响，但相比之下最大的影响因子并不是腐败，而是生产方式与国家的宏观调控。正因为如此，我们在18世纪末全国性的腐败浪潮中，依旧可以看到社会经济呈现出快速增长的态势。这当然不是说腐败促进了经济发展，而是应该将这一情况理解为两者之间呈现一种从正相关向负相

---

① Yeh-chien Wang, *Land Taxation in Imperial China, 1750-1911*（Cambridge:Harvard University Press, 1973），p.72. 根据王业键统计，乾隆十八年（1753）清王朝税收总额超过一亿两。另据许檀、经君健统计，乾隆十八年的税收总额为4266万两，另统计顺治九年的税收总额为2438万两。参见《清代前期商税问题新探》，《中国经济史研究》1990年第2期，第87—100页。尽管二者在数额上的统计有较大差距（王业键在统计中考虑了杂税的虚报数额），但可以看出这一时期清王朝税收较顺治年间有了极大提高。

② 乾隆六年统计人口数量约为1.4亿，至乾隆末年达到3亿。关于清代人口的增长趋势，参见周源和《清代人口研究》，《中国社会科学》1982年第2期，第161—188页。

③ Susan Naquin and Evelyn S.Rawski, *Chinese Society in the Eighteenth Century*（New Haven: Yale University Press, 1987），p.102. 韩书瑞认为，清代对外贸易对清代国家和经济的重要性可能被大大低估了，海运贸易的复苏使中国在对外贸易中获益匪浅，在这一过程中中国开始被纳入国际市场。

④ 木芹:《十八世纪云南经济述评》，《思想战线》1989年西南民族研究专辑。

关变化的倒U形关系,[①]经济的快速发展为腐败的产生提供了更多的机会,而腐败发展到一定阶段则会对经济发展产生负面影响。在"康乾盛世"的社会背景下,经济的快速发展正在催生更为严重的腐败。

最后要考虑的是文化层面的原因。尽管文化的影响具有较大弹性,却是不可忽视的重要因素。我们在考虑18世纪普遍性的贪腐现象成因时,必须考虑到当时的社会文化结构。多噶尔将文化分为竞争性和合作性两个类型。竞争性文化社会中的官员会相互监督,而合作性文化社会中,虚伪贪婪的官员会对其他人产生影响,使他们也成为腐败者。[②]以儒家思想作为核心的中国社会文化更偏向属于合作性文化,封疆大吏事实上缺乏有效的监管,同时又受到其他贪腐者的影响。换言之,官员的腐败并不是一种个人的文化选择,而是在腐败文化影响之下或主动或被动地裹挟其中。

在一系列云南疆臣贪腐案中,我们可以直观地感受到它们彼此之间的联系:从图尔炳阿案到恒文案,乃至李侍尧案,腐败文化似乎存在某种代际传递,与其说后来者没有从之前的贪腐案中吸取教训,倒不如说他们从中学习到了贪腐经验。正如李侍尧所称的"在外二十余

[①] 腐败与经济发展的关系是一个较为复杂的经济模型,在不同的数据面板下得出的结论往往也有区别。详请参见阚大学、罗良文《腐败与经济增长的关系实证研究》,《经济管理》2010年第1期,第18—24页。在乾隆年间的时代背景下,经济的快速发展和贪腐的进一步蔓延是同步发生的,而随着吏治的逐步恶化,嘉庆年间的社会经济受腐败影响而逐渐衰落。

[②] E. Duggar, M. Duggar, "Corruption,Culture and Organizational Form", *Ssrn Electronic Journal,* 2005, p.2. 多噶尔用"扁平金字塔形"(flat pyramid)形容合作性文化社会的官员关系,此时合谋能降低行政成本与腐败风险。

年,并不敢有贪婪之事。乃调任云南,竟收受属员馈送"。① 这当然不是说云南地区有什么特别之处,仅仅是反映出许多官员在受到腐败者的影响之后选择了与他们同流合污。

应该说,18世纪后期贪腐文化已十分盛行。而且,腐败文化的根源实际上来自高宗,他喜谀恶直、生活豪奢兼之游幸无度,又包庇亲信,大肆收受地方进献贡品,这些行为都严重败坏了政风,并不断对各级官员产生负面影响。在传统社会"君为臣纲"的道德标准下,皇帝事实上是臣子的"家长"和道德领袖,高宗的奢靡无形中为官员树立了极坏的榜样,贪腐文化也因此而得以盛行,这也是18世纪后期出现大范围腐败的重要原因之一。

二 被想象的边疆

本书尝试对18世纪云南的历史进程进行回顾,以云南官场事件和疆臣贪腐案作为具体的考察对象,期望通过考察具体人物的行为、思想、话语来回答这样一个问题:18世纪的云南吏治是一种什么样的状况?这一问题之所以重要,不仅因为这种状态存在于18世纪云南社会的历史时间中,还因为它在更长的时段中依然延续着。

虽然问题简单,却不能回之以简单的答案。首先要明确的是,18世纪的云南吏治确实经历了一个由清明走向腐败的过程。笔者并没有找到证据,可以把云南吏治普遍性的废坏上溯到乾隆二十二年更早

---

① 《钦差大臣喀宁阿奏报据李侍尧供称于纳楼土司一案并未收受银两缘由折》,《乾隆朝惩办贪污档案选编》第1册,第1072页。

的阶段，在恒文案中暴露出阖省官员向总督"自甘贿送"这一官场弊端之前，腐败在云南并未显现出任何普遍性，而且恒文案的发生也从未被视作清代大范围腐败开始的征兆，它所反映出的更多是 18 世纪早期官场陋规的延续。18 世纪大范围腐败的出现，往往都直接指向了高宗晚年的耽于享乐以及与和珅有关的腐败与专权，这在时间上极为接近钱度、彰宝以及李侍尧等案发的历史节点。前文已经提到，以乾隆三十七年的钱度案作为分水岭，云南吏治被分割为两个不同的阶段：在前一阶段中，尽管云南官场存在一些陋规，但官场基本保持了雍正年间以来的清明风气，官员也较为廉洁；在后一阶段中，随着腐败文化的盛行，云南吏治也由清明逐渐走向了腐朽，大小官员皆以私贪国帑为常。特别是在乾隆四十五年的李侍尧一案中我们可以看到，在彼时的云南官场中，总督公然勒索下属，巡抚徇庇总督，臬司、道员向上级行贿，州县官员挪用库银……高宗甚至对此做出了"云南通省吏治废坏"的评价，这一评价实际上十分准确地反映了彼时云南吏治的现实状况。我们不难看出在 18 世纪后期，腐败已经蔓延到了云南官场的每一个角落，一些在 18 世纪早期被视作偶然现象的行为，此时已经具有全局性的表现。

毫无疑问，我们可以认为 18 世纪后期云南官场是腐败而废弛的，但我们并不能以此作为上述问题的全部答案。剩下的部分要回答的问题是：这是一种什么样的腐败？它是在什么条件下出现的？它具有何种特点？要对这些问题做出完整的回答，当然需要对更多的历史细节进行观察与分析。这样一类特定时间、特定地点下的研究，它们会存在某种普遍性的特征。18 世纪末云南吏治的废坏最直接的表现便是无所不在的腐败。而我们也可以发现,腐败行为本身并不存在差异,权力分配的不同仅仅会使贪腐的程度有差别,也就是说,封疆大吏的贪腐案件实际上是普遍性腐败行为的放大。从这个角度考量,对于云南吏治腐败的全部疑问,我们是可以通过这些疆臣贪腐案件找到答案的。

腐败只是一种现象,我们要寻求答案,应该更透彻地看到它背后所隐含着的文化与制度因素。当我们谈论吏治,官僚制度自然是一个无法回避的问题。在清代对西南地区实施大规模的改土归流之后,以君主为核心的君主官僚制在云南地区得到了根本的执行,元代建立的土司制度以及明代以来云南地区实行的"土流并治"模式逐渐被流官治理模式所替代。流官不同于"开门节度,闭门天子"的土司,清廷对于云南的治理,已经开始从边疆治理模式向内地治理模式过渡,因此,云南吏治史与整个清朝的吏治史走向了统一。二者并没有因地域及文化的差异有所割裂——最直观的表现是,发生于18世纪云南官场的全部事件,清朝的上层统治精英始终都是直接的参与者,从未置身事外。

因此,18世纪的云南吏治史实际上是清代政治制度史的一个组成部分,从这个角度来看,"地域"与"时间"都是可以被替换的因素,而"文化"与"制度"才是推动这段历史向前演进的根本力量。虽然云南的"边疆"特质令当地的制度看起来仍具有特殊性,但我们无法忽视它在经过18世纪的大规模开发后所表现出的与内地的高度一致性。当我们从这一角度来审视云南时,它实际上已经不再是清代官方话语体系下的"边瘴之地"。云南与内地的一体化不仅仅表现在社会生产与生活等层面,而更多地体现在它的制度和文化实际上已经和内地基本趋于一致。事实上,这一时期云南社会的发展轨迹与内地保持了惊人的一致性。在恒文案发生之前,云南已经成为统治者眼中的"事简之地"。这表明清廷实际上已经基本完成了自雍正年间以来对云南的大规模开发,对云南的控制大大增强。换言之,清廷对云南的制度改革已初步完成,当地社会经济有了高速的发展——正如上文中所解释的,这似乎为腐败的出现提供了完备的条件。这当然不是说,在云南与内地一体化的进程开始之前,吏治的腐败就是不存在的,笔者仅仅是想指出,在整个18世纪,滇省的高速发展与官场的全面废败是同步显现的,当时的吏治状况已经与中原地区基本趋同。

尽管中国文化本身包含了多元而复杂的成分,但这些多元成分在共同的历史进程中不断进行着凝聚与融合——这就是为什么我们在对云南进行观察时会发现江南的影子。与入主中原并最终接受了汉文化的满人一样,随着清廷的势力进入西南,西南地区的文化也开始与中原地区的汉文化不断凝聚,最终在18世纪中期,两者成为一个完整的共同体。

换言之,通过对18世纪云南吏治史的观察,我们首先会发现这段历史本身就是一个西南与中原进行文化凝聚的过程,同时也是一段区域制度发生变革的历史。开始于清初的西南开发活动事实上就是云南与内地一体化进程的起点。自清初以来,大量的移民涌入云南地区,在这一过程中云南人口结构发生了显著改变,并逐渐产生文化变革。在这一基础上,清廷对于云南地区的制度改革也渐次展开,特别是雍正时期,秉持着"用夏变夷"的治边思想,清廷在云南地区展开

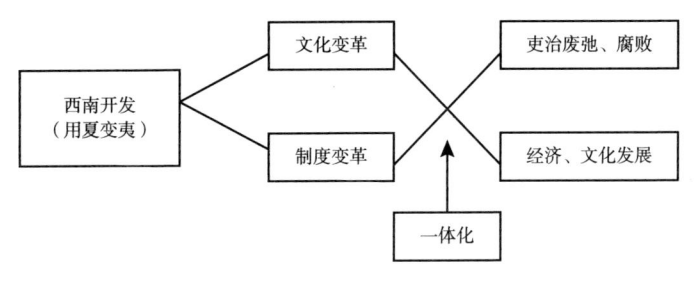

图结-1　从改土归流到吏治腐败

了大规模的改土归流，这是云南在政治上开始与内地一体化的重要标志。文化与制度的变革加速了边疆与中原一体化的历史进程——当我们认识到这一点，就可以做出最终的结论，即：随着18世纪清廷的势力深入云南，云南与内地的一体化进程也在不断加深，它的边疆性质在地域和政区层面依旧存在，但在文化意义上正在减少。自雍乾时期以来，云南与中原的一体化程度逐渐加深，云南逐渐成为一处"被想象的边疆"。在地方吏治问题上，云南表现出了与内地同样的主题，那就是：随着乾隆中后期"盛世"的来临，吏治的腐败与废弛开始显现并加深，逐渐走向了19世纪的没落与中衰。

参考文献

（一）古籍文献（按文献类别及时代先后为序）

《明实录》，台北，中研院历史语言研究所校印本。

《清实录》，中华书局影印本，1985-1987。

赵尔巽等：《清史稿》，中华书局点校本，1977。

《清国史》，嘉业堂钞本，中华书局，1993。

《明清史料》，国立中央研究院编印，1930。

《明清档案》，台北，联经出版事业公司，1986。

《清会典》，万有文库本，商务印书馆，1936。

《钦定大清会典则例》，文渊阁四库全书影印本。

清高宗敕撰《清朝通典》，万有文库本，商务印书馆，1935。

《钦定吏部处分则例》，光绪二年刻本。

《大清律例汇辑便览》，同治十一年（1872）湖北谳局刊本。

中国第一历史档案馆编《乾隆帝起居注》，广西师范大学出版社，2002。

（清）李桓辑《国朝耆献类征初编》，台北，明文书局，1984。

《国史列传》，东方学会印。

《清史列传》，中华书局，1987。

《清代碑传全集》，上海古籍出版社，1987。

《满汉名臣传》，国史馆原本，菊花书屋检字。

清华大学图书馆科技史暨古文献研究所编《清代缙绅录集成》，大象出版社，2008。

秦国经主编《清代官员履历档案全编》，华东师范大学出版社，1997。

中国第一历史档案馆编《康熙朝汉文朱批奏折汇编》，档案出版社，1984。

中国第一历史档案馆编《雍正朝汉文谕旨汇编》，广西师范大学出版社，1999。

张书才主编《雍正朝汉文朱批奏折汇编》，江苏古籍出版社，1989-1991。

中国第一历史档案馆编《乾隆朝军机处随手登记档》，广西师范大学出版社，2000。

中国第一历史档案馆编《乾隆朝上谕档》，档案出版社，1991。

中国第一历史档案馆编《乾隆朝惩办贪污档案选编》，中华书局，1994。

《宫中档乾隆朝奏折》，台北，"故宫博物院"，1982。

《清代未刊上谕、奏疏、公牍、电文汇编》，全国图书馆文献微缩复制中心，2005。

《嘉庆重修大清一统志》，四部丛刊续编本。

（清）阮元、伊里布等编修《（道光）云南通志稿》，道光十五年（1835）。

（清）岑毓英等编修《（光绪）云南通志》，光绪二十年（1894）刻本。

（清）王文韶等编修《（光绪）续云南通志》，光绪二十七年（1901）刻本。

《新纂云南通志》，云南人民出版社，2007。

（清）爱新觉罗·胤禛：《大义觉迷录》，武英殿本。

（清）倪蜕辑，李埏校点《滇云历年传》，云南大学出版社，1992。

（清）萧奭撰，朱南铣点校《永宪录》，中华书局，1997。

（清）朱彭寿：《旧典备征》，中华书局，1982。

（清）魏源：《圣武记》，中华书局，1984。

（清）昭梿：《啸亭杂录》，中华书局，1980。

（清）陈康祺：《郎潜纪闻三笔》，中华书局，1984。

《永昌府文征》，云南美术出版社，2001。

《中国地方志集成·云南府县志辑》，凤凰出版社，2009。

《中国方志丛书》，台北，成文出版社，1967。

方国瑜主编《云南史料丛刊》，云南大学出版社，1998—2001。

《十三经注疏》，北京大学出版社，1999。

（二）现当代学者著作

艾永明：《清朝文官制度》，商务印书馆，2003。

白钢主编《中国政治制度史》，天津人民出版社，2002。

白钢主编《中国政治制度通史》，社会科学文献出版社，2011。

常越男：《清代考课制度研究》，北京大学出版社，2010。

成臻铭：《清代土司研究》，中国社会科学出版社，2008。

戴逸：《乾隆帝及其时代》，中国人民大学出版社，1997。

〔美〕D.布迪、C.莫里斯：《中华帝国的法律》，朱勇译，江苏人民出版社，1995。

方国瑜著，秦树才、林超民整理《云南民族史讲义》，云南人民出版社，2013。

方铁、方慧：《中国西南边疆开发史》，云南人民出版社，1997。

冯尔康：《雍正传》，人民出版社，1998。

高翔：《康雍乾三帝统治思想研究》，中国人民大学出版社，1995。

龚荫：《明清云南土司通纂》，云南民族出版社，1985。

龚荫：《中国土司制度》，云南民族出版社，1992。

郭松义：《清代政治与社会》，中国社会科学出版社，2015。

〔日〕宫崎市定：《雍正帝——中国的独裁君主》，孙晓莹译，社会科学文献出版社，2016。

〔美〕韩书瑞：《山东叛乱：1774年王伦起义》，刘平、唐雁超译，江苏人民出版社，2014。

〔美〕海登·怀特：《元史学：19世纪欧洲的历史想象》，陈新译，译林出版社，2013。

江应樑主编《中国民族史》，民族出版社，1990。

〔美〕孔飞力:《叫魂:1768年中国妖术大恐慌》,陈兼、刘昶译,生活·读书·新知三联书店,2012。

〔美〕孔飞力:《中国现代国家的起源》,陈兼、陈之宏译,生活·读书·新知三联书店,2016。

〔美〕克罗齐:《美学原理》,朱光潜译,上海人民出版社,2007。

〔美〕欧立德:《乾隆帝》,青石译,社会科学文献出版社,2016。

赖慧敏:《乾隆皇帝的荷包》,中华书局,2016。

李伯重:《江南农业的发展(1620—1850)》,王湘云译,上海古籍出版社,2007。

李大龙:《从"天下"到"中国":多民族国家疆域理论解构》,人民出版社,2015。

李大龙:《汉唐藩属体制研究》,中国社会科学出版社,2006。

李世愉:《清代土司制度论考》,中国社会科学出版社,1998。

〔美〕李中清:《中国西南边疆的社会经济:1250—1850》,林文勋、秦树才译,人民出版社,2012。

刘建基:《中国古代吏治札记》,社会科学文献出版社,2005。

罗尔纲:《绿营兵志》,中华书局,1984。

〔美〕罗威廉:《最后的中华帝国:大清》,李仁渊、张远译,中信出版集团,2016。

〔美〕罗威廉:《救世——陈宏谋与十八世纪中国的精英意识》,陈乃宣等译,中国人民大学出版社,2016。

孟森:《清史讲义》,中华书局,2011。

〔法〕孟德斯鸠:《论法的精神》,徐明龙译,商务印书馆,2007。

〔英〕马若斐:《传统中国法的精神》,陈煜译,中国政法大学出版社,2013。

那思陆:《清代中央司法审判制度》,北京大学出版社,2004。

佘贻泽:《中国土司制度》,正中书局,1944。

沈大明:《〈大清律例〉与清代的社会控制》,上海人民出版社,2007。

〔美〕司徒琳主编《世界时间与东亚时间中的明清变迁》,赵世瑜等译,中央编译出版社,2009。

王志明:《清代职官人事研究》,上海书店出版社,2016。

王志明:《雍正朝官僚制度研究》,上海古籍出版社,2007。

〔美〕王业键:《清代田赋刍论(1750—1911)》,高风等译,人民出版社,2008。

吴宗国主编《中国古代官僚政治制度研究》,北京大学出版社,2004。

〔美〕魏斐德:《洪业——清朝开国史》,陈苏镇、薄小莹等译,新星出版社,2013。

〔美〕魏斐德:《中华帝国的衰落》,梅静译,民主与建设出版社,2017。

萧一山:《清代通史》,商务印书馆,1928。

徐志远:《佤山行》,云南大学出版社,2009。

许大龄:《清代捐纳制度》,北京大学出版社,2000。

许颖:《清代文官行政处分程序研究》,中国社会科学出版社,2011。

杨庭硕、罗康隆:《西南与中原》,云南教育出版社,1992。

尤中:《中国西南边疆变迁史》,云南教育出版社,1990。

张晋藩、李铁:《中国行政法史》,中国政法大学出版社,1991。

张晋藩、王超:《中国政治制度史》,中国政法大学出版社,1987。

张晋藩主编《中国法制史》,群众出版社,1982。

张晋藩主编《中国官制通史》,中国人民大学出版社,1993。

张仲礼:《中国绅士的收入》,费成康、王寅通译,上海社会科学院出版社,2001。

(三)现当代学者论文

柏桦、刘延宇:《清代抄家案件与抄没法律》,《西南大学学报》(社会科学版)2011年第4期。

曹江红:《惠栋与卢见曾幕府研究》,《中国史研究》2012年第1期。

曹松林:《乾隆朝的贪污腐败》,《湖南师范大学社会科学学报》2001年第1期。

陈锋:《论耗羡归公》,《清华大学学报》(哲学社会科学版)2009年第3期。

陈锋:《清代的清查亏空(待续)》,《辽宁大学学报》(哲学社会科学版)2008年第5期。

陈锋:《清代的清查亏空(续完)》,《辽宁大学学报》(哲学社会科学版)2008年第6期。

陈国生:《清世宗崇尚天人感应说的原因及后果》,《学术研究》1996年第8期。

陈庆德:《清代云南矿冶业与民族经济的开发》,《中国经济史研究》1994年第3期。

陈一容:《清代官吏惩戒制度及其失败原因初探》,《西南师范大学学报》2006年第3期。

陈振祯:《中国古代谶兆文化中的"五色"信仰》,《福建论坛》(人文社会科学版)2010年第4期。

陈征平、刘鸿燕:《试论历史上皇朝中央对西南边疆社会的内地化经略》,《思想战线》2012年第2期。

董建中:《李侍尧进贡简论》,《清史研究》2006年第2期。

董建中:《清乾隆朝王公大臣官员进贡问题初探》,《清史研究》1996年第1期。

段金生:《从边缘到内地化的进程:封建时期西南边疆屯田的线性考察》,《思想战线》2010年第1期。

方铁:《清雍正朝改土归流的原因、策略与效用》,《河北学刊》2012年第3期。

方悦萌:《康熙、雍正朝对云南地区的治理》,《贵州民族研究》2014年第10期。

冯尔康:《乾隆初政与乾隆帝性格》,《天津师范大学学报》(社会科学版)2007年第3期。

冯佐哲:《和珅略论》,《北京社会科学》1990年第3期。

高翔:《也论军机处、内阁和专制皇权——对传统说法之质疑,兼析奏折制之源起》,《清史研究》1996 年第 2 期。

葛剑雄:《清乾隆年间尹壮图上疏事件始末》,《探索与争鸣》1996 年第 7 期。

葛玉红:《清代丧葬习俗特点之研究》,《辽宁大学学报》2004 年第 3 期。

龚荫:《关于明清云南土司制度的几个问题》,《西南民族学院学报》(社会科学版)1986 年第 3 期

郭成康:《18 世纪后期中国贪污问题研究》,《清史研究》1995 年第 1 期。

郭成康:《宁用操守平常的能吏,不用因循误事的清官——雍正对用人之道的别一种见解》,《清史研究》2001 年第 4 期。

郭成康:《政治冲突与文化隔阂:杨名时案透视》,《清史研究》2002 年第 4 期。

贺建、赵晓彤:《清代"木兰行围"制度演变》,《河北民族师范学院学报》2013 年第 3 期。

胡祥雨:《清代刑部与京师细事案件的审理》,《清史研究》2010 年第 3 期。

霍存福:《弘历的意识与乾隆朝文字狱》,《法制与社会发展》1998 年第 6 期。

贾允河、李瑛:《清朝吏治与钱粮亏空》,《河北师范大学学报》(哲学社会科学版)1998 年第 2 期。

江珊:《乾隆朝李侍尧贪污案》,《紫禁城》1992 年第 3 期。

江珊:《乾隆朝钱度贪污案》,《档案工作》1991 年第 11 期。

姜涛：《清代人口统计制度与1741—1851年间的中国人口》，《近代史研究》1990年第5期。

阚大学、罗良文：《腐败与经济增长的关系实证研究》，《经济管理》2010年第1期。

Lawrence Stone, "The Revival of Narrative: Reflections on a new old history", Lawrence Stone, *The Past and the Present Revisited* (London: Routledge & Kegan Paul Ltd., revised, 1987), pp.74-96. 古伟瀛翻译并收录于《历史：理论与批评》，台北，人文书会，2001。

蓝勇：《清代滇铜京运路线考释》，《历史研究》2006年第3期。

李大龙：《多民族国家构建视野下的土司制度》，《云南师范大学学报》2012年第6期。

李海鸿：《贪污：文化的？抑或制度的？——西方学者关于清代贪污的研究》2009年第1期。

李埏：《〈滇云历年传〉校点本前言》，《云南社会科学》1989年第4期。

李世愉：《清雍正朝改土归流善后措施初探》，《民族研究》1984年第3期。

李世愉：《清政府对云南的管理与控制》，《中国边疆史地研究》2000年第4期。

李世愉：《应正确解读雍正朝的改土归流》，《青海民族研究》2015年第2期。

李正亭、孔令琼：《试论明、清两代朝廷控制云南土司手段的二重性》，《学术探索》2003年第51期。

李治亭:《清代基层官员铨选制考察——以〈清史稿·循吏传〉为例》,《社会科学战线》2008年第3期。

林超民:《整体性:方国瑜的理论贡献》,《云南民族大学学报》2013年第5期。

刘凤云:《从清代京官的资历、能力和俸禄看官场中的潜规则》,《中国人民大学学报》2008年第6期。

刘凤云:《康熙朝的督抚与地方钱粮亏空》,《清史研究》2009年第3期。

刘凤云:《清代督抚与地方官的选用》,《清史研究》1996年第2期。

刘凤云:《清代督抚在清理"钱粮亏空"中的权力、责任与利益》,《中国人民大学学报》2016年第2期。

刘凤云:《试析乾隆惩贪屡禁不止的原因》,《清史研究》1992年第1期。

刘凤云:《雍正朝清理地方钱粮亏空研究——兼论官僚政治中的利益关系》,《历史研究》2013年第2期。

刘文鹏:《彭家屏案与雍乾党争》,《清史研究》2016年第1期。

刘艺乒:《论云南土司制度与古代地方法制》,《思想战线》1994年第6期。

刘云自:《清代致仕制度研究》,《鲁东大学学报》2009年第6期。

刘战、谢茉莉:《试论清代的监察制度》,《辽宁大学学报》2001年第3期。

刘志勇:《清代〈受赃〉罪名体系探讨》,《理论探索》2010年第

4 期。

刘志勇:《清代对高级官员贪腐犯罪的惩治力度与政治控制——以〈清实录〉载一、二品官员贪腐犯罪案件为视角》,《贵州社会科学》2011 年第 8 期。

刘志勇:《清代高级官员贪腐犯罪案件的审断》,《北方法学》2011 年第 1 期。

卢经:《乾隆朝贪婪督抚家资一瞥》,《清史研究》1995 年第 3 期。

罗群:《云南土司制度发展与嬗变的制度分析》,《中国边疆史地研究》2013 年第 1 期。

罗威廉:《乾嘉变革在清史上的重要性》,《清史研究》2012 年第 3 期。

吕建中:《试论清代的"摊丁入亩"和"耗羡归公"》,《青海民族大学学报》2003 年第 2 期。

马琦:《明清时期滇池流域的水灾、赈恤与河流治理》,《学术探索》2016 年第 7 期。

马琦:《清代滇铜厂欠与放本收铜》,《历史档案》2015 年第 2 期。

马琦:《清代各省采买滇铜的运输问题》,《学术探索》2010 年第 4 期。

马亚辉、杨永福:《乾隆时期云南之边疆巡阅述论》,《贵州民族研究》2012 年第 6 期。

马亚辉:《略论乾隆朝对云南渎职官吏的惩处》,《云南行政学院学报》2013 年第 1 期。

马亚辉:《乾隆朝对云南官吏的考察和监督》,《云南档案》2012

年第 8 期。

马亚辉:《乾隆时期云南官吏的选拔与调补》,《思茅师范高等专科学校学报》2012 年第 5 期。

马亚辉:《雍正朝云南改土归流再探》,《兴义民族师范学院学报》2012 年第 5 期。

盘洁:《从木兰秋狝透析清代民族政策的"巧实力"》,《民族论坛》2013 年第 10 期。

秦树才、田志勇:《绿营兵与清代云南移民研究》,《清史研究》2004 年第 3 期。

秦树才:《蔡毓荣与清初云南治乱》,《云南教育学院学报》1999 年第 1 期。

任玉雪、陈必佳、郝小雯、康文林、李中清:《清代缙绅录量化数据库与官员群体研究》,《清史研究》2016 年第 4 期。

盛宇明:《腐败的经济学分析》,《经济研究》2000 年第 5 期。

史松:《雍正研究论纲》,《清史研究》1993 年第 2 期。

苏亦工:《清代八议制度存废考析》,《法学研究》1992 年第 4 期。

孙东波:《儒家思想与"康乾盛世"之衰败》,《河北师范大学学报》2008 年第 3 期。

孙季萍、张鸿浩:《清代高官贪污腐败犯罪及其惩治》,《烟台大学学报》2010 年第 4 期。

孙敬良、梅海:《腐败与文化的回归分析》,《华南农业大学学报》2015 年第 2 期。

孙英刚:《神文时代:中古知识、信仰与政治世界之关联性》,《学术月刊》2013年第10期。

唐文基:《乾隆后期贪污案》,《福建师范大学学报》1994年第1期。

王跃生:《清代科举人口研究》,《人口研究》1989年第3期。

王钟翰:《清世宗夺嫡考实》,《燕京学报》第36期,1946年6月。

韦庆远:《论雍乾交替与治道同异》,《史学集刊》1991年第1期。

韦庆远:《论雍正其人》,《史学集刊》2000年第3期。

韦庆远:《清代的抄家档案和抄家案件》,《学术研究》1982年第5期。

魏克威:《论嘉庆中衰的原因》,《清史研究》1992年第2期。

魏淑民:《君臣之间:清代乾隆朝秋审谕旨的政治史解读》,《中州学刊》2012年第6期。

魏哲:《清代司法中体现的儒家思想》,《赤峰学院学报》2013年第10期。

徐静:《西方学界关于腐败成因的文化解释》,《经济社会体制比较》2012年第6期。

徐燕、朱端强:《云南史料笔记随录(二)》,《昆明大学学报》2001年第2期。

许宏芝:《论田文镜及雍正朝的吏治》,《广播电视大学学报》2006年第3期。

许檀、经君健:《清代前期商税问题新探》,《中国经济史研究》1990年第2期。

阎立新:《康乾盛世与吏治》,《满族研究》1996年第3期。

杨永福、马亚辉:《清代云南"三迤"设置考述》,《文山学院学报》2014年第1期。

杨煜达:《清代中期滇边银矿的矿民集团与边疆秩序——以茂隆银厂吴尚贤为中心》,《中国边疆史地研究》2008年第4期。

杨毓才:《论清代云南铜、银政的发展》,《云南学术探索》1993年第2期。

姚舞艳:《试论清代官员的致仕制度》,《甘肃联合大学学报》2007年第3期。

俞江:《论清代九卿定议——以光绪十二年崔霍氏因疯砍死本父案为例》,《法学》2009年第1期。

袁飞、马彩霞:《清嘉庆朝漕督富纲贪污案探析》,《重庆科技学院学报》2012年第2期。

张宏杰:《以曾国藩为视角观察清代京官的经济生活》,《中国经济史研究》2011年第4期。

张晋藩:《综论中国古代司法渎职问题》,《现代法学》2012年第1期。

张世明、龚胜泉:《正统的解构与法统的重建:对清代边疆民族问题研究的理性思考》,《中国边疆史地研究》2001年第4期。

张晓松:《论元明清时期的西南少数民族土司土官制度与改土归流》,《中国边疆史地研究》2005年第2期。

张鑫昌、李兴福:《鄂尔泰奏折与云南改土归流(续)》,《档案学通讯》2008年第2期。

张鑫昌、李兴福:《鄂尔泰奏折与云南改土归流》,《档案学通讯》

2008年第1期。

张振国:《清代地方佐杂官选任制度之变革》,《历史档案》2008年第3期。

赵秉忠、白新良:《论乾隆后期的专制统治》,《清史研究》1991年第1期。

赵慧峰、杨爱琴:《清代的职官俸禄与廉政》,《中州学刊》1997年第4期。

赵亮:《清代嘉庆朝地方吏治初探——以嘉庆九、十年间湖南两案为例》,《辽宁大学学报》2008年第5期。

赵亮:《清代吏治状况刍议——权力博弈、体制弊端及法律流变》,《沈阳大学学报》2012年第3期。

郑秦:《清律惩贪条款辨析》,《中国政法大学学报》1992年第2期。

周源和:《清代人口研究》,《中国社会科学》1982年第2期。

邹建达:《清代云贵总督之建置演变考述》,《中国边疆史地研究》2008年第2期。

(四)硕士、博士学位论文

曹庆欣:《清代康雍乾三朝惩贪反腐机制及启示》,硕士学位论文,烟台大学,2013。

陈宏:《清代乾隆朝督抚贪贿犯罪研究》,博士学位论文,西南政法大学,2010。

陈一容:《清代官吏惩戒制度研究》,硕士学位论文,西南师范大学，2005。

杜斌:《乾隆朝督抚贪赃案件的司法运作与君权》,硕士学位论文,西南政法大学，2008。

杜斌:《乾隆朝督抚贪赃案件的司法运作与君权》,硕士学位论文,西南政法大学，2008。

侯洁:《清代官吏职务犯罪探析——以〈刑案汇览全编〉为中心》,硕士学位论文,甘肃政法学院，2015。

胡晓云:《卢见曾年谱》,硕士学位论文,兰州大学，2006。

焦利:《清代监察法研究》,博士学位论文,中国政法大学，2006。

李伟:《清代木兰秋狝研究》,硕士学位论文,辽宁师范大学，2012。

李文生:《清代职务犯罪问题研究——以贪污与渎职犯罪为重点》,博士学位论文,中国政法大学，2006。

李霞:《清前期督抚制度研究》,博士学位论文,中央民族大学，2006。

李小泉:《李侍尧研究》,硕士学位论文,湘潭大学，2015。

刘彦臣:《清代"国语骑射"政策研究》,博士学位论文,东北师范大学，2010。

刘震:《大清律例治贪研究》,硕士学位论文,湖南大学，2009。

马静雯:《乾隆晚期惩贪问题研究》,硕士学位论文,辽宁大学，2011。

马亚辉:《康雍乾三朝对云南社会的治理》,博士学位论文,云南大学，2013。

马泽钰：《〈云南铜政全书〉辑注》，硕士学位论文，云南大学，2016。

秦树才：《清代云南绿营兵研究》，博士学位论文，云南大学，2002。

沈胜群：《清代中期满族文官群体研究（1775—1820）》，硕士学位论文，辽宁师范大学，2013。

宋夏：《乾隆朝汉军旗官员群体研究》，硕士学位论文，黑龙江大学，2014。

王舜：《清代官吏职务犯罪探论》，硕士学位论文，云南师范大学，2006。

王燕飞：《清代督抚张允随与云南社会》，博士学位论文，云南大学，2002。

王兆伟：《清代前期养廉银制度研究》，硕士学位论文，安徽大学，2013。

徐炜：《〈大清律例〉惩贪肃贿研究》，硕士学位论文，重庆大学，2014。

杨春君：《钦差与清代政治变迁（1644—1850）》，博士学位论文，南开大学，2014。

杨亚东：《雍正年间整顿吏治研究》，硕士学位论文，云南师范大学，2004。

殷奎英：《清代山东诗文集作者研究》，硕士学位论文，苏州大学，2008。

于晓青:《清代刑讯制度考辨》,博士学位论文,华东政法大学,2008。

张晨:《清代部费陋规问题研究》,博士学位论文,武汉大学,2013。

张吉良:《〈雍正朝起居注册〉研究》,硕士学位论文,华东师范大学,2009。

张扬:《清代行政处分制度初探——以〈钦定六部处分则例〉为中心》,硕士学位论文,苏州大学,2011。

张振国:《清代文官选任制度研究》,博士学位论文,南开大学,2010。

赵春萍:《清代地方监察制度初探》,硕士学位论文,福建师范大学,2015。

周保明:《清代地方吏役制度研究》,博士学位论文,华东师范大学,2006。

邹建达:《清前期云南的督抚、道制与边疆治理研究》,博士学位论文,云南大学,2011。

后　记

读书的这些年，我住在昆明城西一个叫作黄土坡的地方。或许是地名的缘故，这里刮风时总是有很大的尘土。我时常由这里乘车，穿过长长的街道，去往各处听课。最常去的地方是云大东陆园，每次我都会离开高楼林立的街道，沿着一条叫作文化巷的小巷进入校门——这是我在很多年中每天去听课时必经的道路。此外又常去白泥山，那里距东陆园很近，我的博士导师秦树才教授在那里居住，有时会叫我去他家中学习。我坐在他家中的前厅喝茶，听他讲解为人的道理，以及治学的办法，度过一个愉快的下午。秦师的书房里有高高的书籍和文件，我时常想，他一定曾在这里度过人生中的不少岁月。

再常去的便是盘龙江边，我的硕士导师韩杰教授在这里居住，他有时会邀我去他家中一坐，询问我生活和学习的情况，为我讲解论文的要义和写作方法。

我来到昆明已有十余年，对这座城市的道路依然很陌生，但唯独对这几处地方十分熟悉。我在这些年中总是在这些道路间行走，道路两旁的树枝在我头顶交错,覆盖着整条街道。如果让我回想这座城市的街景,我会想起学府路上茂盛的梧桐,想起东陆园里每年都会落叶的银杏,以及盘龙江中波澜不惊的流水。这些记忆中的景象,以及我所经历的简简单单的生活,都令我感到无比的幸运,以及万分的感激。

这部书稿是我在博士学位论文的基础上修改而成的。写初稿的那两年,有时候是非常艰难的。我总是忍不住想起那些令人难过的夜晚。尝试采取叙事史的方法写作,让我经历了无数次毫无意义的失败,我时常会在即将天亮的时候将那些无意义的文字付之一炬。有无数的时刻,我坐在窗边,时间似乎短促,又似乎极其漫长。直到有一天,潘先林先生告诉我,失败又如何呢?我们谁没有失败过呢?我们总要相信一些纯粹的东西的,所以你要努力啊!我在那一瞬间忽然放下了长久以来的执念。潘先生给了我最简单却是我最需要的教诲和鼓励。尽管后来的日子我依然艰难,但现在想来,那些艰难又何尝不是一种能量?在往后艰苦的时候回想起来那些,便可以再次昂首迈步。

我想在这部书的最后,写下属于它的全部敬意与感激。我怀着最真挚的爱和尊敬之情,感谢我的各位老师,你们的教诲让我成长。怀着同样的情感感谢我的父母、外公、外婆以及年幼的儿子,感谢你们陪伴我走过生活中所有的重要时刻。我的姐姐朱芸,友人刘廷恺、周炜航、田耕,你们的友情是我生活中无可替代的力量来源。

最重要的,我的妻子王丹,你在这本书写作的过程中给予我全方位的照顾,并批判性地多次阅读了书稿的数个版本,给予我不计其数的意见和鼓励。这本书是献给你的,尽管和你的付出相比,这实在是太渺小且微不足道了。

孙 骁

2022 年 6 月 28 日

图书在版编目(CIP)数据

废坏与整饬:雍乾时期云南吏治变迁研究:1726—1799/孙骁著.-- 北京:社会科学文献出版社,2023.1
 ISBN 978-7-5228-0473-6

Ⅰ.①废… Ⅱ.①孙… Ⅲ.①吏治-研究-云南-1726-1799 Ⅳ.① D691.42

中国版本图书馆 CIP 数据核字(2022)第 133454 号

废坏与整饬:雍乾时期云南吏治变迁研究(1726—1799)

著　　者 / 孙　骁
出 版 人 / 王利民
责任编辑 / 赵　晨
责任印制 / 王京美

出　　版 / 社会科学文献出版社·历史学分社(010)59367256
　　　　　　地址:北京市北三环中路甲 29 号院华龙大厦　邮编:100029
　　　　　　网址:www.ssap.com.cn
发　　行 / 社会科学文献出版社(010)59367028
印　　装 / 三河市龙林印务有限公司

规　　格 / 开　本:880mm×1230mm 1/32
　　　　　　印　张:8.5　字　数:190 千字
版　　次 / 2023 年 1 月第 1 版　2023 年 1 月第 1 次印刷
书　　号 / ISBN 978-7-5228-0473-6
定　　价 / 89.00 元

读者服务电话:4008918866

▲ 版权所有 翻印必究